翻译人才能力培养与提升研究

韩凌　梁爽◎著

中国商业出版社

图书在版编目（CIP）数据

翻译人才能力培养与提升研究 / 韩凌，梁爽著. -- 北京 ：中国商业出版社，2023.12

ISBN 978-7-5208-2789-8

Ⅰ. ①翻… Ⅱ. ①韩… ②梁… Ⅲ. ①翻译－人才培养－研究 Ⅳ. ① H059

中国国家版本馆 CIP 数据核字 (2023) 第 242864 号

责任编辑: 许启民

策划编辑: 武维胜

中国商业出版社出版发行

（www.zgsycb.com 100053 北京广安门内报国寺 1 号）

总编室：010-63180647 编辑室：010-83128926

发行部：010-83120835/8286

新华书店经销

河北领秀数字印刷有限公司印刷

*

787 毫米 ×1092 毫米 16 开 15 印张 280 千字

2023 年 12 月第 1 版 2023 年 12 月第 1 次印刷

定价：59.00元

* * * *

前言

翻译是一门极为复杂、极为精密的语言科学，是人类社会历史最悠久的活动之一，几乎与语言同时诞生。20世纪翻译所开拓的领域远远超过了以往的任何时期，为翻译事业带来了划时代的转折，使翻译大步地进入了人类活动的一切领域，翻译实务与物质创造以前所未有的密切方式联系在一起，获得了前所未有的地位和使用价值。翻译研究不仅对外语教育教学研究提供了有效的理论指导，而且对人类文明、各国文化的传播、理解和不断交融产生了深远的影响。

为贯彻落实党的二十大精神，增强中华文明传播力和影响力，推动中华文化更快地走向世界，迫切需要加强有组织的高质量对外翻译工作，迫切需要加强高层次应用型翻译领军人才的培养。新时代中国翻译的重要任务是服务于国家的战略传播和战略发展，特别是围绕中国式现代化和人类文明新形态准确、客观、生动地讲述中国故事，表达中国立场，表述中国理念，因而新时代中国翻译的主题也就进入由“外译中”到“中译外”平衡转向的进程，进而对翻译领军人才的培养提出了具有时代特点的新的要求。

因而，如何培养出更多符合社会需要的高素质翻译人才，是现阶段的一项紧迫任务。翻译能力是集听、说、读、写等于一体的语言运用能力，是语言知识和其他知识的综合体现。翻译能力的培养，除了需要中外两种语言的修养之外，还应注重强化翻译技能训练和其他相关能力的培养。当前，我国翻译教学存在一定的不足，主要表现为教学目标不够明确、教学方法相对滞后、课程设置缺乏系统性、翻译评估体系不完善、学生双语基础不够扎实、翻译能力的培养急需加强。为应对市场对高素质翻译人才的需求，我国对学生翻译能力的培养越来越重视，不少外语院校也在不断探索和改进翻译教学，这将会促进我国的翻译教学更加科学化和规范化。翻译教学改革应遵循其内在规律，找出这些内在规律将有助于翻译教学的改进和学生翻译能力的提高。

首先，本书论述了翻译与翻译教学的基本理论知识、翻译人才的培养目标与培养模式；其次，以英语翻译教学为例，从语言语体、文学翻译、翻译技术等不同侧面论述了翻译能力的培养；再次，从高校角度出发，从英语翻译教学方法的应用、翻译教学师资的培养方面论述了翻译能力的培养；最后，提出了翻译教学效果与人才培养的优化途径、应用型翻译人才能力培养的策略。

在写作过程中，笔者参考了众多专家学者的研究成果，在此对他们表示诚挚的感谢。由于时间和精力有限，书中难免存在疏漏和不足之处，敬请广大读者不吝指正。

韩　凌

2023年8月

目 录

第一章　翻译与翻译教学

虽然社会对翻译人才的需求不断增加，但目前翻译人才的质量并不是非常理想。因此，教学作为培养翻译人才的主要手段，正在面临着巨大的压力和挑战。与此同时，翻译教学工作者也意识到自己所承担的艰巨任务。面对这一现实，对翻译教学进行更多的研究和探索就是一项必要之举。本章就具体探讨翻译与翻译教学。

第一节　翻译的性质与分类

随着经济全球化的不断深入，国与国之间的交流日益频繁。翻译作为一种媒介手段和信息转换工具，其重要性日益凸显。事实上，自翻译活动诞生以来，人们对翻译的各种研究就没有停止过。本节对翻译的性质与分类进行简要分析。

一、翻译的性质

翻译是什么？不同的人对此问题有不同的看法，不同的看法会产生不同的翻译方法和策略。我们先来看看持不同翻译观的学者是如何解释翻译的。

语言学翻译观可分为传统型和当代型两种。传统型语言学翻译观以19世纪以来的传统语言学理论为基础研究翻译问题。例如，英国的语言学家卡特福德（Catford）认为，翻译是一项对语言进行操作的工作，即用一种语言（TL）的文本（text）来替代另一种语言（SL）的文本的过程。苏联语言学家巴尔胡达罗夫则认为："翻译是把一种语言的连贯性话语在保持其内容（意义）的情况下改变为另一种语言的连贯性话语的过程。"

当代语言学翻译观主要受当代语言学的影响，把研究的观点从语言本身扩展到交际语境、语域、语用等领域，认为翻译是一种交际活动。从语言的功能和交际的角度来研究翻译，一般注重的是翻译信息而不是文字，目的是与接收者沟通。在西方翻译理论上，持交际翻译观的代表人物是尤金•奈达（Eugene Nida）。奈达认为，翻译就是在译入语中再现与源语的信息最切近的自然对等物，首先是就意义而言，其次是就文体而言。这条定义常常被人引用。奈达认为，理想的译文应该由读者的反应来衡量，即译文读者对译文的反应应该与原文读者对原文的反应大致相同。我国著名翻译理论家刘宓庆则认为翻译的实质是语际的意义转换。蔡毅也认为翻译的定义应该是将一种语言传达的信息用另一种语言传达出来。

巴斯奈特（Bassnett）、兰伯特（Lambert）、拉斐维尔（Lefevere）等人是典型的文艺学派，他们认为，文艺学翻译观应从文艺学的角度解释翻译，认为翻译是艺术创作的一种形式，强调语言的创造功能，讲究翻译作品的艺术效果。甚至认为翻译就是对原文重新摆布。在我国，持文艺学翻译观的人也很多。例如，傅雷的"神似说"和钱钟书的"化境说"。傅雷认为，以效果而论，翻译应当像临画一样，所求的不在形似而在神似。钱钟书在《林纾的翻译》一文中则提出："文学翻译的最高理想可以说是'化'。把作品从一国文字转变成另一国文字，既能不因语言习惯的差异而露出生硬牵强的痕迹，又能完全保存原作的风味，那就算得入于'化境'了。"

文化学翻译观以文化为重点来研究翻译。持文化翻译观的学者认为，翻译不仅是语言符号的转换，而且是一种思想文化的交流。例如，王克非认为，翻译是将一种语言所蕴含的意思用另一种语言文字表述出来的文化活动，翻译是跨语言、跨文化的交流。不少西方学者使用"跨文化"来形容翻译这一活动。斯奈尔•霍恩比（Snell Hornby）把翻译看成"一种跨文化的活动"。巴斯奈特和拉斐维尔认为，翻译研究进入20世纪90年代，其历史性的转折点是文化研究。

从以上持不同翻译观的学者和翻译理论家对翻译的定义或解释来看，翻译过程不但涉及两种语言，还涉及两种文化。由此可见，翻译既是一种语言活动，也是一种文化活动。语言是文化的载体。翻译是通过语言机制的转换连接或沟通自身文化与异国文化的桥梁。实际上，翻译是两个语言社会（language-community）之间的交际过程和交际工具，它的目的是要促进本语言社会的政治、经济或文化进步，任务是要把原作中包含的现实世界的逻辑映象或艺术映象完好无损地从一种语言中移注到另一种语言中去。

二、翻译的分类

依据不同的标准，翻译有着不同的种类。以下就从不同的标准出发，来分析翻译的具体类型。

（一）根据作品种类分类

根据翻译作品的种类，翻译可以划分为五大类。

（1）全译，即逐词逐句对原作进行翻译，是最常见的翻译种类。

（2）摘译，即从出版社、编辑人员、读者的要求出发，对原作的一部分进行翻译，其往往在一些报纸杂志中比较适用。

（3）参译，即参考翻译，是一种自由的、特殊的翻译品种，可以是全译，也可以是摘译或者编译。

（4）编译，即将一篇原文或者几篇原文的内容进行串联的翻译，是一种特殊的翻译形式，其可以将原作松散的内容进行整合，还可以将多篇原作内容进行串联，对译文进行丰富。

（5）写译，即译者将翻译作为主体的写作，是比编译更为宽松、自由的翻译形式。

（二）根据原作种类分类

根据翻译原作种类，可以将翻译划分为三种。

（1）一般语言材料翻译，即日常使用的语言，其包含一般报刊翻译与各类应用文翻译，这类翻译往往具有四个特点。

其一，杂，即内容上包罗万象，不仅有趣味的新闻，还有科普类文章，更有生活常识类文章等。

其二，浅，即语言上比较容易理解，不像文学作品那么深奥，也不像专业翻译那么专业化。

其三，活，即与一般科技类文章相比，行文上比较活泼。

其四，新，即语言上比较现代化，添加了很多新词、新语。

因此，在翻译此类文本时，译者需要对“忠顺”的矛盾加以灵活处理，采用一切方法对译文进行加工与修饰，以追求行文的传神与活泼。

（2）文学翻译，其要比一般语言材料的翻译较为困难，这是因为其具有如下几个特点。

其一，长，即跨度时间比较长，因此要求译者具备扎实的基本功。

其二，凸，即翻译时要凸显“忠顺”。

其三，高，即要求译者具有较高的译语基本功，尤其是对世界名著进行翻译时，要求的译语基本功更高。

其四，雅，即要求翻译时要雅，具有文学味道与作品气质。

其五，创，即要求翻译时译者要发挥自身的创造性，这一点要比其他两种翻译要求更高，因为文学翻译对传神达意的要求更高。

因此，在进行文学翻译时，译者需要对“忠顺”的矛盾进行灵活把握，解决二者的矛盾时需要考虑原作的特色、译作的目的以及译作的环境。

（3）专业翻译，即包含科技资料、商务信函、军事著作等在内的各种文本的翻译，这里仅以科技翻译为例来说明其特点。

其一，专业，即涉及大量的专业词汇与表达。

其二，重大，即具有重大的责任，因为如果误译的话，就可能会造成严重的后果。

其三，枯燥，这是因为其涉及的词汇、表达等有时非常的枯燥无味、晦涩难懂。

（三）根据工作主体分类

根据翻译工作的主体，可以将翻译划分为两类。

（1）人工翻译，即传统的以译者作为主体的翻译形式，往往从多人到一人不等。

（2）机器翻译，即20世纪70年代后出现的将翻译机器作为主体的翻译形式，往往从简单型到智能型。

需要指出的是，机器翻译比较快，不怕重复，也不需要休息，但是它也存在着不足之处，如比较机械，离不开人，还需要译者进行核对、润色与定稿。因此，要想翻译准确，机器翻译也需要人工翻译的配合。

（四）根据等值程度分类

根据等值程度，可以将翻译划分为四种。

（1）完全等值，即1∶1的等值，对于一种原文，虽然译法有一种或者几种，但是效果需要与原作保持基本一致。

（2）部分等值，即1∶几或者几∶1的等值，其有两种形式：一种是对某一原作，有几种译文；二是对多种原作，仅有一种译文。无论是哪种，其都未达到完全等值，仅仅是部分等值。

（3）假性不等值，即前面的完全等值或者部分等值，这种现象也非常常见。对原作中的某个词、某个句子等，有时候初看译文与原作不等值，但是译语明明有完全等值的表达，译者就是不采用。这是因为译者如果采用了完全等值的表达，其实际的效果就不能实现等值，虽然它们在措辞上似乎是不等值的，但是在实际效果上是等值的。

（4）不等值，即1∶0或者0∶1的等值。

第二节　翻译的基本原则与基本问题

一、翻译的基本原则

（一）语言学原则

从语言学的角度来研究翻译问题，是从奥古斯丁（Augustine）开始的，他是西方翻译理论的语言学传统的鼻祖和创始人。谈到语言，人们就会想到符号这个概念。在参照和继承了亚里士多德（Aristole）的“符号”理论的情况下，奥古斯丁指出语言符号包括“能指”“所指”两种内容，并揭示了这两者和译者“判断”之间的相互关系。

既然是从语言学视角研究翻译，那么语言学的观点必然会影响翻译的研究。毫无疑问，西方翻译理论就是受到了斐迪南·德·索绪尔（Ferdinand de Saussure）的普通语言学理论的深刻影响。20世纪初，索绪尔详细说明了什么是言语以及什么是语言，并对语言的历时和共时的辨别提供了详细的解释，为此后翻译研究的语言学派构建了基本框架。也就是从这个时候开始，西方翻译学者纷纷注意到，语言理论可以为建构翻译模式提供理论支持。这也就使得翻译语言学派对翻译中的语言事实比较关注，如语音、词汇、句子、篇章等一些语言单元都是研究者们的着手点，他们试图以此探索翻译活动的普遍规律。此外，他们深深地赞同“等值”理论，认为要进行翻译，必须先解决语言之间的转换问题。

索绪尔的理论涵盖心理学、语言学、社会学三个方面。在心理学方面，他认为一件已经过去的事情仍会造成影响；在语言学方面，他认为语言符号具有任意性；在社会学方面，他认为语言是一种存在于集体心智中的社会事实。另外，索绪尔还提出了以下几个观点。第一，“言语”和“语言”是两个不同的概念，言语是说出的话或写出来的文章，语言是抽象的语法规则系统和词汇系统。使用同一语言的人做出的言语行为是不同的。第二，语言是极为复杂且异质的现象，人们可以从许多不同的角度去分析一个简单的言语活动。第三，语言是一种形式、一套规则体系，并非实体。第四，语言符号之间既有聚合关系，也有组合关系。第五，内部语言学和外部语言学有着不同的影响因素。第六，可以从历时性的角度来解释语言现象，也可以对语言做出静态描写，事实上共时性研究优于历时性研究，因为语言的历史变化对于当时的言语行为的影响很小。

奈达首次倡导要进行科学的翻译，并将信息论引入翻译研究，创立了翻译研究的交际学派。他还就翻译过程提出“分析”“转换”“重组”“检验”的四步模式。奈达最著名的观点是翻译原则的“对等”观，包括动态对等和功能对等，他提出的这一翻译原则对西方翻译研究贡献巨大。

雅各布森（Jakobson）一直坚持语言功能理论，使得翻译研究跳出了词汇、句子和语篇等的限制性框架结构，而为翻译研究开拓了一种语境模式，并重点关注了翻译中语言的意义、等值、可译性和不可译性等根本问题。

纽马克（Newmark）提出了“交际翻译”和“语义翻译”两个重要的翻译策略。他认为要根据文本的类型来选择恰当的翻译策略，只有这样才能达到效果等值。交际翻译力求接近原文文本，语义翻译在目标语结构许可的情况下尽可能准确地再现原文意义和语境。他不断反思自身翻译理论的不足，并进一步提出“关联翻译法”。

（二）意识形态原则

意识形态原则涉及源语文本与目标语文本等诸多因素。斯林格兰（Slingerland）在英译《论语》时非常注重文中的关键概念，如仁、礼等，为了尽量保留中国文化特色，采取了“英译＋拼音＋汉字原文”的翻译策略。

肖唐金、肖志鹏提出翻译中的语篇意识形态二分论，即宏观层面和微观层面的意识形态。前者与政治、“声音”、文体风格有关，后者涉及文本措辞、信息组织结构。

在翻译过程中，源语文本与目标语文本意识形态在开始、中间、结束层次上的运作机制不同，表现在作者、文本构建者和接受者、读者上也会有所不同。

（三）美学原则

20世纪中下叶，接受美学在西方翻译界得到了较大发展，是美学原则的具体体现，强调跨文化交际翻译学实践的动态性、互动性以及译者与读者的合作性。从接受美学的角度来看，审美价值不仅取决于作品的审美品质，还取决于读者的阅读参与水平。也就是说，纵然作品的审美特征已经存在，但若未经读者阅读，该作品只是具有审美方面的“潜在价值”而非“实际价值”；审美价值的真正形成，取决于读者的阅读欣赏，尤其是阅读时的再创造活动。

同理，在翻译中，仅有译者的译作是不够的，还必须有读者对译作进行阅读并给予肯定，这样翻译活动才算完成。就翻译作品的审美价值而言，译者除了要考虑原作审美特征的再现程度，还要顾及读者对译作审美特征的接受程度，亦即通过译作对原作审美特征的接受程度。可见，翻译作品的审美价值涉及的不仅仅是翻译作品本身（内部要素），还涉及众多其他要素（外部要素）。内部要素包括审美客体和审美主体，其中审美客体涉及原作和译作，而原作的审美主体涉及作者、译者，其对应译作的审美主体则主要涉及译者与读者。外部要素包括审美客体和审美主体各自以及共同所处的语言、文化、地域、历史等外部环境。译文是原文另一种语言的再现，因而译文审美价值取决于原文的审美构成——“形式美”和“内容美”。其中，“形式”是指语言形式，“内容”包括主题、思想以及具有审美感染力的评价。可见，译作的审美价值有赖于译者对原作与译作“形式美”和“内容美”的把握。

刘宓庆认为，所有的审美客体都具有“本体属性”和“关系属性”。“本体属性”具体表现为审美客体的审美构成，而审美构成又分为“形式系统”和“非形式系统”。其中，“形式系统”着眼于内容的物态形式、外象形式（包括语音、文字、词语、句子、段落等层面的审美信息），“非形式系统”是指作为“总体存在”的非外象形式（包括“情”“志”“意”“象”）。“关系属性”包括从原文美到译文美的关系、原作与译者的关系、原作的时代与译者所处的时代的关系等。刘宓庆还指出“美只存在于特定的关系中”，所以审美客体只有与审美主体相结合，它的美才有意义。

二、翻译的基本问题

翻译的基本问题主要涉及直译与意译、功能对等与形式对应、原文的形式与内容、源语与译入语、原著作者和读者的中心问题、原作者写作与译者翻译的联系六个方面。

（一）直译与意译

直译与意译的问题一直是一个争论不休的问题。在某些情况下，直译和意译不构成翻译问题。比如，“I like this movie”译成“我喜欢这部电影”就没有直译和意译之争，因为直译和意译完全是一回事。但由于英汉语言间差异非常大，译者往往会面临两种选择，即一个句子可以直译，也可以意译。在这种情况下，到底采取直译法还是意译法就会引起人们的争论。当然，不同的人在用这两个概念时所指可能会十分不同，有些人认为逐字翻译为直译，但大部分人认为直译并不一定要到“逐字”翻译的地步。一般来说，比较遵照原文语言结构的译法就是直译，而脱离原文语言结构的束缚，只译意思的译法就是意译。逐字翻译、直译和意译之间并没有十分清楚的界限，但用直译和意译这两个概念来讨论翻译还是很有用的。

直译的缺点显而易见，它常使译文读起来吃力，所以大多数人主张不把直译作为翻译的主要手段，只是在一些特殊的文本中酌情使用直译。但也有人给予直译很高的地位，如翻译理论家纽马克就颇认同直译这个概念。他的观点是基于自己在印欧语言之间翻译的实践，并不一定适用于英汉翻译。在英汉翻译领域，尽管直译应该有其一席之地，但广为大众接受的译文很少是以直译为主要手段的。

意译虽然被大多数译者采用，但有时也会带来一些问题。意译超出了限度就会扭曲原文的意思，把原文没有的意思加到译文中。一般来说，如果原文的意义不是通过语言形式表达的，那么意译就不会丧失意义；如果原文的意义有一部分是通过语言形式本身表达的，意译往往就会抹掉那些由形式附带的意义。上述说法在理论上是正确的，但在英汉翻译实践中可能行不通，如有些文学作品中的意义是通过语言手段表达的，本该用直译法表达才可以反映出语言形式所载的意义。但英汉语言差别很大，照原文搬过来的译法在印欧语言间也许可以接受，但在英汉翻译时，人们很难接受这类表达法。因此，有些中国学者主张在翻译文学作品时多用意译。刘宓庆将诗歌之类的文学作品放到不求字面对应，但求保证可读性一类，认为有时必须完全意译方能达意。这种主张与西方理论家们将文学作品列入表情类，应采用直译的理论略有不同。其实，文学作品也不能一概而论，有些作品适合多用直译，有些则适合多用意译，要因文本而定。

英汉翻译中的有些句子显然应该用直译，有些则只能用意译，对这些显而易见的情况，翻译界往往没有争议，直译和意译确实常常交替使用，相互可以取长补短。翻译实践中还常会遇到一些既可直译也可意译的情况，这时到底取直译，还是取意译就会成为一个问题。一个句子到底应直译还是意译，往往要考虑到文本、读者甚至翻译目的等因素，没有一个一成不变的定理。北京大学辜正坤教授在讨论文学翻译时，对直译和意译有一段十分精彩的论述："直译、意译各有千秋，译者依据功能、审美、读者层三要素，宜直译就直译，宜意译就意译，能神游于规矩之内，亦能神游于规矩之外，能循规蹈矩，亦能离经叛道，方称得上翻译的行家里手。"

但有一点应该牢记，当今英汉翻译活动的主体并非文学翻译。在经济、科学、新闻、政论等文本中，语言形式不是关键的因素，译文就应尽量保持译入语的特色。在英汉翻译中发挥中文的优势始终是译者要努力的方向。这一点在当今全球化的大背景下尤为重要。因此，假如直译法有悖汉语行文习惯，造成翻译腔，译者就应该采用意译法。换句话说，在大多数情况下，略偏重意译仍然是应该提倡的。不过，对于较正式的文本，如政、经、法方面的文件等，不过度偏离原文的译法仍然会频繁使用。

（二）功能对等与形式对应

这一对概念实际上早就有人提出，但由奈达加以完善，成为翻译理论研究中一对很重要的概念。功能对等就是指译文要在语言的功能上和原文对等，而不是在语言的形式上和原文对应。形式的对应是机械的，表面上看和原文一样，但由于语言系统不同，相同的语言形式并不一定能起到相同的效果。例如："He is the last person I will ask for help." 这一句可译成"他是我会要求帮助的最后一个人"，来达到形式上和原文相对应。但是该句真正想表达的是"我肯定不会去求他"。后面的译法在语言形式上与原句不同，但在语义的表达上与原文对等。又如，美国的中学生总是会对家长说："Tomorrow is a minimum day，could you pick me up at noon？"其中minimum day如果翻译成"最小日"，的确保存了原文的语言形式，但意思未能表达清楚。因此，译者在翻译时要保持与汉语对等，而不是形式的对应："明天只上半天课，提前放学，你能在中午就来接我吗？"

在奈达看来，读者的心理反应是功能对等的基础，这就需要原文读者读原文的心理反应与译文读者读译文的心理反应类似。

虽然功能对等与意译、形式对应与直译在概念上不一样，但是它们实际上会从不一样的概念出发最后殊途同归，从而引出跨语言交流中的问题。

（三）原文的形式与内容

原文的内容与形式之争是文学批评的焦点，在跨语言交流中也表现得十分突出。在大多数情形下，原文语言形式不是译者需要传译的，英汉两种语言在语言形式上通常截然不同，所以在翻译上不用反映原文的形式，只需要把原文的内容翻译出来就可以了。但是作家的艺术特色是通过语言形式来反映的，所以形式就显得十分重要。此类情况下就必须在阐述内容的同时，顾及语言的形式与风格。

但是我们一定要记住，在翻译过程中，译者面对的最大的阻碍一定是源于原文的语言格式，过分强调形式的翻译方法常常使译文缺少可读性。所以，虽然在某些状况下需要在译文里反映出原文具有的特殊意义的形式，但翻译过程中整体的策略应当偏重内容。

（四）源语与译入语

前面几对概念主要和言语行为有关，源语与译入语这对概念则涉及语言体系。有人主张译文应靠近原文，因为语言反映文化，原文中的语言特色即使不是作者风格的体现，也有必要在译文中表现出来，因为原文的语言特色反映了原文所在文化的特色，译者有必要将这种特色介绍过来。他们还认为，过多地为读者着想会“宠”坏读者，应该相信译文读者有解读原文语言形式的能力，靠近原文的译法把读者拉到源语中，使读者能“身临其境”地欣赏外国作品，是文化交流的重要内容。

这种说法实际上是让翻译承受过多的责任，语言形式不应该拿来当作文化介绍的工具。除了为某一特殊目的，如用靠近源语的译法翻译以反映原文表达的文化特点，以供学术研究所用，在大多数情况下，译者翻译的任务还是以传达信息为主，介绍源语文化不应该以牺牲译入语表达习惯为代价，因为靠近源语的译法总是会生成很多不符合译入语习惯的句子，真正想通过语言了解外国文化，有必要鼓励读者学外语、读原文。因此，翻译的基本方法应该主要是向译入语靠拢，尽量发挥译入语的优势。

（五）原著作者和读者的中心问题

如果译文以原著作者为中心，就可能反映出原著的某些行文特点；如果译文以读者为中心，就可能发挥译入语的优势。从理论上说，不应该以作者为中心，但是这也需要看作者是不是重要。我们不能说一个会议记录的作者与一个获得奖项的文学作品的作者是同样重要的。大量文本的作者都应当“藏”在文本后面，不应当在文本内表露出来。一份电脑软件的应用说明、一项法令条文、一个食品的广告等都不会显示出原作者的“影子”，所以阅读这些文本以后，读者不会知道作者是何人。但是，有些文本就可能是“文如其人”。一旦阅读作品，读者立刻就会感觉到不同，遣词造句，甚至布局谋篇都会有原文作者留下的印迹。所以，普遍认为如果文如其人，那么翻译者不仅要翻译原文的内容，也需要让译文可以文如其人。而大多西方翻译家都认为在译文中保留原文的语言形式是让译文文如其人的方法。也有人认为，相对等的语言形式在译文内不一定会有相同的效果，建议使用类似译入语的语言形式来达到文如其人的效果。如果达不到，就只能将它归为翻译的不可翻译性。我们不会绝对排除有时候以原作者为中心会是翻译者应当采取的方法，但是此类翻译方法所占据的比例非常小。翻译的总准则是把读者放在中心位置，这一点在英汉翻译中十分重要。

（六）原作者写作与译者翻译的联系

人们动笔写作一般都有其目的，无论是原作者还是译者总是为了某一目的而动笔。在大多数情况下，原作者的目的和译者的目的基本一致。用英文写一个电脑操作过程的人是为了让顾客了解如何操作电脑，翻译这个操作过程的译者也是为了让不懂原文的顾客了解如何操作电脑，所以原作者和译者目的相同，都是要将信息准确地传达给读者。一则服装广告的作者希望用广告影响顾客的行为，让其看了广告后会花钱购买产品。一个译者翻译同一则广告的目的也是影响顾客，促进消费。一份经济合同的作者希望合同能成为某项经济活动的基础，翻译这个合同的人也希望不懂原文的人能看懂原文的内容，以便使合同中的经济活动可以展开。一则交通广告的作者希望用广告将有关交通的信息告诉大众，同一则广告的译者也有相同的目的。因此，大部分翻译工作的目的和原文写作的目的相同，这些文本有一个特性，即都是为一个非常实用的目的而写，翻译的目的也十分实用。需要注意的是，不是所有翻译的目的都和原作目的相同。诗人写一首诗可能是为了表达自己的情感，译者将诗直译成中文，以便进行英汉语言对比，译者的目的就和原作者不一样。

这就引出不同目的、不同读者和不同译文的问题。一首英文诗可以译成五言诗，供喜爱唐诗的人欣赏；也可以译成词曲，供喜爱词曲的人欣赏；还可以译成现代诗，供喜欢白话诗的人欣赏。译者服务对象不同、目的不同，译文也可以迥异。

也有人不同意上面的看法，认为原作只有一个，译文也应该是一个，不应该千面千腔，最终在译文中找不到原作的影子。然而，翻译毕竟有其局限性，很多文化内涵丰富的作品一旦完成，就很难恢复其原貌，因为时过境迁，作品依旧，但作品存在的环境变化了。同一语言文化尚且如此，何况跨语言文化的翻译。因此，翻译文化内涵丰富的作品时要有侧重，因为译者服务的对象不同，翻译的目的不同。

分析了这几对概念之后，我们对“原文的意思在译文中表达出来”就有了理性的认识。这些概念从不同的角度切入，讨论翻译的核心问题。虽然角度不同，但都落实到同一个焦点上，即如何将原文的意思在译文中表达出来。了解了这些基本概念后，我们就会更清楚地认识那些五花八门的翻译标准和原则。这些标准和原则是不同的人从不同的角度，在不同的时空里，对同一问题的解决之道。它们一方面反映了标准设立者在翻译研究上的聪明才智，另一方面反映了他们在翻译研究中左右为难的境遇，因为翻译本身就是一件令人左右为难的事情。

不同的人有不同的理论，依照有些理论从事翻译实践，翻译出来的文章有原文的影子；但依照另一些理论从事翻译实践，翻译出来的文章完全像译入语。原文的影子在译文中可浓、可淡、可有、可无。有人主张在译文中保留一些“异国情调”，有人则主张用地道的译入语。这之间如何把握、如何拿捏，不仅在理论上有着重要的意义，在实践中也需要倾注大量的精力去研究。

第三节　翻译教学的内涵

在教学领域，翻译教学是重要的语言技能教学之一，因而翻译理论研究也必然离不开教学层面的研究。因此，本节对翻译教学的内涵展开分析。

翻译理论与实践相结合构成的一个重要领域就是翻译教学，在研究翻译的过程中，翻译教学是一个不可忽视的内容。要想提高翻译教学的水平，首先必须对翻译教学展开深入探究，它对翻译教学实践的发展也起着决定性作用。因此，随着社会对翻译人才需求的大幅度增加，对于翻译教学的相关探究就显得极为重要。

但是，目前学术界对翻译教学的内涵仍然存在较大争议，学者们对于翻译教学的范畴及翻译教学与教学翻译的区别并未达成共识。加拿大著名学者让·德利尔（Jean Delisle）曾经对教学翻译与翻译教学做过明确的区分："学校翻译，也称'教学翻译'，是为了学习某种语言或者高水平运用这种语言和深入了解这种语言文体而采用的一种方法。学校翻译仅为一种教学方法。翻译教学追求的目标与学校翻译不同，翻译教学不是为了掌握语言结构与丰富语言知识，也不是为了提高外语的水平。纯正的翻译的目的是要体现出翻译自身的成果，而教学翻译的目的仅是考核学校外语学习的成果。"在之后的研究中，教学翻译被看成外语教学过程中的一种手段，是传统的语法翻译教学中为辅助外语教学而展开的练习，目的是帮助学生认识外语与汉语在词汇、语法上的对应关系，以提高语言水平与运用能力，练习材料主要以词句为单位。翻译教学则是以翻译能力为目标，更注重传授翻译知识、理念与技能，培养学生从事职业翻译的能力，练习材料一般为与翻译实践有关的语篇。对于教学翻译与翻译教学，我国学者穆雷从学科定位、教学目的、教学重点三个方面进行了区分（见表1-1）。

表1-1　教学翻译与翻译教学的区别

区别点	教学翻译	翻译教学
学科定位	教学翻译	独立学科
教学目的	附属于外语教学，属于应用语言学	掌握翻译职业的理念、技能
教学重点	外语的语言结构及外语语言应用能力	翻译技巧与解决问题的能力；双语转换和职业翻译能力

在之后的十几年中，穆雷对教学翻译与翻译教学的这种区分得到了我国学术界的广泛认同，并且引发了一系列相关的讨论。然而，这种区分方式在某种程度上贬低了教学翻译，还束缚了翻译教学的多样性与创造性的发展。

近几年，随着翻译教学与教学翻译研究的不断发展，有关学者对翻译教学进行了重新的界定。罗选民认为，翻译教学包含两部分：大学翻译教学和专业翻译教学。这样的界定扩大了翻译教学的范围，将原来的教学翻译也纳入了翻译教学的范畴。但是，这一界定也存在一定的弊端，这种分法具有一定的模糊性，不能够清晰地说明翻译教学与教学翻译之间的关系，很难与翻译教学的多元化发展趋势相适应。

目前，为了衡量学生的翻译能力，学生需要考取相关的翻译证书，并且为了顺利地在外企工作，学生需要具备相关的翻译能力。为了适应这一形势的需求，有些学校增设了一些选修课。例如，黑龙江大学应用外语学院是我国最早进行翻译教学改革的院校，在院校中面向全校三四年级学生开设多个模块的选修、辅修和专修课。从此，该院也开始对其非英语专业学生适时地进行翻译基本技能的训练。尽管与英语专业的学生在教学目的、教学内容和教学方式方面存在一定的不同，但是如果我们将翻译看作一种分析语言的方法或者一种训练技能或促进交流的工具时，对翻译就应持有兼收并蓄的态度，让非英语专业与英语专业的学生同等地享有接受翻译教育的权利，实现共同受益。该院校的这一行为是对原有翻译教学的重新分类，由此，我们需要重新地对翻译教学进行界定。翻译教学可分为以下四种。

（1）公共英语翻译教学，其中包括作为独立课程的翻译选修课教学和作为教学手段的教学翻译。

（2）英语专业翻译教学。

（3）翻译专业翻译教学。

（4）社会培训翻译教学。

其中，针对公共英语翻译教学中的选修课教学，受众群体最为广泛，这也是需要我们重点探讨的对象。从实用性的角度分析，除了在外企工作的学生需要掌握基本翻译技巧之外，其他的一些专业领域，如经济、工程、科学等从业人员也需要具备较强的翻译能力，能够将西方最新的科研成果翻译成汉语，从而有效地推动我国科学技术的进步与发展。另外，随着全球经济一体化的迅速发展，国际商业行为、跨文化交际活动越来越多，对高素质英语翻译人才的要求也越来越高。这就需要翻译教学注重培养不同专业的学生具备全方位的翻译能力，从而促进跨文化交际的进行。

第二章　翻译人才培养目标与培养模式

一方面，随着经济社会的迅猛发展和科学技术的不断进步，社会对高层次专业翻译人才的需求量不断增加，而传统的外语教学无法满足社会对专业翻译人才的需要，翻译人才的培养与社会需求之间的脱节现象日益严重，供需矛盾越来越突出。另一方面，随着翻译学逐渐获得认可成为一门独立的学科，翻译教学在现行教育体制中赢得一席之地，也为高层次翻译专业人才的培养奠定了坚实的学科基础。翻译专业人才培养的系统化、专业化、科学化被提上议事日程，成为讨论的焦点。本章将对翻译人才的培养目标与培养模式进行讨论。

第一节　翻译人才的培养目标

在阐述翻译人才培养目标之前，我们先看一下有关课程教学目标的定义。《朗文语言教学与应用语言学词典》将其分为两类：一类为总目标，为教学的基本原因或目标；另一类为具体目标，指一门课要达到的目的，要详细描述学生在教学最后一个阶段必须具备的能力。其实这也是教学目标在较宽泛与较狭窄两个层面的界定，较宽泛层面上指课程设计者预计学生能够达到的一般性教学目标或目的；较狭窄层面上指学习者通过课程学习在知识、能力等方面所能达到的具体专门目标（所能掌握的知识以及在听、说、读、写、译等方面能获得的具体技能等）。笔者尝试借助这一定义的分类，提出翻译人才培养宏观的总目标（本科生、硕士、博士生学历学位教育目标）——阐明人才培养的基本原因或目的，并提出具体的阶段性培养目标（学年、学期及课程目标）——阐明学生通过阶段性学习所能达到的水平。其中，阶段性培养目标涉及的课程教学目标又可以分为总目标和具体目标两类。

翻译作为一门新兴学科，各院校相关人才培养目标不一致，有的强调复合型人才，有的强调翻译通才，不一而足。限于篇幅，笔者不可能将各阶段、各课程目标逐一阐释，现仅在翻译人才分类的基础上，从宏观角度分析翻译专业本科和研究生教育中的人才培养总目标，并剖析两者之间的传承关系。

首先讨论翻译人才的分类问题。戴炜栋等指出高素质的外语人才可以粗略地分为学术研究型和应用职业型。[①]这两类人才都具备专业及相关专业知识，具有学习—实践—创新的能力以及高尚的人品、道德等，只不过在知识领域、能力侧重、创新研究能力强弱等方面存在一定差异。笔者认同这一观点，但认为翻译人才虽然可以分为学术研究型和应用职业型，但如果结合具体翻译教学实际，将之分为翻译通才和专门性人才更为妥帖和确切。这主要是由于该分类一方面体现了翻译的学科融合性（翻译为杂学，译者为杂家）；另一方面表现出翻译理论和实践的均衡发展。当然，通才、专门性人才、学术研究型和应用职业型人才之间有一定相关性。具体来说，翻译通才充分体现出学习者学术研究能力和职业技能的平衡发展，该类人才既掌握一定的理论又有较强的翻译实践能力；而如果学习者偏重于理论学术探索（如翻译理论家、翻译批评家），就更倾向于学术研究型人才；如果侧重于翻译实际操练（如口译译员、科技文献译者、文学作品译者等），就更倾向于应用职业型人才。无论是典型的学术研究型翻译人才还是应用职业型翻译人才，均属于专门型翻译人才。而且，无论是高层次翻译通才还是专门性人才，都具有扎实的语言基础（双语能力过硬）、翻译知识、语言运用技能和翻译技能以及相关学术道德、职业道德等，当然，在知识的广博程度、能力的大小、技能的娴熟程度等方面存在一定差异。

以上对翻译人才进行了分类，那么，翻译人才的分类与翻译本科、研究生教育之间呈现什么关系呢？笔者认为，本科教育的目标在于培养一般性翻译通才，他们具备较宽泛的翻译知识和较强的翻译能力（如口笔译能力），能胜

① 戴炜栋，任庆梅.外语教学与教师专业发展：理论与实践[M].上海：上海外语教育出版社，2006：39.

任相应跨文化语言文字交流工作。一般性翻译通才通过研究生教育成为高层次翻译通才、学术研究型人才和应用职业型人才。其中高层次翻译通才较之一般性翻译通才，在理论层次和实践技能等方面都更有所长。具体来说，研究生阶段一方面开阔学生的视野，强调翻译理论、翻译研究方法的掌握以及翻译科研能力的培养；另一方面加强实务训练，培养翻译技能和翻译能力。当然，博与专、术与学之间的侧重因人而异。如果学生毕业后直接参加工作，那么在工作过程中也可以通过自身的行动研究（如对翻译实践进行研究，撰写理论性专著/文章）等成长为学术研究型人才，或者通过职业教育和培训（如口笔译实务训练等）、工作实践等成为应用职业型人才（见图2-1）。

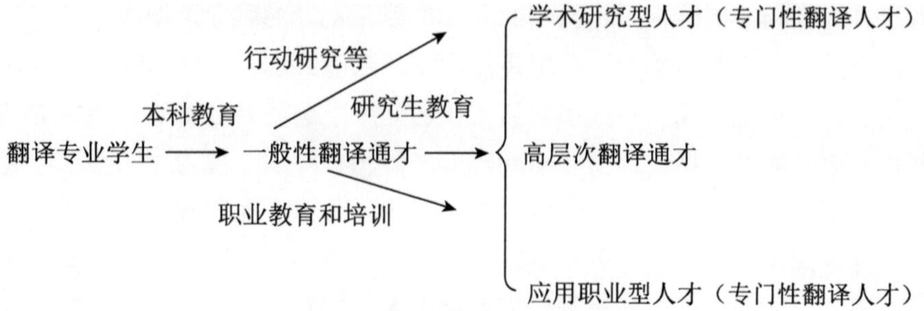

图2-1　应用职业型人才的形成

当然，我们要认识到翻译人才之间的个体差异，也就是说，所培养人才并非如流水线上批量生产的产品一样，在知识、能力、品德等方面完全一致，而是既有共性又有个性的个体。同时各人才类型之间没有固定的、不可打破的界限。也就是说，一般性翻译通才可以根据个人的特长、兴趣等，通过自身努力成为某种类型的翻译人才。譬如一位翻译实践经验丰富的译者可以结合自身经验，进行相关理论探索，在学术研究方面取得一定成就，反之亦然。

结合相关研究，为适应培养高素质复合型创新翻译人才的需求，笔者尝试从知识、能力、品德、职业技能等方面来阐述本科翻译专业的培养目标，即培养一般性应用复合型的翻译通才。他们具备比较扎实的语言、文化、政治、经济、金融、外贸、科技、艺术等基础知识，较强的外汉转换能力和语言学习应用能力，良好的思想道德素质、心理素质、适应能力、合作精神，并且能够胜任外交外贸、涉外企业、文化艺术、科技翻译、新闻出版、教学研究等领域的语言文字交流工作。之所以强调应用复合型，是因为翻译专业本科注重应用能力的培养，而且涉及的知识面比较广，技能具有复合性；之所以强调通才，是因为翻译专业学生应该能够胜任一般性的语言文字翻译工作。一般来说，所培养的人才能够通过翻译专业中级资格（水平）考试。鉴于翻译为新兴专业，具体教学尚处于摸索阶段，不可能要求所有毕业生都通过中级（二级）口笔译考试，但至少应通过初级（三级）口笔译考试，胜任一般性口笔译任务。而优秀毕业生在实战训练的基础上，能通过中级（二级）口笔译考试，获得翻译专业中级资格证书，独立承担口笔译工作。当然，各学校、各地区存在一定的差异，因此翻译本科专业培养目标不可能完全一致，各学校、各地区可以结合实际情况，突出本学校、本地方的优势或特色。

另外，根据《翻译本科专业教学质量国家标准》，翻译专业旨在培养德才兼备，具有宽阔的国际视野、深厚的人文素养和良好的职业道德，具备较强的双语能力、跨文化交流能力、口笔译能力、思辨能力和创新能力，能够胜任外事、经贸、教育、文化、科技等领域工作的通用型翻译专业人才。该标准确定了翻译专业的培养目标，提出了对翻译人才素质、知识、能力等的要求；确定了课程体系的总体框架、课程结构、专业课程。其中专业课程分为语言知识与能力、翻译知识与能力、相关知识与能力三大板块。该标准对不同类型专业课程学分比例也做了规定。该标准根据翻译专业的实践性这一特点，对翻译实践教学有明确、具体的要求。同时，该标准也对翻译专业的教学与评价、教师队伍、教学条件质量保障体系都有明确的要求（这里不再赘述）。

第二节　翻译人才的培养模式

一、人才培养模式的含义

在阐述人才培养模式之前，先探讨一下模式的含义。在汉语中，“模”，有模型、模范和榜样等含义，“式”指样式、形式，《现代汉语词典》对“模式”的解释为：“某种事物的标准形式或使人可以照着做的标准样式。”在西方，“模式”一词是从一般科学方法或科学哲学中引用而来，其英文词为model，原意是模式、模型、典型、范型等，表示用实物或符号形式将原物、活动、理论等仿制、再现出来。美国两位著名的比较政治学者比尔（Bill）和哈德格雷夫（Hardgrave）在研究一般模式时所下的定义有三个要点：一是模式是现实的再现，是对现实的抽象概括，来源于现实，不是凭空捏造或闭门设想的；二是模式是理论性的，它是一种理论的表达，代表着一种理论内容，不是简单的某种方法，如果把模式等同于方法，那就降低了它的理论层次与价值；三是模式是简化的形式，是对理论的精心简化，是一种最经济明了的表达。模式作为一种科学认识手段和思维方式，它是连接理论与实践的中介。教育工作者将模式研究引入教育科学的研究中来，主要是为了透过教育现象，撇开教育中非本质、次要的属性和因素，凸显其结构、关系、状态、过程，以便获得对教育更深刻、更本质的认识，用于指导教育实践。《国际教育百科全书》对模式的论述是："对任何一个事物的探究都有一个过程。在鉴别出影响特定结果的变量，或提出与特定问题有关的定义、解释和预示的假设之后，当变量或假设之间的内在联系得到系统的阐述时，就需要把变量或假设之间的内在联系合并成为一个假定的模式。"

人才培养模式就是根据特定的培养目标，以一定的现代教育理论、教育思想为指导，通过相对稳定的教学内容、管理制度、课程体系和评估方式，实施人才教育过程的总和。

二、翻译专业人才培养模式

作为一个完整的教育体系，翻译专业中每个层次都应有明确的培养目标，以及与之相应的培养重点。具体而言，就是参照翻译专业知识与技能的模块划分，在不同层次有针对性地培养不同模块所需的技能，完成相应的知识和素质教育，形成本层次特有的翻译专业人才培养模式。

（一）翻译专业本科

翻译专业本科的培养模式体现为：扎实的双语应用能力＋熟练的双语转换能力＋基础的相关专业知识＋相应的人文素养。

翻译专业本科阶段的培养目标主要是培养具有扎实的两种语言基础、熟悉中外文化、掌握多种文本的笔译技能和交替传译技能的初级通用职业翻译人才。外语专业翻译方向和口笔译专业教学如不能达到上述目标，则可以适当降低训练的要求，但在高年级阶段的课程设置中应该体现四个板块的意识，培养目标也要随之降低，使毕业生能够承担一般性语言工作，具备基础性的翻译技能。有了这样的认识，各院校才能"量体裁衣"，根据培养目标、师资队伍、生源、硬件等具体情况，设计出相应的个性化的翻译教学计划。

（二）翻译硕士专业学位

翻译硕士专业学位（MTI）在设置之初已经论证好其培养目标及其相应的培养方案，明确指出要培养具备较高口笔译能力的中级职员，因此，其培养模式体现为：过硬的口笔译技能＋娴熟的翻译能力＋丰富的相关专业知识＋较强的人文素养。

《翻译硕士专业学位研究生指导性培养方案》规定的课程中，就体现了上述四个方面的要求。例如，口笔译技能课程包括基础口译、基础笔译、交替传译、同声传译、文学翻译、非文学翻译、模拟会议传译、专题口译、商务口译、法庭口译、外交口译、经贸翻译、法律翻译、科技翻译、传媒翻译、中国典籍外译等；培养译者能力的课程包括翻译理论、中外翻译简史、翻译批评与赏析、计算机辅助翻译、跨文化交际等；相关专业知识课程包括中国语言文化、第二外国语、中外语言比较、文体概论、国际政治与经济等；相应人文素养方面的课程有政治理论等。因为选修课只规定了七门，其余均可由各校自行设计，所以还有不断探索、修改、完善的余地，特别是在相关专业知识课程和相应的人文素养课程方面，还可以根据翻译职业本身就业需求情况，在教学内容中掺入相关专业知识和相应人文素养的训练，如政治理论素养、中外文化素养、创新思维能力和团队合作精神等，当然，关键在于师资。

（三）翻译学硕士

翻译学硕士教育应该为翻译学博士教育培养优质的生源，其培养目标是使学生具有一定的口笔译技能，具备基本的翻译研究能力，对翻译学基本理论有一定的了解，并对从事翻译教学和研究工作产生兴趣与热情，有进一步深造的愿望。其培养模式是：较强的口笔译技能＋基本的研究方法与能力＋熟悉翻译学基本理论。

在翻译学硕士教育中要注意的主要是上述模式中三个方面的平衡协调发展。作为翻译学硕士研究生，其口笔译技能或者操作能力不一定比攻读翻译硕士专业学位学生的要求更高，但是后两个方面的要求一定远比攻读MTI学生的要求更高更严。其口笔译技能课程可以参考MTI培养方案的设置建议，但不一定要面面俱到，涉及口笔译技能的方方面面，尤其是涉及专业知识方面不需要花费过多的精力。但一定要强调学科意识、学术规范意识、方法论意识和理论意识的培养，同时也不能忽略团队合作精神和良好的心理素质的培养。如果条件允许，还可以提醒学生关注教育学和心理学方面的进展，为培养高素质的翻译教学与研究人员打下坚实的基础。

（四）翻译学博士

翻译学博士教育目标已明确，是为了高等院校培养翻译教学的师资及高层次研究人员，因此，培养模式为：较强的理论研究能力＋熟悉翻译学前沿理论＋较高的翻译教学理论研究水平。

翻译学博士有别于翻译博士，它不以掌握特高水平的口笔译实际操作能力为培养目标，但要求学生具有较强的翻译理论研究能力。翻译学作为一门跨学科、综合性的学科，翻译学博士应该具有更加宽阔的理论视野、更加扎实的理论研究基本功，最好能够精通相邻某一个或某几个专业，如语言学、外国文学、比较文学、哲学、心理学、教育学等人文社会科学的知识，国外的翻译学博士甚至还获得了自然科学的相关学位。如果从翻译专业本科一路直升上来，学生又不注意相关学科知识的积累，很可能在研究中受到知识面的限制，很难有广博的学术视野支撑，因而难以做出可令其他专业有所借鉴的贡献，无法充分体现翻译学作为一门独立学科的优势。

综上所述，对于翻译学研究生来说，学术学位和专业学位学生的培养目标和培养模式有显著区别，即培养基本要求虽然一样，但培养规格不一样，博士生的要求显著高于硕士生。但不管是硕士生还是博士生，翻译学研究生都必须具备较强的口笔译实际操作能力，这是翻译学研究生区别于外国语学习其他方向研究生的根本特征，也是翻译学研究生的培养目标、教学大纲和课程设置等必须注意的问题。只有通过大量的实际操作训练，才能显著提高学生的操作技能。对于专业学位研究生来说，口笔译操作技能是他们的“看家本领”，是他们日后工作的本钱。

专业学位研究生的口笔译技能要求应该高于学术学位研究生。对于翻译理论来说，专业学位研究生只要求懂得基本的翻译理论，如什么是翻译、翻译的作用与功能、翻译的基本方法以及何谓翻译学、翻译学研究的对象与方法、翻译研究的流派与代表人物，以及翻译批评的标准等。学术型研究生侧重“学”的培养，而专业型研究生侧重“术”的训练，这就解决了多年来翻译教学界争论不休的基本问题。只有明确了上述培养目标和培养模式，才能有的放矢地进行课程设计、培养师资、编写教材、制定评估指标等。

第三节　翻译人才的多元化培养

翻译人才本身具有多样性和层次性，包括具备较强的双语转换能力的各个层次的人才，从专注于翻译理论研究的学术研究型人才到从事翻译实践的专职译员，这之间是一个连续体。基于此，本节对翻译人才的多元化培养进行简要分析。

一、翻译人才的多元化培养路径

中国文化“走出去”战略的有效实施有待于“政产学研”四方深度整合、共同推进、协同创新，并以翻译人才多元化培养思路推进改革。对于翻译人才的多元化培养，笔者有以下三点建议。

（一）政府层面

其一，加强非通用语种专业顶层设计。从国家政治、经济、军事、外交需求来说，与我国建交国家的所有语言，政府都应该有相应的语言人才储备，这关系到国家形象和地位。我们应借鉴美国等发达国家的经验，由教育部委托相关教育指导委员会成立国家层面的专业顶层设计机构，调查国家对各类非通用语种人才的大致需求，对申报高校进行专业审批并监控培养质量。

其二，构建国内外高端翻译人才库。一方面，倡议在国家相关部委的支持下，以教育指导委员会为纽带，联合高校和行业协会，采取一定的遴选和考核机制，构建涵盖多语种的国家翻译人才精英库。另一方面，建议与国际上著名汉学家通力合作，打造我国政府的国际高端翻译人才库。此外，还可利用“一带一路”契机，通过师资输出或留学生输入等方式，培养通晓汉语、了解中国文化的国际友人，建立翻译后备人才库。

其三，完善翻译相关法规，建立健全译员准入机制、行业监督机制、翻译资费标准等。

（二）培养院校层面

学校是人才培养主体，笔者建议学校应突破传统观念，从多元化的视角进行人才培养。

首先，在义务教育阶段及高中教育阶段即开展“译员预培养”。笔者建议：①有条件的学校开设译员兴趣班，培养有潜力的学生。事实上，在欧美国家，青少年译员并非罕见。②政校合作，设立非通用语专项教学建设项目，通过暑期授课或网络授课等形式，有针对性地遴选并培养一批有语言天赋和学习兴趣的少年。③对通过终期考核的非通用语种学生给予中、高考优惠政策，打通全阶段一体化人才培养格局，待到高等教育阶段，即可对这批有语言基础的学生进行“语言＋专业”培养。如此，既能够保障国家非通用语人才队伍，也为这类学生提供了多样化的就业方向。

其次，应着力解决高等教育翻译人才培养的几个突出问题：①全国范围内的翻译本科人才培养院校数量增速过快，培养质量监控力度较小；②翻译硕士层面存在专职教师实践能力偏弱、兼职教师队伍建设不够、课程建设水平有待提升、教师相关专业知识匮乏、实践教学基地建设力度不够等问题；③翻译博士专业人才培养体系有待完善。仲伟合教授在对翻译专业进行全面分析的基础上，撰文对翻译专业院校提出了以下五点发展建议：一是以国家发展战略为办学导向；二是以职业需求为课程导向；三是以实践能力为培养重点；四是以师资队伍建设为关键；五是以质量保障体系为抓手。

（三）行业协会层面

在信息化时代，社会对各领域人才的需求不断变化，翻译行业也切身经历着这种变革。行业及专业之间存在天然的纽带，即专业建设水平对行业发展有着至关重要的影响。因此，翻译行业也应积极参与翻译专业人才培养，协同解决“如何培养适需人才”这一重要课题。我国翻译领域唯一的全国性社会团体——中国翻译协会成立于1982年，近年来，该协会已在开展翻译研究和交流、促进行业健康发展和打造翻译人才队伍等方面发挥了重要作用。为增强我国文化“走出去”的核心竞争力，建议中国翻译协会进一步整合业界资源，明确行业对各类翻译人才的期望，充分实现行业需求与翻译人才培养的有机接轨。此外，中国翻译协会还可以充分发挥其社会服务的职能，通过开设微课、慕课、小语种公开课等形式，增强全社会对翻译行业的关注和认知，同时为有需之人和有志之士提供便利的学习途径，以此构建语言人才培养的良好社会风气，奠定中华文化“走出去”的社会基础。

二、翻译人才的多元化培养方式

外语与其他学科的联系紧密，因此外语翻译人才的培养方式呈现出多元化的特征。

（一）外语＋社科类

这种方式是从外语人才中培养翻译人才，即“外语＋专业”。它是以外语为主体知识结构的外语复合型人才培养方式。例如，外语为“英语”，专业可以为经贸、金融、法律等，即经贸英语、金融英语、法律英语等专业类型；外语为“日语”，亦依此类推。此类方式的课程设置可在外语专业中增设若干方向型课程，系统学习6～8门相关课程以体现复合型专业特点。此方式的专业方向都是社会科学，在各大学的专业设置中较为普遍，亦有饱和的趋势。

（二）外语＋语言类

此类方式为前一方式的特殊类型，因为语言也属于社科类，它可以培养双语或多语型翻译人才，如“英语＋汉语”“英语＋日语”“英语＋法语”。它是专门以语言为学习研究对象的，是传统的外语语言文化专业。此类方式可以分为“主修语种＋辅修语种”。主修语种必须达到本科毕业水平，辅修语种则要求达到大专毕业水平。针对“中译外”人才紧缺的现况，翻译人才的培养可以选择在外语专业学生中，加强传统中文的研修，使之具备坚实的中文功底。当然，也不必一定要以外语专业为基础，对于非外语专业的学生，如中文系的学生，只要外语水平过关，再进行必要的外语知识训练，也是可以胜任翻译工作的。另外，口译人才亦可利用此方式进行培养。总而言之，市场对单纯语言文学专业毕业生的需求量正逐渐减少，因此，外语专业必须培养宽口径、应用型、复合型翻译人才。

（三）理工类＋外语

此方式以科技知识为主体知识结构，培养科技型外语复合人才，即学生的第一能力是理工科知识，本质上仍属于科技型人才，但他们具有良好的外语水平，能胜任专业较强的翻译工作。此类方式通过所学专业的基础知识、学科理论与基本技能，培养具有扎实的外语基础、熟练掌握外语言语能力的新型复合型外语人才，如“科技英语”。此类“专业＋外语”的方式完全不同于“外语＋专业”的方式，它要求学生以精通专业为先决条件，再辅以外语。当然，此方式亦可以通过辅修制的形式加以实现，即要求理工类学生在主修成绩优良的前提下，辅修外语专业，从而成为在此专业里合格的翻译人才。

在以上三种培养方式中，第一类方式培养的翻译人才较多，在有外语专业的大学中都会考虑此类复合型人才的培养。而第二类方式也渐渐兴起，它要求学生具有较强的语言功底，毕业后至少需要掌握两门语言。第三种培养方式还不多见，也是导致现今此类翻译人才稀缺的原因，因为此类人才的培养有一定的难度，对学生要求也较高，它既要求学生学好本专业，又要掌握好一门外语。对于各类翻译人才的培养，课程设置方面都必须包括必要的翻译理论知识和必需的技能，也可开设一些能拓宽知识面和提高文化修养的课程，以提高其综合素质。在教材方面，亦不必拘泥于市面上的教材，教师完全可以根据培养方向，自行编写教材。

第三章　语言语体的翻译能力培养研究

在当今全球化的时代背景下，跨语言交流与沟通变得日益频繁和必要。因此，提高语言语体的翻译能力成为一项重要的研究课题。语言语体翻译能力的培养旨在系统地探索如何培养人们在不同语言之间进行准确、自然、通顺沟通的能力，解决跨语言交流中的语言障碍，促进全球多元文化的交流与理解。

第一节　翻译能力研究

随着全球化步伐的加快，翻译的重要性日益凸显，社会对翻译人才的需求与日俱增。翻译人才的培养归根结底是培养学生的翻译能力。本节主要对翻译能力的基础理论进行阐释。

一、翻译能力的定义

翻译能力指的是译者所必需的知识和技能系统以及能够灵活恰当地运用这个系统以完成翻译活动的能力。

通过对这个定义进行解读可知，翻译能力就是要以翻译相关知识和技能为基础，以此发展出来的知识应用和技能运用的能力。由此可知，翻译能力的基础是翻译的相关知识和技能。

关于翻译能力的定义或概念，不管经过怎样的研究，进行怎样的语言组织，与翻译相关的知识和技能是谁都不能避免的两个重要组成部分。

翻译不仅强调知识和技能，还要在界定翻译能力时，关注翻译的整体性和系统性，二者之间相互兼顾和统一。任何部分（个体）知识和技能的培养、发展都不能构成理想的翻译能力。①

二、翻译能力的特征

从不同的视角看，翻译能力具有综合性、动态开放性、建构性、交际取向等特征；在不同的发展阶段，翻译能力的复杂性、开放性、历史嬗变性、异质性、情境性、近似性，都属于翻译能力的典型特点和特征。这是纽波特（Newport）对翻译能力的典型概括。

（一）综合性

翻译能力最为明显的特征是其综合性，单独的某个能力难以形成翻译能力，如一个译者只具有语言能力或者是转换能力时，我们还不能说他具有翻译能力，只能说他具有形成翻译能力的潜能。真正的翻译能力是一个整体系统，由所必需的各种能力构成。译者必须综合具有各方面的能力，在实际的翻译过程中需要充分发挥各种能力的综合作用，缺少哪一种能力都会使翻译过程出现问题，影响翻译任务的最终完成和译文的最终质量。只有当各种能力综合发挥作用时，才能说明此译者具备了翻译能力。

翻译过程中译者需要不同的能力，这些能力涉及不同的领域，语言的、文化的、专业领域的、技术的、心理的、生理的等，不一而足。可以说，译者的知识面越宽，涉猎的范围越广，越是有利于其翻译能力的发展和翻译行为的开展。另外，不同的翻译能力之间并不是截然分开、互不关联的，实际上，不同的翻译能力存在着很强的相关性，不同的翻译能力只有合力成为一个整体，才能共同作用于译者的翻译过程，保证翻译任务的顺利完成和译文质量的实现，任何一种能力的缺失都会影响翻译行为和翻译质量。

（二）动态开放性

翻译能力的动态开放性首先表现在能力形成过程的非终结性方面，译者的翻译能力始终处于发展变化的状态，并不是一成不变的。在翻译能力的形成和

① 朱晓敏.语料库在翻译专业本科生翻译能力建设中的应用研究[M].上海：上海交通大学出版社，2018：27.

发展过程中，译者已经获得的翻译能力始终与新获得的翻译能力进行整合、内化，形成新的翻译能力结构。[①]

翻译能力的动态开放性也表现在翻译能力构成因素方面，翻译能力的构成因素是多样的、动态的，时代不同，对翻译能力的界定也不同，很难对翻译能力在范围和范畴方面进行截然的界定和划分，可以说，译者在不同领域的能力越强、掌握的知识越多，对翻译能力的培养和发展就越有利。对翻译能力的构成因素进行量的划分，对于翻译能力的发展是不利的。对翻译能力进行界定是不现实的，而且对于翻译能力的培养同样是不利的。

翻译能力的动态开放性还表现在翻译能力随时代的发展表现出多变的特征。时代不同，人们对翻译的理念和要求不同，对翻译能力的界定也不同。对翻译能力的界定进行历时性的纵观可以发现，人们对翻译能力的界定在初始阶段比较单一。进入信息社会，译者翻译的文本涉及方方面面，新闻、法律、产品宣传资料、商业文件、金融等方面的实用性文体翻译的数量迅速增加。翻译能力的动态开放性开始强调对查询相关信息的能力、专业领域知识的掌握能力等。同时，翻译能力中就信息的大量传播和交流对翻译提出了更高的要求，人们对翻译的理念和要求不同，翻译的方式也会随之发生改变。例如，信息量的增加，使得一些诸如缩译、摘译或编译等翻译方法成为必要；新技术的发展和应用要求译者具备在翻译过程中利用先进技术处理信息的能力。

整合以上信息可知，翻译能力的发展呈现出由单一到综合、由一元到多元、由简单到复杂的变化趋势，随着时代的发展和社会的进步，这种发展和变化会继续下去。

（三）建构性

翻译能力的形成过程具有非常显著的建构性特征，在这一过程中，译者带着业已内化的知识和能力结构在学习和翻译的过程中不断获得新的知识和能力，这种新获得的知识和能力在内化的过程中对原有的翻译能力结构进行修改和完善，形成新的能力结构。这一过程不仅是对新的翻译能力的建构，而且也是对原有经验和能力的改造和重组。只要译者保持着主动性，这种建构总是呈现出开放性和非终结性的特征。

对于翻译能力的形成过程，施里夫（Shreve）和勒舍尔（Loscher）都持建构性的观点。在施里夫看来，翻译能力是一整套的认知图式，这一图式不断

① 张瑞娥.英语专业翻译教学交往体系建构研究[M].上海：上海交通大学出版社，2013：46.

对形式—功能集合进行重组整合，在重组整合的过程中，翻译能力经历了由自然翻译到建构翻译的过渡过程。不同译者在自然翻译中的翻译能力构成非常相似，但是随着译者翻译经验的积累，根据相应的翻译情境，译者对各自的形式—功能集合进行重组整合，由此带来各自认知图式的重构和嬗变，建构翻译能力也因此得以形成。勒舍尔也认为自然翻译和建构翻译之间的折中结果形成翻译能力。

翻译能力的建构性特征体现在翻译能力形成过程中的环境性和社会性等几个方面。首先，是环境性。译者翻译能力的形成来自译者与环境的交互作用，这种环境不仅包括外部环境，也包括内部环境；不仅包括物理环境，也包括技术和心理环境。在现实世界的具体翻译情境中，译者业已内化的翻译能力结构与实际的翻译情境之间形成张力，两者不断进行协调与调整，在新的知识和能力加入的同时，译者业已形成的翻译能力进行着重组与整合，构建了新的翻译能力结构。其次，是社会性。建构主义认为，不同学习者在理解上的差异本身可以作为宝贵的学习资源供他们交流，通过交流，学习者可以由自己到他人、由他人到自己，达到理想的学习效果。译者为了形成理想的翻译能力，必须在社会环境中检验和修正自己业已形成和内化的翻译能力结构，使之不断完善。译者可以与其他译者、与原文作者、翻译任务提供者、顾客、译文使用者、译文读者等展开合作、讨论与互动，将翻译能力的形成和发展放到一个社会性的交往环境中进行，唯有如此才能加快翻译能力的发展。实际上，翻译活动本身就是一种社会性的交往活动，在这个活动中，译者不能孤立地进行翻译，他必须与翻译任务提供者进行协商交流，让其提供必要的翻译信息（包括译文的使用目的、相关领域的知识、术语以及其他有助于完成翻译任务的信息），如果可能，译者还可以就相关问题向原文作者进行请教和交流。在翻译的过程中，译者还必须了解顾客和译文使用者的要求和需求，了解他们和译文读者的背景信息，如果碰到问题，译者还可以向相关领域的专家或其他译者进行咨询或者商讨。在很多情况下，译者都不是孤立完成翻译任务的，而是往往处在一个小组或者团体中负责某一项翻译任务，这就更加要求译者具有社会性意识、交往意识和合作意识。在这种社会性的交往中，译者翻译能力的形成会更有效。

（四）交际取向

在翻译过程中，在现实的交际中，都会存在语言障碍。因此，翻译能力的另外一个性质在总体上体现为一种交际能力。

翻译能力是以交际为取向的，译者将内化的各种能力激活，是交际过程中的一种方式和手段。

从起源来看，翻译本身并不是目的，进行交际才是翻译的最终目的，这种交际能力实际上是各种能力的综合和整合，是针对翻译过程中出现的问题及时采取相关措施进行分析和解决，最终实现交际的目的。

总而言之，翻译是一种交际活动，其应用性极强，不同的翻译能力形成了成功交际的前提和条件。同时，不同的翻译能力形成了一种向心合力，这种合力共同为成功交际的实现发挥作用，同时指向特定的交际目的。

三、翻译能力的构成

翻译能力主要包括五个子能力：语言能力、文化能力、转换能力、工具能力和适应能力。五个子能力还可以具体分解为若干个分项能力：语言能力包括句法分析能力、结构对比能力、语篇生成能力等；文化能力包括文化辨析能力、文化鉴赏能力、主题辨识能力等；转换能力包括技巧运用能力、过程管理能力、理论解释能力等；工具能力包括工具接受能力、工具使用能力、工具评估能力等；适应能力包括环境适应能力、团队合作能力、时间管理能力等。

在五个子能力中，以转换能力为核心，其余子能力的发展服务于转换能力的提高。每个子能力包括的若干分项能力是培养该子能力的重要指标。在培养子能力的过程中，分项能力的培养要根据学生学业水平、教师教学能力、学校软硬件设备等情况采取不同的步骤和手段。五个子能力之间的关系见图3-1。

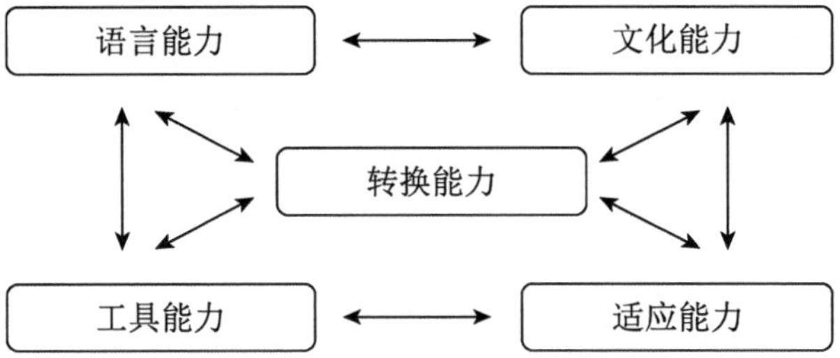

图3-1　翻译能力构成成分及相互关系

翻译能力中的语言能力的重要性无须赘述，下面重点论述另外四个子能力，即文化能力、转换能力、工具能力和适应能力。

文化能力与翻译中涉及的文学文化和主题知识相关。在翻译过程中，尤其是在文学作品的翻译过程中，译者需要具备一定的文化辨析能力，要能对文本中的文学文化现象有一定的敏感性，能鉴赏原文之美，并能对译文中的文学文化要素进行评价。另外，在翻译非文学作品时，译者需要对所译领域的主题知识有所了解，对该领域文本的语言文化特征有一定的判断能力。

转换能力是恰当运用各种翻译技巧将源语文本转换为目的语文本的能力。它是翻译能力的核心，是翻译教学的最终目的所在。学生除了能在语篇层面进行转换之外，还需要实施科学的过程管理，包括翻译单元的确定、翻译的先后顺序、翻译问题的处理流程等。同时，学生应能解释转换过程中使用的策略，即能够令人信服地回答“我是怎么翻译的”和“我为什么这么翻译”等问题。

工具能力是指在翻译过程中使用各种工具的能力，包括对翻译工具的接受能力、翻译工具的使用能力以及对翻译工具优缺点的评价能力。

适应能力是指能在各种环境下从事翻译实践的能力。学生未来的翻译工作都是在一定的环境中进行的，因此需要尽快适应环境，发挥潜能。就翻译本科专业学生而言，适应能力可分为低年级阶段适应新的学习和生活环境的能力和高年级阶段适应各种翻译任务和翻译场景的能力。从各个学校的培养方案看，翻译本科专业高年级学生都需要参加各类翻译实践，从实践中获取翻译经验。另外，在高年级阶段，翻译授课形式也会发生变化，教师会组织更多翻译团队活动。此时，学生就要学会适应团队生活，合理处理与团队成员之间的关系。适应能力的提高既可以促进转换能力的有效发挥，也可为其他子能力的发展提供心理保障。

综上所述，处于核心地位的转换能力的提高依赖于语言能力、文化能力、工具能力和适应能力的合力作用，而转换能力的提高反过来又可为四种子能力的发展提供动力，促使学生不断挑战新的翻译项目。从高校的翻译教学实践和对翻译专业学生的能力评估上来看，翻译专业高年级学生的语言能力和文化能力发展已经进入瓶颈期，想获得提高比较困难。适应能力的提高取决于任课教师是否能引入新的教学模式和新的翻译手段或工具。相对而言，工具能力的提高比较容易实现。任课教师需要从翻译市场现状出发，把行业需要的传统翻译教学课堂无法提供的工具或者资源介绍给学生，教会学生使用，促成“工具能力提高—适应能力提高—语言能力和文化能力提高—转换能力提高—翻译能力提高”这样的良性连锁反应。

第二节　翻译能力与语言能力的辩证研究

语言能力与翻译能力的关系从20世纪70年代末开始就广受关注，对这一课题的研究涉及对翻译性质的理解、翻译的学科定位等根本性问题。本节首先对语言能力与翻译能力的辩证关系进行研究，然后提出基于语言能力提升的翻译能力提升措施。

一、翻译能力与语言能力的辩证关系

语言能力是否等于翻译能力？翻译该不该教？翻译可不可教？译者是天生的还是靠后天造就的？在过去几十年里，无论在中国还是在西方，不断有人提出这类问题。

在我国，认为懂点外语就能做翻译的人不仅是学生或是外行人，而且有行内人士。这种看法明显地影响到了学生的学习态度和学习方法，也影响到了翻译教学和教材的内容编选。古绪满为此提出了批评，认为不少学生对翻译课的态度正如鲁迅所指出的那样，以为懂得外语再加上一本好词典就能解决问题。由于“会外文就能干翻译”的思想流行甚广，在我国的外语院校，长期以来，翻译课始终难以起到应有的作用。有的院校的翻译课已经到了名存实亡、很不受重视的地步，学生学起来漫不经心，认为没什么大用处，教师教起来不痛不痒、无可奈何。

罗进德也曾指出，“会外文就能干翻译”的论调在我国相当流行，不仅管翻译的外行领导如是说，干翻译的内行领导和被领导者也不乏其人。有的翻译教科书，相当一部分内容好像是炒语法课的冷饭，反映了翻译课似乎是语法课的延伸或附庸，看不出翻译这门学问有什么独特的内容和地位。

翻译是外语专业学生要具备的一种基本能力，因此我国高等院校的外语专业一般都设有翻译课。这种翻译课可归入德利尔所说的“教学翻译”或“学校翻译”，其目的是培养或提高学生的外语水平。

一些西方学者也对语言能力是否等于翻译能力作过评说。有人认为，语言能力并非等于翻译能力；有人甚至认为，真正讲双语的人实际上可能要比后来学习第二种语言的人更难于成为好译者。奈达也指出，一些人假设能熟练地讲两种语言的人一定是好的译者，其实不然。一些人或许能流畅地说两种语言，但可能他们是在不同的语言环境中学会这两种语言的，一旦需要把一种语言译成另一种语言时，就难以胜任。语言能力是翻译的基础，翻译工作者首先需要掌握最基本的知识：了解语言的结构，明白语言如何在实际中运作。

正如一些学者所指出的那样，由双语学习带动的“翻译能力”只是初级的，双语之间建立起来的联系属于“被动匹配”，并不是积极的“语义匹配”，“语义匹配”表现为见到某一个单词就会马上搜索另一种语言的对应词，并且由于两种语言形式间难以存在完全的对应而造成语言形式相互干扰。此外，这种双语间的转换大多数时候只停留在词汇、词组等较低的层面，很少涉及句子、段落、语篇、语境、文化等更高层面的对比及转换。究其实质，最根本的原因在于语言学习的目的主要是掌握语言知识、母语与目的语之间的对比、联系或匹配只是学生用于掌握语言知识的手段。而翻译能力作为“交际能力”，其主要目的是使译者能够根据特定的交际情境提供恰当的、满足交际目的的翻译服务。

由于缺乏专门的翻译训练，一些外语水平较高的学生在翻译过程中仍然依靠的是通过语言学习发展起来的初级翻译能力，而这已经无法满足翻译任务的要求。有学者指出，翻译人才的思维模式与一般外语人才有着明显的差别，需要专门的职业技能培训。过去往往把外语专业等同于翻译专业，把外语人才误认为翻译人才，忽视了翻译专业人才的专门性和特殊性。事实上懂外语，不等于是合格的翻译人才。因此，只有将翻译作为一种交际活动而非语言训练的手段来看待，并通过大量的翻译实践丰富学生译者的翻译实战经验，才能真正提高学生的翻译能力。语言能力发展到一定程度，学生译者对语言之间的语义、句法、语用等方面的细微差别体会将更加深刻，但只有接受专业的翻译训练，学生译者积累起来的语感才能够帮助其认知模式发生本质的变化。

施里夫认为，翻译学习时间以及翻译经验的增加对翻译能力的影响主要体现在两个方面：一方面是“量”的变化，指翻译经验越丰富，译者处理翻译问题的速度就越快，最终形成自动化的处理模式，不过这种变化并未涉及深层的翻译处理机制，因此属于“量变”；另一方面是“质”的变化，指译者不仅翻译速度加快，而且认知模式发生了根本改变，对翻译的性质、功能等方面的认识有了更深入的了解。相比之下，后者对翻译能力的培养更为重要，一些学者也强调，翻译教学的目标应为提高学生的翻译思维能力服务。

翻译思维能力的提高，或者说翻译认知模式的改变，从宏观上来看，表现为译者对翻译的认识能够从“形式转换”向“信息交流”发展，能够考虑语言之外的因素（如翻译任务委托方的要求、译文目标读者的需求等）对翻译的影响，这些正是翻译能力模式中的核心组成部分。从微观上来看，译者在翻译过程中的思维机制将不再局限于源语和译语之间的形式匹配，而是产生了一个飞跃，能够参照上下文语境来完成意义的提取与构建。在此过程中，不仅信息的处理层次从词汇、短语层面上升到句法、语段、语境层面，而且信息的加工更为复杂，涉及语言、文化、情感等多种因素，这些因素通过译者的元监控能力得到了整合，并对翻译任务的执行、规划起到了综合指导作用，使译者的翻译思维机制不仅能够从语言形式出发自下而上地构建意义，而且能够从语境因素出发自上而下地监控意义提取及重构的整个过程。因此，从这层意义上来看，经过专门训练的学生的翻译能力与未经训练的学生的翻译能力可能有所区别。

综上所述，翻译能力与语言能力有一定的关联，但是未经专门翻译训练的学生和经过专门训练的学生可能存在差异。

二、基于语言能力提升的英语翻译能力提升措施

（一）遵循正确的原则

1. 秉承理论与实践同步的原则

根据英语翻译专业人才培养目标，结合毕业生从事翻译工作应具备的核心技能，在教学方案制订过程中，要秉承理论与实践同步的原则，从学生翻译能力的内涵和构成要素入手，聚焦翻译能力的教学目标，正确处理语言知识和技能与翻译知识和技能的关系。而翻译知识与能力作为翻译课程体系的第二大模块，要求学生掌握基础笔译技能以及口笔译实践经验。但绝不能忽视汉语类课程的教学，尤其是汉语的综合运用能力。为了保障翻译人才能够在未来的就业竞争中保持竞争力，还要凸显翻译人才的应用性。

2. 恪守循序渐进的原则

语言能力与翻译能力的同步提升不是一朝一夕能实现的，需要师生共同重视并有效配合。教师应让学生明晰新时期应用型翻译人才的趋势，帮助学生正确认知复合型人才培养的意义，使学生从内心深处认识到语言基本功训练的价值和作用。任何语言学习都离不开“厚积”，只有掌握扎实的英语语言基础，并具备渊博的文化知识，才能够最终实现“薄发”。语言材料的输入与积累是

提升学生语感和语言产出的必由之路。[①]

3. 把握基础性原则

基于双语习得理论，在翻译课堂教学中应保证一定数量的目的语输入，这些输入要与学情息息相关，这就要求既要做到能够激发学生的学习兴趣，还要凸显输入语言的可理解性和有效性。只有在语言输入环节上夯实基础，语言输出才会水到渠成。摄取语言材料的最佳方式便是鉴赏。阅读一方面能够让学生广泛地接触多元化的语言材料，实现语言知识积累的目标，久而久之形成一个庞大的语料库，扩大学生的词汇量，促进学生的语言意识和水平的同步提升。另一方面，鉴赏阅读还可以扩大学生的视野，使其接触掌握更多的写作资源和素材，有助于培养其构建篇章的能力。[②]

4. 以提高翻译应用能力为核心

通过创新教学理念，结合改革措施，经过科学调研和反复验证，让学生树立职业意识，在翻译能力培养体系指导下，以提高翻译应用能力为核心，开展真实翻译项目。以真实翻译项目为载体，重视学生的参与度，学生通过项目模式熟悉市场环境，感受双语对比知识，强化双语对比意识。但是在实际操作过程中，还需要教师转变翻译教育理念，全程做好指导监控工作，设计高效的项目任务，合理地分配内容，认真地规划流程，以此加强项目翻译教学的适用性，最终全方位提升学生的语言能力和翻译能力。

（二）加强教学保障机制建设

一方面，加强翻译专业师资队伍建设，注重引进优秀人才，确保师资学历和年龄结构的合理性，打造能力突出的专任教师队伍，持续提升教师翻译实践能力和水平。另一方面，加强办学资源的优化整合配置，利用先进的信息技术手段，加强口笔译实验室建设，做好教学辅助设备的补充与更新，为日常教学、实训实习提供保障。此外，语言能力和翻译职业素养的培养，还可以借助机器翻译、术语库、语料库来完成。由于新时代对翻译工作者的信息素养要求很高，很多翻译工作都离不开计算机等设备的辅助，高校应该让学生更多地接触相关的信息技术工具，形成娴熟应用的能力和水平，养成自主学习和终身学

① 李响.基于英语综合能力视角的语言分析能力研究——评《英语翻译与语言学》[J].当代教育科学，2021（5）：97.

② 徐艳英.机辅翻译与语言服务人才翻译应用能力培养——以长春理工大学翻译专业为例[J].长春理工大学学报（社会科学版），2021，34（3）：150-153.

习的习惯。针对翻译工作的职业素养教育，在教学中还要将翻译职业精神和翻译服务能力作为培养重点，根据国际经济发展新形势，让学生明晰诚实守信的重要性，同时尊重客户隐私，并具备一定的合作精神和抗压能力，为切实提升学生翻译职业素养奠定基础。

（三）以经典诵读的形式丰富语言积累

为了加快语言知识的熟练运用，以背诵的形式来丰富语言积累十分可取。通过对大量语言范例的输入性记忆，形成夯实的英语语言知识储备，能够为后续语言产出提供坚实的保障。开展英文经典诵读，让学生掌握丰富的词汇量、语言规律和文化知识，有助于学生习得敏锐的语感能力、掌握地道的语法知识，在目的语中寻找适宜的“替代”表达方式。虽然翻译并不是简单的替代，但仍离不开译者的语言功底。因此，教师应指导学生诵读一些经典的文学名作，感受短小精悍、文字优美的作品的魅力，促进学生敏锐的语感能力和连贯意识的提升。作为培养学生语感能力、理解能力、运用能力的有效方式，经典唯美的诗歌、散文、随笔、小品资源很多，经过精心选择都可以用来诵读，单词、文法和思想自在其中。在教学实践中，学生可采取熟读与背诵相结合的方式，对于独特的词语表达方式要熟记和牢固掌握。长此以往，学生可积累大量的文学基础，提高阅读理解与鉴赏能力，确保知识目标得以巩固，为翻译过程双语言的协调转换提供储备。①

（四）对比阅读美文从中感知差异

在高校翻译课堂教学实践中，可以构建美文对比阅读与赏析这一模式。首先，教师选取适合阅读的美文素材推荐给学生，以提供范本支持。教师可以要求学生利用课下时间自主阅读美文，领略其经典的语录，感知和鉴赏其中优美的修辞、畅达的语句，体会美文谋篇等文体特点。其次，教师要求学生对美文进行初译。在这一过程中，学生难免会遇到一些难词难句，这也正是锻炼语言与翻译能力的最佳时机。学生可以通过各种方式解决上述问题，并将难点做好标记。最后，学生将美文初译的结果与优秀的译文进行比对，从中发现自身存在的不足，反复体会优秀译文中地道的句式转换及独到的用词表达结构。在不断对比的过程中，学生会经历耳目一新的冲击，达到受益匪浅的目的。此外，为了进一步提升学生的翻译功力，教师需要鼓励学生对照译文的评论分析。由

① 赵媛媛，李娟.翻译能力中的语言基础及其对翻译专项能力的影响——评《翻译能力的构成与习得：生成语言学视角》[J].科技管理研究，2021，41（6）：229.

于之前学生经历了条分缕析的过程，势必会对美文翻译有清醒的认识。利用组内讨论的方式让学生将对比阅读实践中的体会畅所欲言地表达出来，以总结自身的薄弱环节，不断缩短差距。有效地对比美文互译评析，能够使两种语言之间的差异更加显而易见，很多惯用法意识、连贯意识就会在学生脑海中得到固化。长此以往，学生语法意识、文本转换能力就会在不经意间得到实质性的提升。①

（五）加强写作教学与翻译教学的同步训练

翻译和写作都是一种语言输出活动，都是一种交际活动，不熟悉英语语言习惯及其文化特征，就无法写出或译出地道优美的英语文章。作为英语学习的两大基本技能，翻译与写作互为影响、互为促进、相辅相成。翻译能促进写作水平的提高，掌握一定的翻译技巧和方法，能使遣词造句更符合英文的表达习惯，思想内容表达得更为完整、流畅。翻译就是基于原作的一种写作，翻译水平越高，写作能力也就越强。

从许多译者对翻译的定义可以窥见翻译就是一种重写。张培基认为翻译是运用一种语言把另一种语言所表达的思维内容准确而完整地重新表达出来的语言活动。由此可见，翻译是一种基于双语知识与写作技巧的重新表达的艺术，其中的重新表达就是“重构”与“重写”。郭建中将“重写”定义为在忠实于原文意思和内容的基础上仅对源语表达形式的重组。因此，翻译需要有很好的写作表达能力，而采取写译同步的实践模式就可以取得一箭双雕之效（见图3-2）。

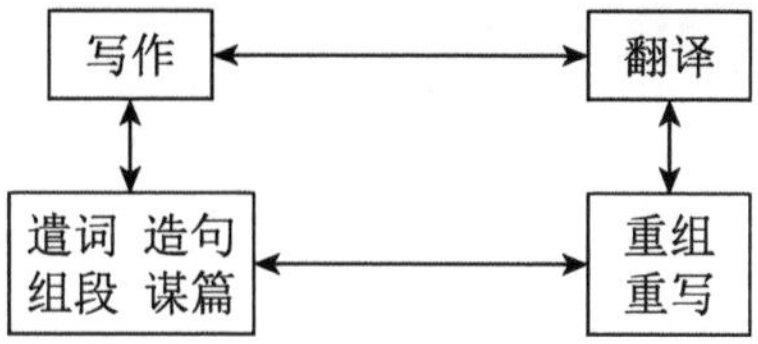

图3-2　写译同步的实践模式

写作亦能有效地指导翻译实践。进行写译同步训练能使学生的英语写作水平与翻译能力获得同步提高。翻译和写作都是运用语言进行思维创作与输出的活动，都需要进行遣词、造句、组段、谋篇，语言技巧是两者不可或缺的条

① 梁洁.提升应用型本科院校英语专业学生语言与翻译能力途径探究[J].吉林农业科技学院学报，2021，30（3）：96-98，102.

件。经常进行写作训练，就能自觉地将写作时精准的选词用字、地道的句式组织运用到翻译中，提升译文重组与重写能力，增加译文的可读性和地道性，并养成不断修改润色译文的好习惯。李长栓提出英语写作能力是翻译的基础，写作时应遵循的原则，翻译时也应遵循。他把写作中的一些原则和修改文章的一些方法运用到翻译中来，真正做到了用写作来指导翻译。因此，提高语言能力与翻译能力不可或缺的途径就是翻译与写作同步进行，齐头并进。

（六）强化汉语深化理解能力

在汉语能力培养方面，应培养将英语中的含义转化为通俗易懂的中文的能力，以此提高社会对翻译作品的认同感。而在培养中文表达能力时，首先，要熟知英文中的偏僻词汇，翻译时，要理解其中的生词的含义，同时在表达时也要将其中的渐进性表达出来。其次，要注重翻译结构的合理性，通过合理的中文修饰使得英文语义得以更合理地表达，翻译时，就可以运用中国的习语进行简洁翻译，这不仅能提升语言表达的准确性，同时还能将语言表达的美感充分表现出来。最后，要注重语言表达的准确性，一些译者往往会因为高频率的语言输出而影响语言表达的准确性，常见错误主要集中于对英语单词的错看或错听上，由此造成语义表达的偏差，便影响了翻译的质量，同时也不利于译者水平的提高。

（七）掌握高超的英汉转换思维能力

在语言维度上，实际上汉语和英语存在着诸多的差异，需要选择相应的归化策略或者异化策略进行翻译。以《废都》的翻译为例，其中描写的西京是在西北地区，所以文中出现了大量的陕西小吃，如长面、臊子面、羊肉泡馍等，面对这些美食，可能有些译者并不清楚，这时该如何进行翻译呢？很多时候，就要采用异化策略，保留音译再进行注解，让人明白这种东西的叫法以及这到底是个什么东西。再比如师娘这个词，实际上就是师傅的老婆，在英文中，可以直译成teacher's wife，但是在名著作品翻译中，为了保留源语特色，丰富语言环境，还是译成了Shi Niang—teacher's wife。这样的异化策略，使得汉语与英文之间的差异充分凸显出来。[①]

① 倪贤祥.翻译中的文化差异及补偿手段[J].西南民族大学学报（人文社科版），2007（S1）：93-95.

第三节 语体分析与思辨能力培育

在西方，思辨能力一直被视为人们在个人生活、学术研究以及社会交往中必不可少的一项技能。当今生活节奏加快，世界日新月异，思辨能力更被很多研究者视为一项基本的生存技能。很多教育家认为思辨能力是学习的根本目标，对高等教育来说更是如此，因为学习活动不再是一种记忆训练，而是发现假设、质疑假设并再次形成假设的一个不断升华的过程。在外语教学环境中，如何诠释思辨能力并培养学生的思辨能力已成为翻译教学实践者的热点讨论话题。在国内，培养和发展学生的思辨能力也成为我国高等教育的核心目标之一，提高学生的思辨能力不仅是教育工作者的职责，也是国家发展的战略任务。然而，长期以来我国学生表现出“思辨缺席”的情况，造成“思辨缺席”的原因众多，英语翻译教学不重视培养学生的思辨能力是主要原因之一。鉴于此，笔者将探究如何在正常的翻译课堂教学中通过语体分析培养大学生的思辨能力。

一、思辨能力

思辨能力对应的英文是critical thinking，该术语在西方国家得到了广泛应用。在希腊语中，critical一词的词根有kritikos和kriérion两个，前者的意思是“有眼力地判断”；后者的意思是“运用恰当的评价标准进行有意识的思考，最终做出有理据的判断”。

儿童哲学的创始人马修·李普曼（Matthew Lipman）指出，思辨能力属于一种思维能力，该能力可以帮助人们做出正确的判断，并且是熟练的、负责任的。当然，思辨能力并不是毫无依据的，其通常需要依赖于标准对自我的校正以及对语境的灵敏度。

美国学者约翰逊（Johnson）指出，思辨能力即通过适当的标准或规范判断某个智力产品，其具体涉及信念、理论、假说和论证。

作为思辨运动的先行者，美国学者罗伯特·恩尼斯（Robert Ennis）认真分析了“思辨思维”的概念，认为思辨思维是为决定相信什么或做什么而进行的合理的、反省的思维。

思辨思维研究权威理查德·保罗（Richard Paul）将元认知模型引入思辨思维研究。他认为，思辨思维是一种个体思维模式，在此思维模式中个体思考者熟练地控制思维的内在结构并应用知识标准评价它们，借此改善自己的思维。同时，保罗将思辨思维定义为：对元音与逻辑之间的关系的理解，从而培育分析和判断不同观点的能力、归纳和演绎推理的能力以及根据缜密的推导清晰地表述自己对事物的判断能力。

尽管上述有关思辨能力的定义各不相同，但它们存在共通之处，即思辨能力涉及两个方面：思辨的技能和思辨的倾向，前者指人的认知能力，后者指人的精神气质，二者之间是相互联系、密不可分的关系。

在中国，不少学者会将critical thinking译为“批判性思维能力”。但是，文秋芳提出了不同的观点，她认为这是对原意的歪曲。她指出，critical thinking应该译为“高层次思维能力”。

朱智贤和林崇德认为，思维能力是人脑的高级认知能力，思维是人脑对客观事物的本质和事物内在的规律性关系的概括与间接的反映。

中国外语教育研究中心的研究员既不认同将critical thinking翻译为“批判性思维能力”，也不认同文秋芳的译法，他们建议将critical thinking译为“思辨能力”。

总而言之，critical thinking这一术语是从西方传入中国的，其基本要素是理性思维。可见，不管国内学者如何界定，将其翻译为“批判性思维能力”或“思辨能力”，其核心都是一样的。

根据以上论述，本书将思辨能力解释为：依据一定的标准，对看法或事物做出有理据、有目的的判断能力。

二、语体

语体可从语言交际功能出发进行划分，分为实用语体和文艺语体两类。实用语体以交际为目的，一般包括新闻报道语体、公文语体、科技语体和广告语体。文艺语体不仅要达到交际目的，而且要给人以审美的愉悦。文艺语体一般包括诗歌、戏剧和小说等类别。文艺语体的审美功能决定了其特殊性，对诗歌、小说等的翻译涉及词义、修辞、作者风格等因素。

另外，语言学家通常按照语言的正式程度对英语语域进行划分。著名语言学家马丁·朱斯（Martin Joos）将英语变体（主要是美国英语）分为五种：冷冻体、正式体、商洽体、随意体和亲昵体。当代的语言学家将这五种语体归纳处理为两种常用的语体形式，即正式语体和非正式语体。其实正式语体与非正式语体不是并列关系，而是有着逐层加深的倾向。一般来说，重要的场合、历史性的场合都使用相对严肃的正式语体，而对于那些家庭闲聊、聚会谈话等则更多的是选用非正式语体。

人们在日常交际或翻译时，不论是英译汉，还是汉译英，译者都要根据所处的语言环境去选择与原文语体相对应的译文。语体学需要译者观察并且能够描述主要语体的语言特点，通俗的表达为：语音、句法、词汇和篇章。译者学习的目的是能正确地了解不同语体表达的内容，并能在适当的场合使用正确的语体。另外，语体和文体是有区别的，现代语体学不仅研究书面语，而且研究口语。口语是不同国家之间人们交际最直观易懂的语言表达方式。

正式语体与非正式语体相比，无论是语音、词汇还是句法都有差异。

（一）语音差别

语体正式度与发音清晰度存在正相关关系，正式语体一般语调很平稳，因此，带给人们庄重与严肃的感觉，而非正式语体则发音比较模糊，经常出现弱读与连音的情况。语音的差别可以体现在人们日常的交际中，还可以体现在英语听力教学及考试中。比如：在非正式语体中常见的有I've、You'll、You'd、They're、Let's等类似的缩略形式。

（二）词汇差别

英语词汇从本质上看属于盎格鲁—撒克逊语系，包括英语本身的词汇、拉丁词和希腊词。在日常的非正式的交谈中，一般选用的是英语本身的词汇，因为其用词量更为丰富，口语程度高。英语的不少词汇来自法语，英语和法语有不少词汇是相同或相似的，如“洪水”，英语除了常用的flood之外，还有一个很正式的词是inundation，但法语里面只有inondation一个词表示洪水。又比如英语和法语里面的“动物”（单数）都是animal，英语的“发展”是development，而法语是developpement。法语能够准确表达意思主要在于它的形容词和分词有阴阳性和单复数之分。另外，法语一般是官方用语，显得正式而庄重，带来的是文雅得体的感觉。拉丁词一般用于发布的正式公文、演讲、学术文章等正式的材料中。从通俗意义上讲，拉丁文及法语的词汇与盎格鲁—撒克逊语系相比，二者的语体规范性与正式性更强。除查看词源辨别语体外，单个动词一般情况下比与之对应的动词短语更正式。

（三）句法差别

句法包括句子结构和语法两方面。在句子结构方面，相较于非正式语体来说，正式语体更正规，多用复合句，多选用对称结构以增强语气的庄重感，多引入排比结构，以增强情感的表达。

在语法方面，正式语体非常严谨、正规。例如，在强调句中，强调主语时代词用主格比用宾格正式；在定语中，关系代词前面的介词位置，介词前置语气正式；在比较状语句中，比较主语时，代词用主格比用宾格正式；在虚拟语气中，运用虚拟语气的句子比一般语气的句子更正式；被动句比主动句更加正式；现在分词或过去分词结构比与之对应的状语从句更为正式。

三、语体与翻译

对语体和翻译的研究有着悠久的历史，但是从语体学的角度研究翻译是一个比较新的领域。二者之间是紧密联系和对应的关系。译者在翻译过程中，首先要清楚原文和译文两种语言所使用的不同风格，译文不仅要在文本的内容、形式、情感色彩等方面忠于原文，而且要能对应原文的语体风格。不同的文本使用的不同语体会呈现出不同的特点，译者要先清晰地掌握原文使用的语体再进行翻译。同时，译者要注意母语词汇和译语词汇的对应关系，要注意母语的情感色彩和译语的情感色彩的不同，以及产生的不同语感。英汉两种不同语言在语域选择上的不同体现在：英语的正式语体与非正式语体的呈现比较明显，汉语的正式语体与非正式语体的呈现没有那么明显。另外，句法结构在语言学习的过程中起着重要的作用，同时也是构成语体风格的一个重要因素。译者要想取得较好的翻译效果，需要仔细研究不同的句法结构。此外，现代语体学与社会语言学之间也有一定的联系，因为社会语言学研究的是人们在自己所处的社会中如何运用语言，同时也研究人们使用语言的场合、使用语言的环境。语言场合和语言环境的不同会产生语言形式和语言结构上的不同，进而影响译者的翻译活动。语言是一种社会现象，会随着社会的发展而变化，相应的语言交流也会随着不同的地域、不同的场合产生不同的变体。因此，译者如何应对变化的语言现象来提高其翻译的水平，需要研究语体与翻译的关系。

另外，语体和译者个人的语言特点也不尽相同，译者在翻译过程中的语言特点受到译者的发音、造句等影响，比如熟悉译者的人可以在没有见到译者的情况下，只要听到其声音就能知道是他在说话。再比如译者说的话被印刷成纸质版，其他人也能知道是谁写的内容。而语体是要将个人的语言特点置于一边，研究同类语境中的共同语言特点，它是约定俗成的，不受个人语言特点的影响，是人们使用语言的一种现象。

刘宓庆在《文体与翻译》一书中基于语体学角度分析了翻译与语体的关系，其认为原文与译文的风格应是保持一致的，如果译文风格与原文风格有出入，就会降低译文可信度。该书还提出了两条原则，一条是译文应适应原文的语体风格，二是译文应适应文本作者个人的风格。根据这两条原则，译者在翻译过程中，一方面要清楚译语文本的文体，比如海报、广告、法律文本和科技文献等；另一方面要注意译文能带来的社会效果，在这种情况下，原文本作者的个人风格就显得不那么重要。译者在翻译时需要清楚翻译的对象是什么，要根据不同的文本选择不同的语体进行翻译。

四、以语体为基础的翻译教学中提高学生思辨能力的途径

（一）教师应充分认识思辨能力培养的重要性

教师应高度重视教学理念的更新，提高思辨能力和综合素质，逐步成为一个具有思辨能力的思考者，不仅要具有分析技能、推理技能、评价技能等认知能力，还应具有“开放、正直、坚毅”等情感特质。在教学实践中，教师应向学生介绍思辨能力的有关概念和学习方法，激发学生对思辨能力的学习意识，使学生在英语学习与实践的过程中不断自觉训练和培养自己的文体意识与思辨能力。教师还应帮助学生将英语学习视为主动建构知识的过程，提供各种实践机会，培养学生多角度思维和敢于提出不同见解、探讨不同答案、追求真理的能力，从而培养其思辨意识和自主学习能力。

（二）掌握不同语体的翻译要点

不同的语体具有不同的语言特点，在词汇、句式、修辞、结构等方面都表现出很大的差异，即使在强调实用的商务信函中，便函和正式公文的行文也大不相同。广告语体极为注意语言的感召力、说服力，句子简洁，语言精练，注重修辞手段和积极肯定褒义词汇的使用；而文学语体由于涉及的题材、体裁很广，语言形象生动，句法变化多端，风格多样；科技语体如科技论文、科技报道、专利文献、科普读物等种类不同，因此具有各自的词汇和句法特点。科技

论文的文字正规严谨，语言精练，且多用专业术语，表达清楚准确，着重客观叙述，论证充分，提纲挈领，主题明确。科普读物着重文字内容的常识性、知识性和趣味性，在翻译时应忠实于原文风格，语言通俗易懂，语句简短生动。而专利文献的翻译应注意其特有的格式和常用句型，翻译时应尽量注意使用带有技术性与法律性的正式而精练的文笔。总而言之，学生在翻译不同体裁的语篇时必须认真分析各种语体特点，尽可能使译文在内容与语体形式两个方面充分达到与原文等值。

（三）以“语言能力＋思辨能力＋跨文化能力”为目标导向开展翻译教学

1. 以“语言能力＋思辨能力＋跨文化能力”为导向

以“语言能力＋思辨能力＋跨文化能力”为导向是指教学过程中在培养学生语言能力、思辨能力和跨文化能力的基础上提升其翻译能力，并将此三者的提高作为翻译教学的最终目的，以培养高素质、综合型外语人才。语言能力、思辨能力和跨文化能力三者是相互支撑、相互促进、有机共生的关系，任何一者的提升都必须以另外两者作为基石，任何一者的提高也会促进其他两者的相应提高。坚持这一导向就需要教师做到以下几点：在教学内容上，尽可能选择能够培养语言能力、思辨能力和跨文化能力的相关内容；在教学过程中，从语言能力方面训练并提升学生的翻译水平，启发式引导学生通过辩证思考解决翻译过程中的问题，通过补充必要的文化知识促成其由语言对比到文化对比的翻译思维的升华。

2. 以“以学生为中心”的原则

“以学生为中心”的原则是指在教学中将学生作为教学环节的中心，围绕学生为主要参与者的身份制订教学计划，以提升学生综合能力作为教学设计的重心。这就要求教学的各个方面都要尽可能地激发学生的学习主体性，调动其主观能动性。在这个过程中，教师应起引导的作用。在语言能力方面，学生在大学前及大学低年级阶段已经历了大规模系统化的听、说、读、写能力方面的训练，有较强的自主学习能力，因此教师可布置高难度能力训练任务供他们自学，以促进其高阶翻译能力的提升。在思辨能力方面，教师可组织学生以小组为单位进行翻译活动，鼓励他们自主发现、探讨、解决问题。在跨文化能力方面，教师应引导学生注意翻译中的跨文化因素，并鼓励他们自主查阅文献，认识、评判并解决问题，以最终达到提升其跨文化意识的目的。

3. 以能力渐进提高为原则

以能力渐进提高为原则是指教学要遵循能力层级提升的规律，按照学科的逻辑顺序和学生的认知顺序，由浅入深、循序渐进地开展教学。语言能力、思辨能力、跨文化能力是综合能力由初级到高级渐进性提高的三个层次。首先，微观层面要对语言有足够的认知和了解，能跳出翻译的理论技能框架，思考翻译活动背后的逻辑，最终上升到宏观的文化层面剖析翻译、指导翻译。其次，这一循环还能够反向发挥作用，即跨文化意识的提升能够引发更深刻的思辨过程，进而反向促进语言能力的提升。三者互相促进，形成翻译能力培养的闭环。因此，教师在教学中应把握好梯度，从教学目标的制定、教学内容的选择到教学过程的设计都兼顾量变到质变、积累到熟练、学习到创造的客观规律，使学生系统掌握基础知识、基本技能，形成严密的知识技能体系，稳扎稳打地实现能力的提升。

4. 选定综合性教学内容

教学内容是教与学相互作用过程中有意传递的主要信息，一般包括教材、课程、课程标准等。教学内容是培养学生能力的基础，优质的教学内容能够为学生能力的提高提供质量保障。在以“语言能力＋思辨能力＋跨文化能力”为导向的翻译教学模式下，教学内容的选定应注重综合性这一特点。所谓综合性教学内容，是指不应选取局限于翻译理论和翻译技巧框架下的教学内容，而要选取能够同时培养学生语言能力、思辨能力和跨文化能力的教学内容。

在教材的选择上，除了包含基本的翻译理论和技巧之外，可考虑提供不同源语的同类型文本让学生翻译。这样，学生在翻译过程中就会自然而然地关注语言方面的差异，从而引起思考，在思辨过程中了解语言背后的文化因素，并最终指导翻译实践。在课程方面，本科阶段英语专业课程体系中的课程其实会各有侧重地涉及语言能力、思辨能力和跨文化能力的培养，也会不同程度地促进学生翻译能力的提升。因此，院校可考虑建立翻译课程的整体教学框架，通过引进相关师资或以选修课的形式开设相关课程来完善课程体系、丰富教学内容。例如，涉及语言能力模块的翻译教学框架包括综合英语、英语听力、英语口语、英语阅读、英语写作、现代汉语、古代汉语、高级汉语写作等课程；涉及跨文化能力模块的翻译教学框架包括中国文化概要、英语国家概况、语言学概论、英语国家文学、跨文化交际学等课程。在课程标准方面，需要注意融入语言能力、思辨能力和跨文化能力的相关要素。

5. 采取多元化教学组织形式

教学组织形式是指为完成特定的教学任务，教师和学生按一定要求组合起来进行活动的方式、结构与程序。科学、合理的教学组织形式有利于提高教学效率，使各种有效的教学方法、手段在相应的教学活动中得到应用，同时有利于教学活动的多样化，从而实现教学的差别化，满足不同学生的学习需求。在以“语言能力＋思辨能力＋跨文化能力”为导向的翻译教学模式下，教师应针对不同的能力培养需求重点，采取多元化的教学组织形式。

在课前阶段，可主要以个人自学、小组合作学习的形式要求学生完成一轮完整的翻译活动，包括译前准备、译中问题解决和译后整理校对。

在译前环节，首先要求学生以个人为单位细读源语文本，搜集、查找涉及语言、跨文化知识的相关背景资料，在独立思考的基础上对资料进行初步筛选、整理，同时预测翻译中可能会遇到的问题；其次要求学生以小组为单位集体研读源语文本，汇总个人搜集的材料及预测的问题，对其进行讨论、整合；最后要求学生进行组内分工，尽可能确保每个学生都有等量的文本翻译。

在译中环节，可要求学生先个人独自翻译，并将翻译过程中遇到的难点及对应的处理方法进行记录；随后进行小组活动，归纳遇到的翻译难点问题，共同思考、讨论，得出解决方法。

在译后环节，小组成员通过校对完成对翻译的整合，形成完整的第一稿，同时总结翻译过程中遇到的问题、难题及解决方法。

整个翻译教学过程涉及个人、小组、班级等多种组织形式，范围不断扩大，使学生对语言、跨文化知识的认知理解随之由个体扩展到集体，使思维得到碰撞与扩展，思辨能力进一步得到提升。此外，在课下可考虑组织翻译工作坊、翻译竞赛、翻译实践等活动，以丰富教学组织形式，实现理论与实践相互融合。

（四）在英语多语体阅读教学中培养学生的批判性思维能力

英语多语体阅读课开设于翻译专业二年级，针对翻译专业的特点，拒绝传统的快餐式阅读，而强调深层次、广范围的阅读和思考，倡导批判性的阅读，旨在提高学生的思辨能力。只有思维敏捷、博闻强识，才能在实践中做到灵活表达，增强翻译应变能力。

该课程选取不同语体、不同风格的经典阅读篇章，包括文学类和非文学性的文本，选材广泛，思想性强。在阅读思考的基础上引导学生进行语体特点分析和译文赏析，以读为主，旨在扩大学生的认知视野，增强学生的分析与思辨能力，丰富学生的英语知识储备。

首先，在阅读教学中，培养学生的批判性思维能力离不开良好的课堂氛围，学生要能够积极主动地提问和质疑。心理学家罗杰斯（Rogers）认为，成功的教学依赖于一种相互理解和信任的师生关系，依赖于一种和谐放松的课堂气氛。教师应当想方设法营造一个和谐的交流环境，使学生能够积极发言，不考虑对错。在这一过程中，学生因自身基础和学习能力的差异，发言和提问的焦点有所差异，教师应当鼓励大家畅所欲言，各抒己见，互相质疑，互相学习进步。提问的过程就是一个学习的过程，而主动提问和质疑便是学生积极思考的过程，有利于学生发现信息，交换观点，进行思想的碰撞，产生新的想法。学贵质疑，在此过程中，学生的阅读能力和思辨能力都会得到提高。①

其次，教师应当合理设计教学过程，使学生的阅读和思考都有着明确的目标，使课堂教学能够有序进行。在课前，教师应要求学生预习阅读材料，通过初步阅读文本，了解内容，查阅生词，完成表层理解。在阅读课上，教师应引导学生展开深度阅读，将文章置身于写作背景当中，充分体会作者的写作意图及写作风格，提出疑问并思考，对文本的结构和主题进行分析和总结，有条理地罗列出文本的主要观点和论证手段，清晰地再现文本结构；之后教师应组织学生开展分组讨论，鼓励学生认真反思各自观点并用事实加以证明；引导学生展开友好辩论，互相反驳，在论证的过程中深化对论题的思考和理解。在课后，补充相关阅读，学生可阅读同一主题的不同观点，进而进行思考，并评价优劣，以形成自己的想法和观点。

最后，教师应组织开展效果评价。效果评价应体现多向度、嵌入式、重过程、点面结合、形式多样的特点。评价过程由教师和学生共同参与，评价方式不仅要多样化，更应当兼容主观和客观因素，这主要包括读书报告、同学评价和自我评价、期末考试三个部分。其中读书报告鼓励学生表达自己的内心想法，议论言之有理即可成立，评价标准以学生的总结概括能力和分析能力为主；同学评价和自我评价要求评价主体要根据学生课堂讨论发言及课堂参与情况进行评定，具有一定的主观性，但又相互牵制，相互影响，以较大程度地做到公平；期末考试是量化学习效果的一种行之有效的评价方式，具有客观性，能够检查学生掌握并能灵活运用所学阅读策略的情况。三种评价方式相结合，综合学生的课堂表现，能够体现学生批判性阅读的效果。

---

① 李瑞芳.在英语教学中学生创造性和批判性思维的培养[J].外语教学，2012（9）：12-28.

第四章　文学翻译教学与翻译能力培养

文学翻译教学是培养学生翻译能力的重要途径之一。随着全球化的发展，文学作品的传播和翻译需求日益增长，因此，培养优秀的文学翻译人才就显得尤为重要。本章主要从学生英汉双语敏感度的培养、综合素质的培养以及教学效果的提升几个方面进行分析。

第一节　文学翻译与学生双语敏感度培养

文学翻译是学生双语敏感度培养的有效途径，有助于提高学生的翻译能力。

一、语言敏感度的语言学定义

不同个体的语言学习效果与其语言学能有关，语言学能是第二语言习得所需要的一种特殊素质，卡罗尔（Carroll）将这种素质分为语言编码解码能力、语法敏感性、强记能力和归纳能力。基于已有研究和实际观察，笔者认为在二语习得过程中这四种能力均受学习者对目的语敏感度的影响，与学习者语言敏感度的高低密切相关。

文学作品中的语言敏感度是学生对语言文字的敏感程度，是学生在阅读文学作品时对作者隐藏在语言文字中的信息、语义、感情和意境的感知能力。而语言学中的语言敏感度则是指语言传播者或学习者对某种语言的敏感程度，主要是指对目的语语块、语法、语义等的接受和理解程度，是在交际活动中结合语境对语音或文字等信息产生正确感知和理解的能力。每个语言教学活动的参与者都具有不同程度的语言敏感度，每个参与者与语言敏感度的影响关系都存在差异，其教学行为也会受到语言敏感度不同程度的影响。本节以语言学中的语言敏感度为焦点，浅谈语言敏感度对第二语言教学的影响。

二、语言敏感度对第二语言教学的影响

（一）语言敏感度与教学主体间的影响关系

语言敏感度对教学主体的影响具有差异性，对学生和教师个体因素差异的研究可以更好地保证教学活动的进行，有助于剖析语言敏感度与第二语言教学参与者之间的影响关系。

首先，语言交际过程大体可以分解为“编码→发送→传递→接收→解码”五个阶段，无论是目的语的输入还是输出（接收和发送）都需要交际者具备一定的语言识别（编码和解码）能力。其次，一般情况下，我们通过学习者对目的语语义的识别程度判断其对目的语的掌握程度，认为对目的语语义识别的速度越快、潜在语义的体会越准确，对目的语的识别程度也就越深，掌握程度也就越好。

所以，为了能够更明确地阐明语言敏感度与其对目的语语义识别程度的大致关系，笔者综合了前人的研究并在教学活动中进行了实践观察。笔者的整理所得见图4-1。

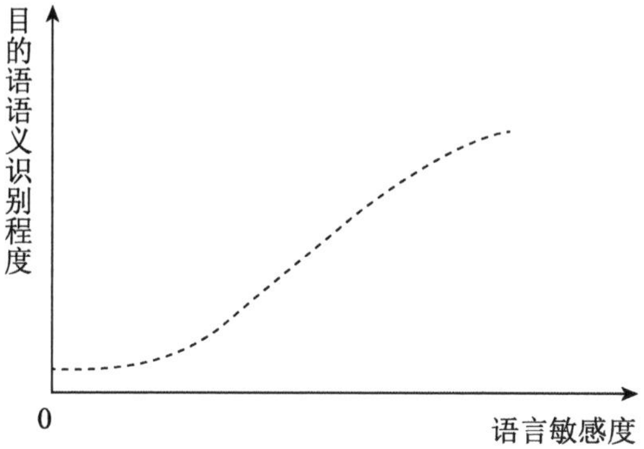

图4-1 语言敏感度与其对目的语语义识别程度的关系

由图4-1可知，对于学生而言，对目的语语义的识别程度与其语言敏感度呈正相关。学生语言敏感度越高，对目的语语义的识别程度就越深，越有利于第二语言的学习。

但教师与学生的角色不同，所受语言敏感度的影响与学生截然不同。为了能够更加直观地展现出教师的语言敏感度与其对学生偏误纠正影响程度之间的关系，笔者借用正弦函数$y = \sin x$关系图对其进行阐述（见图4-2）。

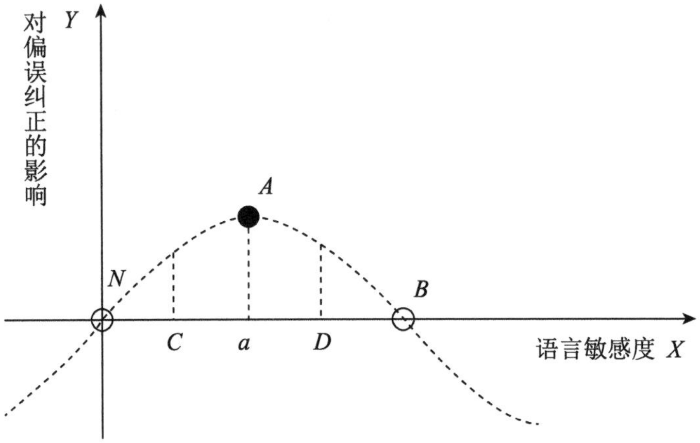

图4-2　教师的语言敏感度与其对学生偏误纠正影响程度的关系

注：本节绘图仅借函数走势辅助理解不同变量之间的关系，不存在精确的数值对应关系，故以虚线表示。

设 X 轴为教师的语言敏感度，Y 轴为教师对学生偏误纠正的影响。由图4-2可知，当教师的语言敏感度在原点（N点）左侧和B点右侧时，对学生偏误的纠正产生负面影响，不利于学生的二语学习；当教师的语言敏感度在 N 点和 B 点之间时（不包括 N 点和 B 点），对学生语言偏误的纠正产生正面影响，有利于学生的二语习得，但 B 点之后的语言敏感度对偏误纠正产生负面影响，B 点后的语言敏感度越高，越不利于学生的二语学习。在理论情况下，在 N 点和 B 点时教师对学生的偏误纠正不产生影响。

由图4-2还可知，a点是理想状态下教师对学生偏误纠正产生最佳效果的语言敏感度，教师的语言敏感度越靠近a点，对学生偏误纠正的影响就越积极。不难发现，当语言敏感度范围在$[C, D]$区间时，教师对学生偏误纠正的影响效果最好，所以我们可以将$[C, D]$区间的语言敏感度值进行量化，作为选拔语言教师的基本素质条件之一和对语言教师进行素质考核的标准之一。

根据以上论述可知，二语教学过程中教师与学生的角色不同，其语言敏感对学生二语习得也存在差异。对于学生而言，语言敏感度与偏误纠正和学习效果呈正相关，语言敏感度越高越有利于第二语言的习得。但对于教师而言，因为教师个体的语言敏感度存在高低之分，所以教师对学生语音面貌的感知程度和受语言敏感度的影响程度也存在差异，只有当教师的语言敏感度在一定区间内时，才最有利于帮助学生纠正偏误，所以针对不同的教学主体应提出不一样的敏感度要求，所有语言教师都应将a点对应的语言敏感度作为自己追求的目标，这样才能在不断完善自我的同时，更好地帮助学生习得目的语。

（二）语言敏感度对教与学的具体影响

语言敏感度对教学活动的影响无处不在，对于教而言，过高的语言敏感度容易使教师对学生的偏误现象产生过激反应，会影响到学生二语学习的信心和热情，不利于学生偏误的纠正和第二语言习得；过低的语言敏感度会导致教师根本无法及时发现学生的偏误现象，也无法及时地对学生的语言偏误进行纠正，从而导致学生偏误固化，不利于学生的语言习得。

回避策略是学生常用的一种交际策略，是学生“舍远求近”以便完成交际的手段。对于学而言，学生对目的语某个语言成分的过度使用，也是语言敏感度影响二语教学的表现之一。以汉语作为第二语言教学为例，在语义上，同义词和近义词是学生学习汉语的重难点，不少学生在学习同义词和近义词时无法分辨不同词汇之间的细微区别，于是选择使用自己最先掌握的词汇以达到交际目的。在语音上，不少学生因语言敏感度较低而无法辨别汉语中的同音字，如汉语中的“美”和“没”“大”和“达”等，无法正确辨音，也就无法正确地理解词义和句意，更无法顺利地利用目的语进行交际，语言水平自然难以提高。这些现象正是由学生语言敏感度较低，无法辨析不同成分之间的细微差别造成的。一味地选择回避使用新词，持续使用旧词的现象会导致目的语知识扩展受阻，语言能力进步缓慢，甚至石化，十分不利于第二语言的学习。所以教师应不断提高自己对学生所有语音面貌进行感知的能力，并保证能够及时发现学生的语言偏误，准确地感知到各种语言偏误背后的语用规则，不过度反应、“审时度势”地对学生做出纠正和引导，防止偏误固化。①

① 李景娜，王遥.第二语言学习中的回避现象解析[J].内蒙古民族大学学报（社会科学版），2012，38（6）：73-76.

第二节　文学翻译与学生综合素质培养

文学翻译不仅仅是将某个作品由一种语言译成另一种语言，更是一种艺术形式和一种跨文化交流的方式。在进行文学翻译的过程中，翻译者需要准确传达原文作者的情感和意义，同时还要将其融入目标语言的文化背景中。因此，文学翻译不仅仅是一个语言的转换过程，更是一个创作的过程。通过文学翻译的学习和实践，学生能够全面提高自己的翻译能力和综合素质。

一、素质与综合素质

（一）素质

“素质”一词作为一个专门性术语来说，最初的语义是指事情的主要成分或质量，即事物本来的性质。例如，中国社会科学院语言研究所编写的《现代汉语小词典》中“素质”的释义为：“素质是事物本来的或原有的特质。”从习惯上说，人们不讲自然物体或生物体的素质，而是专用于人。在《辞海》中，将“素质”表达为“人或事物在某些方面的本来的性质或特点”。其他多种辞典大致都参照这个释义。

随着我国素质教育理论和实践的发展，人们对“素质”的释义，无论在内涵还是在外延方面都突破了《辞海》中关于“素质”的经典定义，对“素质”的含义有不同的解释。在众多不同的看法中，对“素质”的内涵界定主要有以下三种。

第一，从生理学和心理学角度来讲，也就是我们通常所说的“遗传素质”。《心理学大辞典》认为，“素质”是指有机体与生俱来的某些解剖生理上的特点，如身体的构造、形态、感觉器官和神经系统的特点，尤其是大脑的结构和机能的特点。素质虽然是与生俱来的，具有很大的稳定性，但在后天环境的影响下，在实践活动中，素质的某些特点也会发生缓慢的变化。《教育大辞典》认为，素质本来是指个人先天具有的解剖生理特点，包括神经系统、感觉器官和运动器官的特点，其中脑的特性尤为重要。它们通过遗传获得，故又称遗传素质，亦称禀赋。可见，素质就是人发展的前提条件和基础，也是教育的前提和基础。生理学和心理学上最早使用的素质概念，被认为是素质的本义，即狭义素质，其特点是强调素质的先天性，即“后天发展的主体可能性”。

第二，从教育学角度来讲。素质作为教育学的概念，泛指整个主体现实性，即在先天和后天共同作用下形成的人的身心发展的总水平。这被视为广义素质概念。《教育大辞典》认为，广义素质是指公民或某种专门人才的基本品质，如国民素质、民族素质、干部素质、教师素质、作家素质等，都是个体在后天环境、教育影响下形成的。

第三，从人们对素质概念的使用来讲，其词义是演变发展的。原来意义上严格的较狭窄的素质概念，在日常用语中已经较少使用，除在专门使用时明确称之为“遗传素质”，一般都是指后天的。比狭义素质广义一些的含义，是指未来发展的主体可能性，即“发展潜力”或“发展潜能”。这种素质不是先天性的，也不是先天与后天共同作用下形成的整个主体现实性，而是在主体现实性中反映未来发展可能性的部分。

（二）综合素质

人的综合素质是指人在先天禀赋的基础上通过接受教育和参加各种社会实践活动而发展的主体性品质，即人的智商、情商等方面的品质及其表现能力的系统整合。人的综合素质与先天禀赋密切相关，但其高低主要受后天社会环境和终身教育实践的影响，包括思想品德素质、科学文化素质、能力素质、人文素质、身心素质等，都是在社会化过程中逐渐积淀而成的。人的知识体系是与人们在“学习生涯”中掌握和运用自然科学、社会科学、思维科学和实践活动相关联的。

二、文学翻译教学与学生综合素质的培养

文学翻译不是语言文字层面上简单的语码转换，而是更高层面上的美感体验与再现以及文化信息的传达。在文学翻译实践中，由于中西方文化背景、思维认知模式以及语言之间存在固有的差异，英汉翻译的绝对对等很难实现。通常来说，文化的符号和载体是语言，文化的重要表现形式是文学。在文学翻译教学中，教师不能仅限于对学生进行单词和句法层面语义对等的翻译训练，还要关注文学作品在篇章层面上的对等练习，以期翻译出原文文字层面、审美层面及文化层面的完美意蕴。因此，在翻译教学中要加强词汇、句法、语义和

语用等方面的练习，以提高学生的篇章理解能力、修辞运用能力及文化素养等。美国语言学家兼翻译家奈达的“功能对等”理论对我国翻译教学具有积极的借鉴意义。奈达在《翻译科学探索》一书中提出了两种不同类型的对等：形式对等和动态对等。此后，他又把动态对等改为功能对等。奈达指出，翻译追求的是从语义到语体力求用译语中最切近而又最自然的对等语言再现源语信息。在这个定义中，有两点是关键。首先，要顾及的是信息内容的翻译，兼顾信息的语体，因而翻译是用最恰当、自然和对等的语言从语义到文体再现源语的信息。其次，是词汇与句法以及篇章层面上的对等，其中篇章对等是指语义对等和语用对等。奈达进一步明示：“意义是最重要的，形式其次。”由于形式仅存在于语言的词汇和句法层面，并不涉及语义和语用层面，翻译中如果仅局限于形式，就极可能将源语的文化意义遮蔽，从而阻碍不同文化之间的交流。

根据奈达的理论，在文学翻译教学过程中，教师应将培养学生在语用和文体修辞层面上对译文进行调整和艺术加工的能力作为重点，并充分考虑到源语与目的语之间的文化特征，以使翻译达到最切近的自然对等。但是，由于词汇与句法是翻译的基础，基于学生的英汉语言能力，文学翻译教学要先强化学生在文字层面上的语码转换对等练习，以培养其措辞能力，再逐渐过渡到审美及文化层面。

（一）在词汇句法翻译层面提高学生的措辞审美能力

翻译作为一门学问，与美学的渊源由来已久，可以说翻译理论与美学思想密不可分；文学翻译作为翻译艺术的重要组成部分，它的独特性很大程度上在于对原作审美信息的传达与再现。在词汇句法翻译层面提高学生的措辞审美能力，具体可以从语言形式系统及非形式系统两个方面入手。

1. 语言形式方面

语言形式是作品的外部形式，是审美客体的自然感知层面。语言审美信息的承载是语音、文字、词汇和句子。作为语言的符号系统，这些层面借助语法、句法及逻辑贯穿起来，成为统一整体。语言反映作者观点，传达艺术形象和意境。文学作品是语言艺术，借助语言反映真实生活、自然及思维过程。因此文学语言必须生动形象、可感知并且独特。文学作品翻译必须传达语言艺术魅力和特定情感，与原文精神保持一致，从而给读者启发及艺术享受。文学翻译的译者必须具备较高的语言运用能力，恰当的审美判断力以及对语言美的感知和转换能力，在语言的三个层面即语音、语言结构及修辞方面再现审美信息。

在课堂教学实践中，通过文学翻译词汇与句法层面的对等练习，既可以提高学生的翻译措辞能力，又可以培养学生对不同文化中“形美”的审美能力。

2. 非形式系统方面

语言形式方面的美学特征具有一定的物质形态，是自然感性的，是可以凭主观感知进行推断的外象成分。除此以外，文学作品的审美特征还存在于不能被直接感受的、不确定的、无限性的非外象系统，模糊性是它的本质特征。我们称这种审美特征为非形式系统的审美特征，如作品蕴含的作者的气质和精神、通过遣词造句所表达的意境美及独特风格等，这些审美特征属于文本深层结构，读者必须用心体会。对于文学翻译来说，译者除了要分析语言表层结构，还要去体会作品内在美，并借助联想、想象进入一个体验的世界，感知作品的独特魅力。非形式方面的审美再现主要包括两个方面：“情志”与“意象”。“情志”指的是作者的情感、意旨。一部伟大的作品总是蕴含着作者丰富的人生体验和思想感悟，译者通过用心体会，与作者进行跨越时空的视域交融，并伴随着审美想象和审美感知，从而产生情感共鸣，并在译文中再现作者的情与志，这就是艺术的根本魅力所在。例如，岳飞的《满江红》是一首忠奋述志的经典之作。英文诗歌也有很多“言志”的经典之作，如雪莱的《西风颂》即表达了作者对正义社会政治思想的追求，全诗激情洋溢，特别是最后两句已成为传诵的经典。王佐良的译文“呵，西风，如果冬天已到，难道春天还用久等”气势恢宏，非常恰当地再现了雪莱的志向抱负，借助语言的音美和形美，完美再现了作者的情志。

“意象”是指作者的主观情感和外在物象（物、景、境）的结合，或“情”之于“文”的赋形。意象既包括对外在物象的加工构思，形成独特的艺术境界，又包含景与情的交融，寄托作者的审美理想，所以其审美信息更加模糊，是含蓄与鲜明的统一。译者在翻译中要善于捕捉意象与意境的内在含义，传达原文高层次的审美信息。

华盛顿·欧文（Washington Irving）的散文《西斯敏斯特寺》体现了欧文的写作风格。其文风优雅，措辞精致，节奏徐缓，行文从容，在缓缓叙述中把读者带入了一个古老寺院世界：晚秋昏暗、古寺，幽灵……为了再现原文审美特质，译者把自然物景与主观感悟融为一体，在词语选择上，恰当运用凝练概括的四字词语来再现古朴的艺术境界，如“时方晚秋”“气象肃穆”“古寺巍巍”“岁云将暮”“终日昏暗”“略带忧郁”，等等。同时，他精心挑选简练优雅措辞，如“相忘于古人的影踪之中了”，将意象与意境融为一体，赋予读者丰富的想象空间，完美再现了原文的审美信息。

文学翻译的审美再现要求译者首先要有扎实的语言功底，对原作的词句搭配、音韵节奏、篇章语段结构进行深入客观的剖析和理解，再现原作语言之美；其次要发挥主观能动性，对原作中的情、景、意、象进行全面具体分析，领悟作者意图，把握作品各种风格特征，使形象和神韵、作者创作观点和立场达到完美统一，以再现原作艺术美。同时，我们必须承认，受限于两种语言结构、文化传统乃至思维方式的不同，加上文化差异以及译者自身作为审美主体的感知、联想、情感、心理因素的限制，文学翻译的审美再现过程及成果也必然因人而异。但是，人类对美的发掘是无穷的，审美再现是译者永远的使命和追求。译者必须持严谨、审慎的态度，发扬一丝不苟的译德译风，同时还要不断提高自己的思想和业务素质，为翻译文学的发展做出贡献。

（二）利用语义对等与思维模式转换培养学生的文化宽容心态

在大多数情况下，翻译中的完全对等和自然对等因语言结构和文化之间的差异，实际上是难以达到的。因此，根据奈达的理论，在文学作品的翻译中，译者应以功能对等作为翻译的原则，准确地在目的语中再现源语的文化内涵。在这种情况下，在课堂教学实践中就需要有目的地培养学生在目的语语义和句法结构允许的范围内尽量翻译出原文的精确意义，即再现原文的语义联想意义与修辞意义。

有些翻译虽然在形式上并不对等，但翻译的目的语使读者感到更加通顺流畅，不但在更深层的语义上达到功能对等的效果，而且符合目的语的语义表达方式。此类语义对等的专项翻译练习可使学生在文学翻译过程中克服追求完全理想化的语义相符的趋向，从而冲破母语思维的桎梏，提高学生语义功能层面的整体翻译水平，并可达到培养学生对英、汉两种文化进行思维模式转换的目的，借此提高学生对不同文化的宽容度与理解能力。

（三）在语用对等和篇章理解方面加强学生文化素养教育

文学翻译绝不是语码间的简单转换，学生进行文学翻译的目的是将文学作品中作者的内心世界及美好的畅想表现出来。英汉两种语言的语境有很大区别，文化背景差异很大，因此学生不能仅仅从文学作品的表面进行硬性翻译，而忽略作品的文化内涵，在翻译时一定要保持原作品的特有风格，不能独创情境而使原作品传达的真实意思发生改变。

美国诗人罗伯特·弗洛斯特（Robert Frost）认为："诗意即在翻译过程中失去的东西。"所以在进行文学作品翻译时，为了避免原文诗意的丧失，就必须培养学生翻译的语用对等意识，也就是在翻译过程中基于两种语言的对比，根据语境确定话语的行事行为而进行的一种等效翻译。它追求的是在词汇、语法和语义等语言学的不同层面上，不拘于原文形式，只求保存原作内容，用译文中最切近、最自然的对等语句将该内容表达出来，以求等效。

翻译的难点并不在于文字的表面意义，而在于字里行间的言外之意，即话语的言外行为。汉语和英语有时在形式或表层意义上无法等值，但从语用角度来看，可以采取一些适当的翻译方法来解决文学作品中文化差异的问题。①

此外，在翻译实践中应该引导学生清楚：不必一味刻意追求保留原文的字面意义和形象意义，可将原文的形象更换成另一个译文读者所熟悉的形象，充分考虑原文与译文的语用认知因素，从而完整、准确地传达出原文的内容，译出其隐含的意蕴。例如，下面这个常见的英文谚语翻译实例：When in Rome, do as the Romans do。如果按字面意义直译，读者可能感到迷惘，为什么一定是罗马而不是别的什么地方？其实其隐含的意义就是"入乡随俗"，若译为"到什么山，唱什么歌"，则更为形象生动。另外，由于受风俗习惯、民族心理、观察事物的角度等因素的影响，英、汉两种语言中的表达方式会存在许多不同之处。众所周知，"龙"在英、汉两种文化中的意义完全不同，所以汉语"望子成龙"中"龙"的形象在英译时就不宜保留，而意译为"to expect one's son to become an outstanding personage"。由于原文与译文的文化语境不同，在一些比喻用法中喻体的比喻义也往往不同。例如，将"多如牛毛"译为"as plentiful as blackberries"；将"像热锅上的蚂蚁"译为"as nervous as a cat on a hot tin roof"。

以上的分析得出的结论是，文学翻译是一个复杂的过程，需要从词汇、句法、语义、语用方面对原作反复阅读，从文字层面、审美层面和文化层面采用多种方法进行艺术加工。而正因为如此，文学翻译对学生的综合能力具有较高的要求。在文学翻译教学实践中，根据奈达的翻译对等理论对学生从词汇、句法、语义和语用等方面进行综合训练，具有很强的可操作性。在具体教学实践中，初期阶段可对学生进行分项练习，然后结合学生对各分项练习的实际掌握

---

① 胡燕琴，郭海英．文学翻译教学中创造性叛逆的审美再现[J].陕西广播电视大学学报，2018，20（3）：63-67.

情况，适宜地进行综合练习，在提高学生文学翻译能力的同时，达到提高学生综合素质的培养目的。

第三节　文学作品阅读和翻译与教学效果提升

现如今，文学作品的阅读和翻译教学已经成为培养学生翻译能力的重要手段。阅读和翻译文学作品不仅需要学生具有扎实的英文基础，还要求学生对文学作品具有深入的理解，能够灵活运用英文词汇。历史文化的发展带来了中西方文化的巨大差异，英汉翻译工作是将语言进行切换表达，尤其在阅读和翻译文学作品时，应该考虑到文化背景的不同，对于作者的中心思想有一个良好的把握。本节将提出文学作品阅读和翻译教学中提升教学效果的途径。

一、文学作品阅读和翻译者应当具备的基本素养

（一）扎实的语言基础

要想读懂一部英文文学作品，首先要有扎实的英文知识基础。阅读和翻译是外语学习的必经之路。阅读和翻译的过程就是对语言进行理解、加工并输出的过程。如果没有扎实的中文和英文知识基础，在阅读理解英文文学作品时，就不能对作品内容和中心思想有一个很好的把握，从而不能对文学作品进行高质量的翻译，不能将文学作品流畅地翻译出来。

（二）良好的母语素养

民族语言既是民族文化的组成部分，也是民族文化的主要载体和表现形式。翻译固然是语际之间的转换，要追求译文的流畅易懂；但翻译更是跨文化交际，将传达与再现源语文化作为其更高目标。由此可见，译者应该对源语文化有深厚的修养，熟悉相关的历史文化背景。这是他们理解和再现原作的必要前提条件。

（三）了解双语的社会文化背景

文学作为社会上层建筑，必然有反映社会文化的一面。因此，文学翻译就不能不对原作中包含的社会生活映象进行认识和反映，或者说不能不对原作中反映的社会生活进行再认识和再反映。而如果译者没有深刻地理解源语的社会

文化背景，就不可能具有敏锐的美学和社会学眼光，自然对文学作品的理解和再创作也就不能进入一个比较深的层次了。

另外，除了源语的社会文化背景，译者同样也要了解目标语的社会文化背景。这有利于译者选择翻译策略，甚至影响到译者翻译的语言表达。

（四）深厚的文学功底

对于文学作品的翻译并非简单地将字面意思表达出来，阅读和翻译是对不同国家文化进行传播的介质，是国家对外输出文化的重要途径，因此，文学翻译者应该具有较为深厚的文化知识和广阔的眼界。对于译者来说，其具有的知识应该是越宽泛越精深越好，知识面应该涵盖中西不同文化背景和翻译专业相关的文化知识。文化背景包含政治、经济、环境、人文、历史、风俗、种族、自然、宗教等多个方面；翻译所需的文化知识包括与所翻译文学作品相关的科技、天文、技术等知识。翻译者应当精通自己所翻译文学领域的专业知识，掌握与所翻译作品相关的内容，如哲学作品翻译家就应该懂得历史知识和自然知识。

（五）合理的翻译技巧

译者应该在日常翻译中进行工作总结，有自己的翻译策略和方法。译者所要做的工作不能局限于翻译本身，而是应该研究翻译原理，译者自身的经历、爱好等也会影响翻译的效果和质量。译者应该通过翻译工作经历寻找翻译规律，从而提高自己的翻译质量和效率。

（六）灵活变通的能力

翻译是有其基本规律和准则的，即翻译有其科学性。但实际的翻译工作绝非由几条定律决定的刻板模式。尤其是涉及文化底蕴和文学性的翻译，往往难于纳入某种现成的模式，或遵循固定的规则定律，而更多的是依赖译者本身的用心揣摩和领会，运用多种变通手段来灵活处理，这就要求译者在遵循翻译基本规律的基础上，充分调动自己的文化修养和语言能力，发挥自身的主观创造性，避免刻板枯燥或平铺直叙，努力用灵活、流畅而生动的译文传达原作的精髓。

二、文学作品阅读与教学效果提升

（一）教学内容的甄选和整合

在文学翻译作品阅读课上，有限的课时需要教师以学生的兴趣为导向，结合自己的研究方向，在对教材文本大胆取舍和补充课外文本的基础上，重新整合、安排教学内容。美国著名的语言学家斯蒂芬·克拉申（Stephen Krashen）提出的$i+1$理论认为，人类只有获得可理解性的语言输入才能习得语言。所谓可理解性的语言输入，用公式表示就是$i+1$，其中 i 表示语言学习者目前的知识技能水平，1表示略高于语言学习者现有水平的语言知识。如果语言输入远远超出学习者的现有水平，或者接近甚至低于学习者的现有水平，学习者就不能获得可理解性输入。教师应在这一理论的指导下精心选择文本编排教学内容，并将教学内容分为五大部分：第一部分为文学翻译相关理论简介，主要梳理与文学翻译批评相关的概念和理论，旨在让学生对翻译理论、翻译批评、文学批评等基本概念和理论有一个整体性和框架性的认识，为以后的鉴赏教学打下基础；第二部分至第五部分则按文学体裁分为散文翻译鉴赏、诗歌翻译鉴赏、小说翻译鉴赏、戏剧翻译鉴赏，每部分又包括理论探索、译家研究、译作评析三个方面。理论探索主要从文体学的角度，探讨每种文学体裁的文体特征、语言特点、翻译方法或翻译要注意的问题；译家研究则以翻译家为纲，分为生平简介、翻译观点、代表作品赏析三个板块，重在了解著名翻译家的翻译观点，并对翻译观点进行再评价；译作评析则结合第一部分的文学翻译和文学翻译批评的基本理论，鉴赏每种体裁的名篇名译。理论部分主要采用教师讲授的方式，其余部分则主要采用研讨课的方式。

（二）教师角色的改变

在传统的文学翻译作品阅读课中，教师是主体，因而忽略了培养学生审美意识和综合运用专业知识分析文本的能力。此外，传统的文学翻译作品阅读课将文学阅读和鉴赏与翻译教学割裂开，要么把它上成文学课，要么通过对比分析多个译本讲解翻译技巧，而且教学手段单一，没有结合声音、图片等多种教学手段调动学生感官以获得审美体验。以上原因导致学生对该课虽有兴趣但苦于缺乏文学鉴赏方法论指导，面对美文只得“败兴而归”。因此，教师应先转变思想，将自己定位为引导者，通过设计一系列的教学活动和教学环节，以促进生生互动、师生互动，帮助学生克服学习过程中的紧张、焦虑、懒惰等负面情绪，在学习和交流中获得美感体验。

以研讨课为例，以文学性的再现为切入点将课堂教学分为五个环节：第一，分析原作，着重找出原文文学性所在，并了解作者的意图与原作具有的功能；第二，分析译者翻译原作的目的、所采用的翻译方法以及其译作针对或可能吸引的读者对象；第三，从原作和译作中选择有代表性的文字进行详细的对比研究；第四，从宏观和微观的角度评价译作，包括译作在目的语中的功能与译作的质量等；第五，将学生的译文和参考译文进行对比，讨论翻译难点、翻译技巧。教师将前四个环节的主要内容设计成相关问题，以课后作业的形式布置给学生，要求学生课下查阅相关资料，课上让学生以小组为单位做课堂陈述，答案是开放的，鼓励学生多思考、多表达、多交流。在第五个环节，教师先挑选重点段落，然后以课后作业的形式布置给学生，让学生练笔，以小组为单位提交自己认为最好的译文，教师将学生的作业进行整合，挑选出比较有代表性的好的译文和不好的译文，然后在课堂上进行评讲，学生全程参与讨论。整个过程中教师都是引导者，强调师生互动、生生互动，让学生在互动中获得美感体验。

理论课也尽量避免枯燥乏味，尽量以实例来印证说明，如通过分析《祝福》《红楼梦》《骆驼祥子》《伤逝》的选段译文，对处于文本不同层次的文体价值展开分析，以探讨小说翻译中的假象等值。此外，译文对比研究形式可以多种多样，除了译家对比研究，还可以进行同一译家不同时期译本比较、中外译家译本比较。

在教学手段上，除了运用传统的教学手段外，还要借助现代化多媒体让课堂形式多样，避免枯燥，提高学生兴趣。例如，讲《哈姆雷特》中著名独白“to be or not to be”时，可将现有的几个电影版本片段拿来欣赏；讲《雷雨》时，可以让学生进行角色扮演。

（三）平时成绩合理设置

合理、科学地设置平时成绩评估指标，并依据指标对学生的各个环节进行评分，以监控学习过程、保障教学效果。教师可以将翻译练习、课题陈述、课堂讨论三个环节细化量化，根据学生表现予以评分，作为学生平时成绩，在期末总成绩中占较大的比重。而期末考试包含名词解释、英汉互译、译作评析三个基本部分，以翻译题和论述题为主。论述题只有参考答案，没有标准答案，鼓励学生写出自己的真情实感。

三、文学作品翻译与教学效果提升

（一）文学作品翻译教学的要求

1. 理论和实践相结合

在国内，有关文学翻译的教学有一些共同之处。总的来说，在整个翻译教学过程中，遵守的是“通过翻译学习翻译”的规则，缺乏一个完善的系统阐述理论基础与科学实践方法。由于在以往翻译课堂上，教师中心论的教学思想占主导，学生的实践相当有限，通常是学生先译，教师再讲评，教师一句一句地检查，然后给出范本进行纠正。然而，文学作品与其他功能性文体不同，每个文学作品都有它的独特之处，学生对文学作品的翻译不能一味地强调对与不对，更要注重对原文含义和风格的把握，这些文学微妙之处的翻译需要正确理论的指导。

文学翻译理论是翻译前辈们经过多年的实践总结出来的经验，能够帮助译者更好地处理文学翻译过程中的难题。在文学翻译教学中不能片面地认为翻译实践是教学中的唯一一环，而忽略正确理论对翻译的指导意义。虽然学生是在有了一定的语言基础之上学习文学翻译的，但由于他们从未系统地学习翻译理论和技巧，他们的翻译只靠平时的积累，学习效率不高。如果学生能够从前人的实践经验中习得精华，并加以利用，那么文学翻译就会事半功倍。对理论有深刻理解的人在翻译时会有更加明确的目的性，对翻译的方法和技巧也会掌握得较多。所以，教师应该适当地让学生了解翻译理论知识，如奈达的读者同等反应论、等效翻译论，泰特勒（Tytler）的翻译原则论，等等。但同时，教师应该把握的原则是，学生了解翻译理论是为了翻译实践，并不需要他们做理论研究。

在翻译理论的指导下，文学翻译的实践是重点，学生正是要通过这一过程对外国语言和文化有进一步的学习。在文学翻译过程中，有两点要引起足够的重视：一是文学翻译是一个创造性的过程，学生在翻译实践中不应受到任何翻译理论的控制；二是教师在点评学生翻译习作时，范文只能作为参考材料，不应成为标准答案。因为文学翻译的过程本身也是一种创作，教师应该鼓励学生大胆尝试。

2. 突出讲评的作用

在文学翻译的教学中，讲评这一环节与一般的文学评论有所不同。和以往机械地与参考译文作对比不同，教师在课堂上应该更加突出学生的主体性，让学生自己参与评判。教师在讲评时不应作为主体，而应该把学生放在主要位置上，调动学生的积极性，让学生主动了解自己翻译中的优缺点，主动改正自己的错误。作为学习活动的主要参与者，学生先要自己理解文学作品，然后进行部分作品的翻译，再由教师和同学进行比较和评判。同时，学生也有机会对参考译文和同学的译文进行评判。在这种双向评判行为过程中，学生主体意识得以加强，学习热情被激发，语言翻译实践能力和文学鉴赏能力得以提高。

另外，在评论译文时，学生应该被告知从哪几个具体方面着手讨论，如题目、关键词语、对情节发展起关键作用的连接处、文章体裁和风格等。学生在教师的引导下互相评论，积极讨论他们在翻译过程中对原文的理解和表达上的差异，从而提高自身的阅读理解能力和语言表达能力。

教师要明确的是，学生之间的讲评应该是让他们对学习的进展有清楚的了解，学生之间的互相讲评是为了促进他们的学习，而不是为了激化矛盾。另外，学生的最大竞争对手是他们自己，他们要比较自己以前的和当下的翻译水平，从而不断督促自己，有所提高。

（二）文学作品翻译教学效果提升途径

1. 使学生掌握文学作品翻译策略

（1）归化与异化相结合的翻译策略

归化与异化的翻译方法是由美国著名翻译理论学家劳伦斯·韦努蒂（Lawrence Venuti）于1995年在《译者的隐身》中提出来的。简单来说，归化是使用目标语言的行为规则和习惯来翻译，异化是使用源语言的行为规则和习惯来翻译，一个要求接近作者，一个要求接近读者。例如，在《绝望主妇》中，迈克（Mike）在新婚之夜对妻子苏珊（Susan）说：“I love you once, I love you twice, I love you more than beans and rice.”按照异化的方法翻译为：“我爱你一次，我爱你两次，我爱你胜过豆子和米饭。”而归化的翻译为：“一见倾心，再见倾情，我爱你胜过世间万物。”又如英语里有句俗语“Once the wife of a parson, always the wife of a parson”，用异化的方法翻译为：“一旦嫁给了牧师，就永远成为牧师的妻子。”但如果用归化的方法，则翻译为“一日为师，终身为父”“入乡随俗”或“嫁鸡随鸡，嫁狗随狗”等。

（2）增译法与减译法的翻译策略

增译法是译者在翻译过程中适当增添一些原文没有的词语、短语、句子，给翻译做加法，以求忠实地、通顺地、完整地表达出原文作者的意思。比如，“三个臭皮匠，顶个诸葛亮”译作“Three cobblers with their wits combined, equal Zhuge Liang the mastermind”，增加了一个短语“mastermind”形容“出谋划策的人”，用于解释说明人物性格特点。相应地，减译法是译者在翻译过程中适当地删减一些冗余、重复、不符合人的思维方式、语言习惯、表达方式的词，但是不改变原文作者的意思，也可减译为“Two heads are better than one”。

2. 开发文学翻译鉴赏课翻转课堂教学模式

文学翻译鉴赏课旨在通过欣赏名家名译提高学生的文学翻译鉴赏能力、文学翻译能力，最终使学生能够胜任一般文学作品的翻译工作。要实现这一教学目标，教师必须首先确定一学期的文学翻译鉴赏课教学内容和教学重点，并做好课时分配。考虑到文学翻译鉴赏课具有所涉文学体裁多、翻译难度大的特点，其教学内容的选取应具有一定的灵活性，比如鉴于当前国家对外宣传的需要和国家课程思政的号召，教学内容可以以汉译英为主、英译汉为辅，多选取一些传播正能量、倡导正确价值观和有益学生身心的文学作品让学生进行翻译。教师还可以根据学生的兴趣选取文本，如选取诺贝尔文学奖得主莫言的作品、雨果奖获得者刘慈欣的作品等。

教师在确定了教学内容后，可以从课前、课中和课后三个方面对某一种文学文体进行教学设计，具体包括理论探索、译家研究、译作评析及翻译练笔等环节。理论探索主要包括文体特征、语言特征和该文体的一般性翻译原则等内容。教师要将这些知识性的内容提前制作成微课，微课以10～20分钟为宜，并要求学生课前自行观看。在译家研究环节，教师选择翻译过这一文体的著名中外译家，介绍他们的生平、翻译思想、翻译作品和翻译成就。这部分也是知识性内容，需要教师将其制作成短小精悍的微课。

课前，教师创建网络学习平台，如在雨课堂、超星学习通上发布微课视频，要求学生在规定时间内看完。学生需要了解某种文学体裁的特点和一般翻译原则，了解某位译家的生平、翻译思想、翻译作品和翻译成就。课前的活动是为课中的翻转教学活动做铺垫的。

课中，第一步，教师用半小时的时间通过测验或问答的方式检验学生对视频里呈现的知识点的掌握情况。第二步，教师通过网络平台发布翻译作业，要求学生在20分钟内完成。翻译作业为某一相对独立的完整段落（200个字/词为宜），学生可以带上手机、笔记本电脑、词典等工具。需要特别注意的是，教师应要求学生在翻译的过程中标注出自己的翻译难点。在学生翻译的过程中，教师应实时查看每位同学完成作业的情况，总结归纳出共性的错误，挑出较好的译文和较差的译文供下一步讨论使用，若学生有疑问，要及时给予解答和指点。第三步，教师将学生分成小组，让学生互相评阅对方译文。学生根据教师发布的翻译评分标准给对方译文评分，并回答三个问题："对方哪些地方翻译得好，并说明原因""对方哪些地方翻译得不好，并说明原因""我的翻译难点对方是怎么处理的，处理的效果如何"。学生之间互相评阅后，教师将巡视过程中挑出来的典型译文展示出来让大家一起讨论。此步骤大概用时30分钟。第四步，教师拿出名家的译文，让同学们进行评析，重点学习佳译的方法，讨论翻译难点的处理，用时大概20分钟。

课后，学生巩固知识。学生结合名家译文、自己的译文和同学的译文学习佳译、妙译的翻译方法和处理方式，总结错译、误译、漏译的原因并提出弥补或改进措施，在此基础上整理得出一个相对完美的译文。

经过上述的文学翻译练笔导入课，同学们有了一些经验和自信，在接下来的课堂上，教师便可以选取完整的篇章组织学生当堂翻译。其中，小说、散文以短篇为佳；诗歌以短诗为佳；戏剧以相对完整的一段为宜。一节课教师可要求学生完成所选篇章前1000字/词的翻译，步骤与段落翻译教学过程类似，不过可以更灵活一些。比如教师可以把学生分成几个小组，组内学生可以各自翻译不同的段落，最后将不同段落的翻译整合成一篇完整的译文；小组成员也可以翻译相同的段落，翻译过程中相互探讨，最后得出完整译文。

这种分组工作的方式类似翻译工作坊，有利于培养学生的团队合作精神。一节课最后剩下的半小时由教师主导讨论，各组分享翻译心得。课后，学生首先完成剩下的篇章段落翻译，再就某位译家、某种文体或某一篇原文多个译本进行评析，最后总结翻译经验、翻译感悟、翻译技巧等。[①]

教师在进行文学翻译鉴赏课的翻转时，必须注意两个方面：第一，本门课的翻转不是指将所有的课下翻译活动都翻转到课堂上来。事实上，将全部的课下翻译翻转到课堂上既无必要也不可能。课上的文学翻译实践本质上是某一个文学体裁翻译的导入课，目的是通过对某一文学名篇的翻译和对其名家名译的

① 李亚楠.翻转课堂模式下的教学评价研究[J].基础教育研究，2017（5）：25-28.

鉴赏将学生领进文学翻译的殿堂，引导学生管中窥豹，了解文学翻译的基本原则和技巧，为接下来的课下独立翻译打下基础。第二，翻转到课上的翻译活动是一个重要的导入环节，教师必须精心筛选原文。笔者建议，文本要么集中体现该文体的文体特征，要么体现原作者鲜明的写作风格，或者与其对应的译文能体现译者的翻译风格。同时受每次翻转课堂课时的限制，教师还要把握原文的长度和完整度，以保证每节课都能完成教学任务。

第五章　人工智能时代的翻译技术教学与翻译能力提升

进入21世纪，人类社会逐渐步入人工智能（AI）时代，自然语言处理、模式识别、机器学习、视觉感知等新技术呈爆发式增长，日益渗透到经济社会的各个领域。人工智能技术的突飞猛进极大地推动了翻译行业的发展，催生了翻译记忆、术语管理、神经网络机器翻译等一大批新技术，翻译技术教学也迎来了新的发展机遇，大大提高了学生的翻译能力。

第一节　人工智能驱动的翻译教育与翻译能力提升

传统的纯人工翻译模式已经无法满足日益增长的行业和市场需求，而以技术驱动为核心的翻译模式已逐渐为行业所接受和认可，并在实践中得到了广泛应用。翻译模式的巨大变革颠覆了人们对翻译行业的传统认知，同时为翻译行业的发展注入了新鲜的血液。

一、人工智能的概念

人工智能（Artificial Intelligence，AI）是研究、开发用于模拟、延伸和扩展人类智能的理论、方法、技术及应用系统的一门学科。智能与智能的本质是古今中外许多哲学家和脑科专家一直在努力探索和研究的问题，但至今尚未完全研究清楚。因此，至今为止学术界也没有给人工智能下一个明确的定义。下面列举部分学者对人工智能的描述。

（1）人工智能是某些活动（与人的思想、决策、问题求解和学习等有关的活动）的自动化过程。

（2）人工智能是一种使计算机能够思维，使计算机具有智力的激动人心的新尝试。

（3）人工智能是用计算机模型研究智力行为的技术。

（4）人工智能是一种能够自主执行人类智能行为的技术。

（5）人工智能是一门通过计算过程力图理解和模仿智能行为的学科。

（6）人工智能是研究如何使计算机做事才能够让人过得更好的技术。

（7）人工智能是计算机科学中与智能行为的自动化有关的一个分支。

（8）人工智能是研究和设计具有智能行为的计算机程序，以执行人或动物所具有的智能行为。

分析以上学者们对人工智能的描述，可将人工智能理解为：人工智能是指能够让计算机像人一样拥有智能能力，可以代替人类实现识别、认知、分析和决策等多种功能的技术。例如，智能机器服务员能够将语音识别成文字，然后进行分析、理解并与人对话，最后为客户提供服务。

二、人工智能技术在翻译领域的发展及影响

自2012年AlexNet卷积深度神经网络在图形处理器（GPU）上实现以后，深度神经网络模型不断优化，带动了人工智能时代的革命与复兴。翻译产业在深受各种技术工具、网络和云技术所带来冲击的同时，也受益于技术发展和创新所带来的成果。口笔译服务随着世界互联的高需求、“一带一路”倡议的指导而与时俱进。

人工智能技术口笔译的应用主要体现在硬件设备和软件应用上。而软件应用主要体现在机器翻译与语音识别两大方面。

（一）机器翻译技术的发展及影响

机器翻译思想于1949年正式提出，中国对机器翻译的研究始于20世纪80年代末。近几年国内机器翻译发展呈现繁荣景象，百度、科大讯飞、阿里巴巴、腾讯、搜狗、网易等公司相继推出了自己的机器翻译系统。

机器翻译大致经历了三个阶段：20世纪50年代开始的基于规则的机器翻译、20世纪70年代开始的基于统计的机器翻译，以及2008年开始的基于神经网络的机器翻译。机器翻译技术最早被广泛应用在计算机辅助翻译软件上，随着大数据技术和云计算技术的快速发展，机器翻译在很多特定领域发挥了重要作用，其应用涵盖文本翻译、语音翻译、图像翻译、视频翻译和VR翻译等方面。总体而言，机器翻译的发展将呈现实用化、多模态、多语言、由网页端向移动端转移、垂直领域结合更紧密的趋势。在翻译市场上，低端译员被淘汰，而中高端译员则借助机器翻译快速产出译文，这对于术语规范化程度高且存在大量专有名词、机构名词的技术翻译领域而言效果尤为显著，但翻译的价格会被压缩。

1. 基于规则的机器翻译技术

在机器翻译思想刚刚提出时，人们对语言的认知局限于在有限的规则集内形成的一套体系。尤其在乔姆斯基（Chomsky）提出的短语结构语法，给出了“从规则生成句子”的原则以后，基于规则的机器翻译技术确立了其在当时的机器翻译技术中的主流地位。

基于规则的机器翻译技术的指导思想是：语言的规则是无限的，而语言都是可以由这些无限的规则推导而来的。而后在基于规则的思想指导下，产生了三种主流的规则翻译方法，分别是直译式、转换式和中间语言式。其中直译式比较简单，通过分析源语言和目标语言的对应关系，直接进行转换，而后对目标语言进行符合目标规则的重新排列；转换式不仅考虑两种语言在单纯意义上的对应，也考虑句子文法结构上的对应，从词法、语法、语义等层面层层递进地分析句子的含义，它对语言的规则挖掘得更深、更完善，因此一般能取得比直译式更好的效果；中间语言式采用了一种折中的方法，既考虑句子的多层次意义，又尽量忽略语言上复杂的结构关系，创造一种相对简单的中间语言作为翻译的过渡，先将源语言映射到中间语言相对简单的结构上，然后通过中间语言进行翻译。综上所述，三种基于规则的方法都要求有两种语言的对应语料，并且对语料在词义和结构上的对应度要求都比较高，否则对结果有很大的影响。此外，基于规则的翻译技术也有着明显的优点，翻译的过程是可解释的，并且规则和语义都是可较为直观地表述的，这对人们更好地控制翻译过程具有很大的帮助。

2. 基于统计的机器翻译技术

语言本身是非常复杂的，纵然假设无限的规则是可以完美表述语言本身的，但是资源是有限的，无法总结并表达出无限的规则，也因此，基于规则的机器翻译一直都无法达到理想的效果，更无法实现产业化。而随着统计学、信息论的发展，机器翻译研究的方向逐渐向统计学靠拢。一方面是因为存储条件的发展催生了大规模语料库，另一方面是计算资源的支持使得人们可以在海量数据中较为迅速地提取有效信息。基于统计的机器翻译技术也主要分为两种，一种是利用统计来做语言的预处理或后处理工作，比如典型的词义消歧、词性标注、分词技术等，这些和传统机器学习技术的结合较为紧密，另一种是利用统计的方法提取语料库中体现出的重要知识，或特定任务中针对的某些特定知识，并根据这些信息进行机器翻译，这一部分和深度学习的结合较为紧密。[①]综上来说，基于统计的翻译技术应用范围广且粒度很细。

3. 基于神经网络的机器翻译技术

神经网络的提出是受到生物神经系统的启发，学术界通过模拟生物神经系统，提出将神经网络应用于机器翻译。20世纪90年代末，卡斯塔诺（Castano）等人利用小规模平行语料实现了基于神经网络的翻译方法，但由于平行语料规模和硬件计算能力限制，未能取得超越性的效果。2013年，卡尔什布伦纳（Kalchbrenner）和布伦森（Blunsom）重新总结并提出了基于神经网络的翻译方法，引起了学术界的关注。随后，苏茨克维（Sutskever）等人实现了完全基于神经网络的机器翻译模型的构建。随着深度学习技术的发展，大约在2014年神经网络翻译方法开始兴起。2015年5月，百度上线首个互联网NMT系统；2016年9月，谷歌推出GNMT系统。2017年4月，网易有道在全球移动互联网大会上公布上线自主研发的神经网络翻译系统。

神经语言模型（Neural Language Model，NLM）使用词的分布式表示对自然语言序列建模，将每个词予以编码，识别两个相似的词，共享一个词及其上下文和其他类似词与上下文之间的统计强度。统计语言模型为每个词学习的分布式表示，允许模型处理具有类似特征的词来实现这种共享。例如，假设词“狗”和“猫”映射到具有许多属性的表示，则包含词“猫”的句子可以告知模型对包含词“狗”的句子做出预测，反之亦然。这些词表示有时称为词嵌入，这样在嵌入空间中，具有相似含义的词彼此邻近。机器翻译的编码器—解

① 刘群.统计机器翻译综述[J].中文信息学报，2003，17（4）：1-12.

码器框架的总体思想见图5-1。

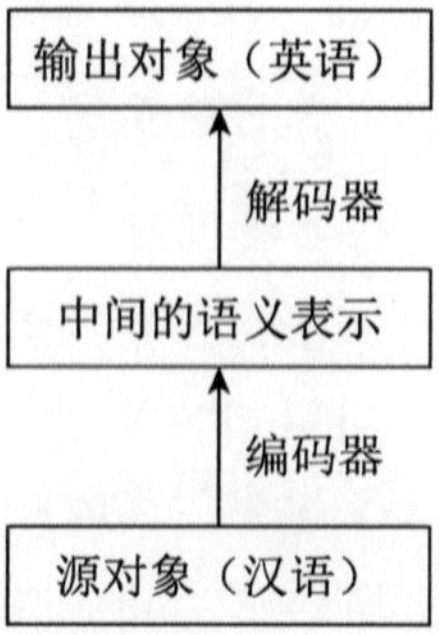

图5-1　机器翻译的编码器—解码器框架

神经机器翻译系统使用神经语言模型。首先使用循环神经网络（RNN）模型（也可以是卷积神经网络）读取输入序列并产生概括输入序列的数据结构，我们简称这个概括为上下文C，上下文C可以是向量或者张量，如图5-1中的“中间的语义表示”。然后利用另外一个RNN模型读取上下文C并且生成目标语言的句子。①

（二）语音识别技术发展及影响

对语音识别技术的研究起源于1952年，美国贝尔实验室制造了一台自动数字识别机，用来识别数字0～9的发音。20世纪60年代到70年代初，语音识别技术开始形成系统的框架。国内关于语音识别技术的研究与探索始于20世纪80年代。隐马尔可夫模型使语音识别技术通过移动App和车载语音系统走进日常生活。不同行业企业内使用的定制化引擎可以支持自定义热词，提高命名实体的词汇识别准确率，应用在包括智能法庭、智能客服、智慧医疗等场景。借助语音识别技术辅助教学，相较于传统的口译教学课堂，更有效减少了学生的信息处理负担，提升了学生的口译输出质量。

语音识别技术在21世纪开始曾一度陷入瓶颈期，但在2010年，谷歌发布了一个手机语音控制应用程序，并通过用户数据开发语音增强模型。语音识别技术因此迅速发展。在2019年9月的语音领域顶级学术会议上，基于注意力机制的新型端到端语音识别系统依然是自动语音识别领域的研究主流。目前市场上谷歌、微软、百度、腾讯、有道、科大讯飞、网易见外等公司都提供了实时语音翻译服务。

① 刘鹏，孙元强.人工智能应用技术基础[M].西安：西安电子科技大学出版社，2020：16.

当前随着全球信息技术和智能技术的发展，语音识别技术在理论和实践上都取得了显著的成就，方便了不同语言文化背景内人群的交流与合作。概括起来，语音识别系统主要有以下几个方面的成就。

1. 实验系统的翻译单词量逐渐增加

随着语音识别技术的发展以及翻译水平的提升，语音翻译系统可以识别和翻译的单词量呈现指数级增长，由原来的仅可以翻译几百个英文单词到现在的一万个或是几万个，翻译能力大大增强，同时翻译词汇量的增加也标志着语音识别翻译技术的发展实现了一个质的飞跃。

2. 语音翻译技术已经转向口语翻译领域

在语音识别翻译技术的发展初期，翻译单词和句型往往是比较标准化的，即输入的句子无论是单词、语法还是语序等都必须遵守严格的语言规范和限制，否则无法保证翻译质量。而现在的语音识别翻译系统开始涉及口语领域，一般难度的口语，即使存在一定的语序、语病错误，或是发音不清等问题都可以通过语音识别翻译系统得到有效的处理，系统对输入句型的限制程度大大减小，口语解析能力得到了较大程度的提升。①

3. 翻译算法的多元化和集成化

目前针对口语开发的语音识别翻译系统所采用的翻译算法往往不是单一的，而是由多种翻译方法交互完成，这样就实现了不同算法之间的优势互补，避免了单一算法的弊端，同时也使得多引擎翻译策略得以实现。

4. 众多的世界知识和口语表达环境知识被引入到语音识别翻译系统中

目前众多的语音识别翻译系统研发团队为了进一步提升口语翻译的准确度，正尝试将一些社会角色、对话情景以及人物肢体、动作表情等知识引入语音识别翻译系统中来，有的团队甚至将电视设备以及图像采集技术应用到该系统中，对表述者的面部表情、行为动作以及特定的情境信息等进行采集与分析用以辅助语音识别的翻译结果，这样即使翻译结果不怎么准确，听话者也可以通过其他信息的展示大体上了解表述者的语言表达意图。②

① 吴双志.语音翻译中口语文本规范化的研究[D].哈尔滨：哈尔滨工业大学，2015.

② 程洁.语音翻译词典的设计实现与系统评估[D].哈尔滨：哈尔滨工程大学，2004.

5. 开始由单一语种向多语种、多语境的双向口语领域发展

过去的翻译系统往往只针对单一的语种进行单项语音翻译，而目前建立的口语翻译系统都是针对多语种、多领域的双向口语翻译，这无疑大大方便了信息的传递。

三、技术驱动的翻译模式变化发展的动因

技术驱动的翻译模式变化发展是人工智能时代翻译行业发展的必然趋势。探究其背后的发展动因不仅有助于深化对翻译模式的认知和理解，而且对于行业发展、技术创新和译员培训都具有重要的参考价值。

（一）语言服务需求是翻译模式变化发展的根本因素

语言服务需求变化是推动翻译模式嬗变的根本性原因。一方面，随着全球经济一体化进程的加快，语言服务的需求量急剧增长，翻译的速度和效率受到前所未有的重视。据国际权威调查机构CSA Research的调查，2008年全球语言服务产值仅为140亿美元，2022年达到了520.1亿美元。急速增长的翻译需求给传统的翻译行业带来了挑战，仅凭人力和简单组织很难完成如此巨大的翻译工作量。而引入翻译技术来提高生产效率可作为解决这一问题的理想方案。另一方面，翻译对象的变化也推动了翻译模式的变革。随着数字化时代的来临，翻译的对象除了传统的纸质文本外，还涌现出了形形色色的涵盖文字、图片、声音、影像等多种形式符号的网状文本。如果没有翻译技术工具的支持，译者无法访问需要翻译的文件，也就无法开始这些文本项目的翻译。这在很大程度上倒逼翻译行业必须不断升级技术工具、革新翻译模式，以满足不断变化的行业和市场需求。另外，随着语言服务需求向多语种、规模化和高质量方向发展，翻译模式逐渐从个人翻译向团队协同翻译转变，不可避免地需要加强项目管理沟通与协调，进行分工协作，共享项目信息等。这在很大程度上推动了各种云翻译平台的出现。[①]

（二）技术创新是推动翻译模式变化发展的直接动力

翻译技术的创新为翻译模式变革提供了源源不断的推动力。从根本上来说，翻译技术是人工智能技术不断发展的产物，其基础是软件技术、互联网技术和大数据技术。翻译技术伴随着人工智能技术的发展不断迭代升级，为翻译

① 王华树，刘世界.人工智能时代翻译技术转向研究[J].外语教学，2021（5）：87-92.

模式变化发展提供了直接动力。

纵观历史长河，人类每一次重大社会变革都与科学发现和技术发明息息相关。过去30年，改变翻译生产方式的颠覆性技术不断涌现，对传统手工翻译模式产生了巨大冲击。20世纪90年代，日益成熟的语料库技术催生了基于翻译记忆的计算机辅助翻译软件和平台，计算机辅助翻译模式逐渐成为翻译行业的主流。之后，日新月异的机器翻译技术，尤其是2016年神经网络机器翻译技术的出现，打破了计算机辅助翻译一统天下的局面，机器翻译译后编辑由幕后走向台前。近年来，基于深度学习的自适应技术为翻译行业的变革注入了新的活力，人机交互的理念逐渐得到行业的认可和接受，人机共译的翻译模式也从理想变为现实。2022年以ChatGPT为代表的大语言模型的发布，加速了交互式机器翻译模式的应用。由此可见，每一次翻译模式的变革都与翻译技术的创新与发展密不可分。

四、人工智能时代翻译人才能力培养问题症结

（一）教学定位与社会应用脱节

现有的翻译专业人才培养模式偏向学术型教育的模式，一方面提升了基本功扎实、职场适应力强的学术型人才的竞争力，另一方面却疏离了职业翻译教育与翻译行业的联系，导致教学内容与职业能力需求脱节。应用型人才的培养模式并未如学术型教育那般成熟，当中只关注语言不熟悉技术的学生在实际工作中容易出现明显的知识结构断层现象。这类学生译者对计算机的掌握程度偏低，如果无法熟练高效地利用机器辅助处理翻译工作，就会占用工作学习上的时间和精力，也不利于职场发展。而且机器翻译由于具备降低成本的优势，在语言服务行业应用普遍，对技术的掌握逐渐成为语言服务从业者的必备技能之一。

（二）翻译教学配套资源不充足

翻译技术知识的更新迭代速度非常快，对教研硬件设备的要求较高，具体体现在计算机性能、网络速度、辅助翻译软件上。国际知名翻译辅助软件SDL Trados的单机版需要数万元人民币，一套适用于计算机辅助翻译实验室的联机版（一台主控机加30台终端机）需要数十万元人民币，而且每年需要数万元的软件更新维护费用。这不是每一所国内高校都能负担得起的。配套设施的限制会减少学生的上机练习时间，从而降低他们对软件的熟练程度。另外，由于计

算机辅助翻译或翻译技术学科的教学要求教师对计算机有一定的熟悉，并且需要教师了解行业动向，很多语言类教师在这方面的知识结构不够系统深入，市场经验积累相对匮乏，造成了在该领域的教学和研究的困难。

（三）行业认知和职业规划不清晰

学生译者对行业的了解及对自身的职业定位有限。在校学生译者的理论学习机会很多，实践应用机会却很少。匮乏的实战经验使学生无法了解不同行业的发展前景及与自身的契合度，无法短期把握不同岗位的工作特征和上下游的工作流程，无法了解翻译市场和客户服务的现状，很可能会在步入职场后走很多弯路。

五、“AI＋”驱动翻译教学模式创新

（一）明确人才培养方向，重视跨学科交流建设

技术革新迭代增速的时代需要替代性低、学习能力强的人才，高校人才培养过程从过去纯粹的“知识传授”应逐渐过渡到“能力培养”与“环境支持”。单一的技能已经无法满足当前市场岗位的需求，有效的技能资源配置组合需要高校与学生共同的努力。语言能力的培养固然重要，但帮助人才适应社会时代的需求才是根本。专业学科未来的发展在很大程度上取决于人才培养的竞争力。如何凸显学科优势、准确预测大环境发展和精准定位学科建设方向，都需要具体的实践验证进行动态规划最优路径。

教育部、财政部、国家发展和改革委员会联合印发的《关于高等学校加快“双一流”建设的指导意见》明确指出，针对“双一流”建设，高校要创新学科组织模式，围绕重大项目和重大研究问题组建学科，瞄准国家重大战略和学科前沿发展方向，依托科技创新平台、研究中心等，整合多学科人才团队资源，组建交叉学科，促进哲学社会科学、自然科学、工程技术之间的交叉融合。翻译专业可以结合自身特点和学科优势，重视学科交叉融合，打破学科界限，加大跨学科学术发展的权重，大力促进跨学科知识的生产和复合型人才的培养，通过技术教学引领学科水平的整体提升。

（二）保证教研硬件投入，提升技术师资软实力

人工智能对人类创造力的促进作用不仅体现于在低端工作层面解放人类双手，而且体现在帮助人类更好地理解自身复杂的学习机制，有效拆解还原人类

对历史经验归纳的过程。学生对翻译技术的掌握以及对翻译工作原理的理解能帮助其对翻译理论的框架构建、分支检索有更深的体会。

良好的硬件设施配套能够加快学生对设备软件的上手速度和熟练程度，减少学生日后在实际职场工作中遇到的阻力，也给校内外专家教师提供了稳定的教学条件。高校可以切实维护翻译教研设备的管理与升级，关注行业相关动态，提高硬件资源利用的性价比。

翻译技术教师应具有快速学习、熟悉技术、迭代自身知识结构的能力，并且对行业有一定的了解。在教学目的和教学内容的设置上，应紧密结合行业岗位的需求，积极搜索收集前沿行业实践案例，重视学生技术能力的基础和底层能力的培养，适当讲解传授技术原理知识，同时侧重语言和技术的融合应用。

（三）了解新技术与趋势，加强师生实践与培训

在培养复合型翻译人才的过程中需要关注任务的多样性与时空的复杂度。对译者的训练需要培养其在不同应用场景下面对具体问题的应变能力，检验其基础扎实程度和帮助其明确自身能力发展边界。在变化的翻译生态下，校企合作、高校之间的学术交流有助于为人工智能和翻译教育深度融合创造良好的环境。人机合作的推进要求在校师生对技术的前沿发展和具体操作有清晰认识。横跨产学研的合作交流能够提供较为丰富的实践活动，为高校师生增加了解前沿技术和洞察趋势的机会，实现教育过程中从实践认知到理论认知的升华。

校企合作的加强，如业界专家到高校任教指导、教师到企业挂职、学生实习、校企共研项目等方式，都有助于校企双方了解各自需求，互通有无。师生可以运用自身知识积累在术语管理、语音识别、质量管控、海外市场开拓领域更好为企业提供服务，企业可以为高校在翻译技术课程设计、教材开发、案例提供、学生就业方面提供合作支持。

第二节　新文科理念下翻译教学中工作坊模式与翻译技术的融合研究

本节基于新文科教育理念，根据翻译教学实践，探讨在有限的翻译教学时间中，如何将工作坊教学模式与当今广泛使用的翻译技术相结合，依托具体的

实用文本翻译任务，通过丰富的网络资源和工具，在交互式教学中培养学生基本的翻译技术能力，提升学生的知识自主建构意识、双语语言功底、翻译实践水平和团队协作精神。

一、新文科教育理念的内涵

新文科教育理念由美国希拉姆学院（Hiram College）于2017年率先提出。2017年10月开始，希拉姆学院对培养方案进行全面修订，对29个专业进行重组，即把新技术融入哲学、文学、语言等诸如此类的课程中，为学生提供综合性的跨学科学习。

新文科是相对于传统文科而言的，是以全球新科技革命、新经济发展、中国特色社会主义进入新时代为背景，突破传统文科的思维模式，以继承与创新、交叉与融合、协同与共享为主要途径，促进多学科交叉与深度融合，推动传统文科的更新升级，从以学科为导向转向以需求为导向，从专业分割转向交叉融合，从适应服务转向支撑引领。

新文科体现了人文社会科学的一般特征，同时又具有一些新的特征。其一，战略性。这是新文科的价值所在。新文科建设要服务于国家应对当今错综复杂的国际国内形势，增强国家在国际社会的话语表达能力；服务于经济社会领域的全面深化改革，解决与人们思想观念、精神价值等有关的重大理论和实践问题。其二，创新性。这是新文科的属性特征。新文科建设要通过新的学科增长点，对传统学科进行转型、改造和升级，寻求国家在人文社会科学领域新的突破，以实现理论创新、机制创新、模式创新。其三，融合性。这是新文科的学科特征。新文科建设涵盖了人文社会科学领域内多个学科的交叉、融合、渗透和拓展，也可以是人文社会科学与自然科学交叉融合形成的文理交叉、文医交叉、文工交叉等新兴领域。其四，发展性。这是新文科的动态特征。人文社会科学领域研究的问题存在很多不确定性，许多新问题会随着社会发展层出不穷，且问题解决并无固定模式，需要在实践过程中不断探索调整、日臻完善。

翻译作为我国高校英语专业和MTI的核心课程，其教学现状和对策研究引起学界的积极关注和深入探讨。教学的根基和实施起源于教学设计和课堂组织，传统的课堂以教师为中心，通过翻译理论普及和技巧方法讲解，引导学生练习翻译，但这种教学模式已经落伍。在新文科教育理念下，翻译教学应融合技术，采用学生为主、教师引导，自主、合作、互动的工作坊模式。我国一些学者已经对工作坊模式进行了一定的理论探讨和教学实践。本节重点探讨如何将工作坊教学模式结合互联网平台和人工智能背景下的各类机器翻译工具、计算机辅助翻译（Computer Aided Translation，CAT）工具、网络在线翻译平台和在线译后编辑工具，依托具体的实用文本材料翻译任务，在交互式教学中培养学生基本的翻译技术技能，以提升学生的综合语言功底、翻译实践能力和团队协作精神。

二、翻译工作坊模式

根茨勒（Gentzler）将翻译工作坊界定为类似某种翻译中心的论坛。在该论坛上，两个或两个以上译者聚集在一起从事翻译活动。翻译工作坊模式下的翻译教学将理论和实践融为一体，将翻译作为艺术和科学的统一体而全方位地观照翻译。我国学者认为翻译工作坊就是一群从事翻译活动的人聚集在一起，并就某项具体翻译任务进行广泛而热烈的讨论，并通过不断协商，最终议定出该群体所有成员均可接受或认同的译文的活动。

概括来说，翻译工作坊教学模式在实施时是由教师结合教学的需要布置教学任务，或者由学生来选择翻译任务，由学生自讲自评、集体讨论，教师给予评价、总结，并进一步升华理论。在这一教学过程中，教师是一个翻译项目的组织者和引导者，翻译任务由学生共同完成，学生在课下进行翻译实践，课上进行讨论。这种教学模式使学生既可以直观地体验笔译实践，又可以有机会了解翻译的专业和行业经验，并通过实践加深对翻译理论及翻译过程的认识。更重要的是，学生通过实践能够对未来工作中随时可能出现的问题进行独立思考并独立解决。

翻译工作坊的理论基础是建构主义。建构主义认为，学生是教学情境中的主角，教师是学生学习的引导者、辅助者、资料的提供者，教学是以合作、探究方式激发学生建构知识的过程，教学策略应以学生为中心，最大限度地促进学生与情境的交互，以促使学生主动地进行语译情景建构。因此翻译工作坊教学模式具有鲜明的实践性，以项目任务为基础，注重翻译过程，主要是以翻译实践为主体，学生在教师的带领下共同讨论和研究翻译实践活动，完成翻译任务。

德国翻译教育家吉拉里（Kiraly）曾经指出：“译者能力的培养只有在合作当中进行，再加上对真实翻译材料的运用，才能够发挥最大效用。”翻译工作坊教学模式强调了以实践为核心的建构主义理念，充分发挥了学生的学习主体性地位，注重翻译过程，突出合作与交流，将翻译理论和实践教学有机地融为一体，为翻译教学提供了新思路，非常切合以培养应用型人才为主要宗旨的独立学院翻译教学的最终目标。

三、工作坊模式与翻译技术的融合

（一）翻译技术与翻译教学的融合

2016年，搜狗在乌镇召开的互联网大会上演示实时机器翻译时，称其语音识别准确率达97%，机器翻译准确率达90%。北美历史最悠久的专业翻译人才培养院校——渥太华大学翻译学院开设了一门必修课程“翻译技术”，该学院认为学生只有掌握了足够的计算机辅助翻译知识，并能熟练运用翻译软件才能成为真正的职业译者。可见，随着信息技术的发展，工具能力培养范围的增加，在翻译教学中融入翻译技术以提高译者的翻译效率和译文质量是大势所趋。翻译技术能力主要包括计算机应用能力、信息检索能力、CAT工具应用能力、术语能力、译后编辑能力等。面对翻译技术，工作坊模式的翻译教学需要做出相应的调整，设计融合两者的教学大纲，以培养翻译实践能力和技术运用能力为教学目标，引导学生在工作坊的合作翻译训练中运用各类技术工具，熟悉“机器翻译＋译后编辑”的流程，掌握整个语言翻译服务的运行机制。

1. 理论熟悉阶段

侧重让学生认识和了解翻译技术的运行原理和基本操作。以教师讲述为主，引出机器翻译概念，并介绍基本的CAT翻译软件、网络搜索技能、常见权威的电子词典、在线翻译平台和机器翻译过程等。

2. 实践运用阶段

在工作坊模式下，依托真实的翻译实践任务，在交互式教学中侧重让学生运用掌握的翻译技术工具和网络资源进行自主实践，教师则从旁协助指点，提升学生的学习积极性，培养其知识自主建构能力、翻译实践能力和团队协作精神。

3. 教学设计与实施阶段

课堂是教师实践教学理念和教学方法的场所，是英语教学改革的策源地之一。一些学校不断地探索新的教学模式和课堂设计，尝试翻译工作坊模式，开设了“实用文本翻译工作坊”等课程，并在教学中根据文本类型的不同，让学生循序渐进地从传统的翻译方法过渡到大量使用翻译技术，从而将两者紧密结合，让学生发自内心地感受到翻译技术在翻译实践中的积极作用。

（二）工作坊中的翻译技术

翻译技术囊括的范围很大，工作坊课堂上运用的翻译技术和运作方式，主要从基础到高级，由简单到复杂，其运用的翻译技术能力或工具见表5-1。

表5-1 工作坊课堂上可以运用的翻译技术能力或工具

名称	运用方式或特点	举例
在线词典	成本较低，只要联网即可使用，大多数是免费使用；时效性强，更新迅速，新词热词更易查到；方便快捷，节省时间	金山词霸、灵格斯词典、有道词典、牛津词典、朗文词典、柯林斯词典、海词、汉典和韦氏词典等知名英汉双解学习词典
搜索引擎和权威百科网站	网络信息资源检索；查找不同专业领域知识	百度、谷歌、必应、Anzwers、Yandex、维基百科和微软百科全书 Encarta 等
专业术语词典或术语库	很多专业团体已建成术语数据库，是翻译学习的信息来源；通过网络即可搜索到，可付费或是免费使用	“汽车专业英语术语”“石油行业英语术语”“生物化学行业英语术语”“通信行业英语术语”等
在线翻译平台	翻译效率大大提升；机器翻译和人工翻译相结合；译者的主要工作是译后编辑；提供的语种齐全，大多是免费使用	百度翻译、谷歌翻译、必应翻译、有道在线翻译、Translation Workspace 以及微信在线翻译
计算机辅助翻译	核心是翻译记忆库；利用翻译记忆技术，将翻译过程中的术语匹配、译名统一、高度相似的句子再现等工作由计算机完成	SDL Trados、Wordfast、MateCat、Memsource、YiCAT、Transmate、快译点、雪人 CAT、译马网、云译客等计算机辅助翻译工具
云翻译技术	基于语料库和翻译的云存储；各种语料库资源、存储介质及服务器共同储存在云端，实现翻译资源共享，形成一个相互促进的翻译生态系统	翻译交易平台、翻译生产平台、翻译语料数据平台和人工智能机器翻译平台

（三）教学设计

为进一步将工作坊教学模式与翻译技术有效结合，应用于实际翻译课堂，可对“实用文本翻译工作坊”课程进行如下的基本教学设计。

1. 课程基本情况

该课程的实训实践、译文讲解全部是在工作坊模式下进行，不再从上而下进行翻译理论和练习的讲授灌输。课堂现场翻译，译前利用网络工具进行文本背景知识和文本特点查询，译中翻译形式多样化（鼓励学生随时采用前文叙述的多种翻译技术工具），译后以小组形式自由讨论和修改译文，最后师生探讨确定终稿。

教学内容不局限于文学文本，主要选取实用性的文本材料，篇幅要适中，能够在两个课时内完成初稿。根据一学期16周、32课时，两周完成一个模块。内容包括文学文本、法律协议文本、公众演讲文本、科技文本、旅游文本、经贸商务文本和通信文本等7个模块，占用14周，第1周是导论概述，第16周是答疑解惑。

2. 学生受众情况

该课程的授课对象可以选择英语专业大三的学生，以一个班级35人为例，全班分成7个小组，每个组5人，指定一名组长。一方面，学生们经过前两年语言基础的学习和夯实，尤其是语法、词汇、阅读、写作和文化课程的学习，能够更容易、更迅速、更科学地学习这门课程；另一方面，通过翻译理论与实践课程，学生们已经掌握了基本的翻译理论与技巧，但是偏向文学文本的翻译实践，使学生在毕业之后很难适应和胜任应用文本的翻译，势必造成高校的专业翻译教学与社会的实际应用脱节，所以必须通过“实用文本翻译工作坊”进行弥补和加强。

3. 实践场地条件

该课程的理想实践场地是类似可以工作的空间或语言实验室，配备了计算机（安装了翻译辅助软件）、多媒体设施、互联网（含本地局域网）等。总之，场地要有足够的空间，可以满足小型讨论、报告与演示的需要；要有能满足资料检索、信息交流的现代通信手段，并能够储存和展示学生在实践过程中的成果。

（四）教学实施

1. 翻译任务

翻译内容可设计7个模块，每个模块的第一周（前两个课时）是实践环节，教师当堂布置一篇文本的翻译。例如，学生拿到原文并进行阅读之后，根据文章主旨内容和文体特点，利用互联网工具，诸如前文所述的百度、谷歌、必应、Anzwers、Yandex、维基百科等，查看文本的背景特点、专业知识和翻译方法。

2. 课堂实践

学生在教室现场开始翻译，按照规定的时间进行阅读、查词、翻译、润色和审校，整个过程允许使用手机、计算机等前文所述的各类翻译技术来搜索和查询资料。例如，在词汇查询阶段，学生根据自己的翻译习惯，从金山词霸、灵格斯词典、有道词典、牛津词典、朗文词典、柯林斯词典、海词、汉典或韦氏词典等知名英汉双解词典中查询和确认词义，也可以通过网络上权威的术语数据库确定专业词汇。例如，在通信文本模块，对于专业词汇，学生可参照术语数据库“通信行业英语术语”，从而解决和统一全文的技术词汇。

在长难句翻译和段落翻译中，学生可以运用百度翻译、谷歌翻译、必应翻译、有道在线翻译和Translation Workspace等，协助自己进行前期的计算机辅助预翻译，接着进行人工修改和润色，或是利用译后编辑工具进行译文的完善。

对于有些文本，可以直接运用计算机辅助翻译软件和平台完成翻译任务。例如，学生可以利用YiCAT在线辅助翻译平台进行翻译实践，然后根据个人的理解进行译后编辑工作，速度很快，效率很高，准确性也很强。

3. 团队协作

每两周进行一个板块的任务，各小组从组员分工、前期准备、查找资料、问题讨论、翻译初稿、译稿分析、译稿修改、译稿润色到最后的反馈总结，必须分工明确，团队合作，共同探讨解决问题的方法。

4. 展示点评

每个模块的第二周（后两个课时）是工作坊交流讲解环节，在各板块会有代表小组通过课下准备PowerPoint来进行课堂展示讨论，主要围绕本小组的最终译文展示、使用了哪些翻译技术工具、如何具体运用、碰到哪些具体问题、团队的解决方案、译后的经验分享、悬而未决的问题等方面进行。其他小组的主要任务是参与探讨译文、交流经验和评论代表小组的翻译作品。在翻译工作坊教学中，学生自评、互评和他评是学生对翻译过程进行总结和反思的过程，是翻译教学目标实现的重要指标。

5. 考核侧重

在考核部分，学生平时表现成绩比重高，按照小组团队给分，而非个人。小组平时课堂的积极参与，翻译练习训练和PowerPoint讲评要占到50%的比例，甚至更高，旨在鼓励每个学生、每个小组积极投身到工作坊式的翻译学习中。

6. 结合技术

根据文本类型的实用性特点，鼓励和引导学生探索和采用多种翻译技术工具。在所有模块中，对于文学性较强的文本，鼓励学生大胆摸索和采用适合自己的翻译方法和问题解决方案，适当运用翻译技术工具；对于应用性较强的文本，则督促学生广泛运用上述提及的各类翻译技术来协助自己翻译文本内容，以提高翻译效率和准确率。

社会对高水平复合型翻译人才的需求与日俱增，高校翻译课程的教学现状和对策研究需要不断地深入进行。新文科的教学理念在翻译教学中的体现就是要积极采用工作坊教学模式，摒弃形式主义和照本宣科的授课方法与教学模式，切实结合各种翻译技术工具，让学生在学习语言之外，跨学科接触和学习技术，以提升翻译能力。

第三节　计算机辅助翻译实验室建设与翻译能力提升

随着翻译市场的信息化变革，计算机辅助翻译技术已经成为翻译人才所必须具备的基本技能。与此同时，翻译专业的发展、翻译人才的培养及其能力的提升、产学研协同创新都需要建设计算机辅助翻译实验室。①

一、计算机辅助翻译的概念

计算机辅助翻译（Computer-Assisted Translation/Computer-Aided Translation，CAT）是翻译人员借助计算机辅助翻译工具进行的一种翻译形式。

① 王华树，杨润丽.计算机辅助翻译（CAT）技术在现代翻译中的应用探析[J].语言教育，2015（1）：82-85，95.

计算机辅助翻译从机器翻译或计算机翻译发展而来，但不同于机器翻译（Machine Translation，MT）。机器翻译，又称为计算机翻译或者自动翻译，是利用计算机把一种源语言自动转变为目标语言的过程，一般指不同语言之间句子或全文的机器自动翻译。机器翻译是全自动翻译过程，整个翻译过程中机器或计算机是主角，翻译工作完全由机器或计算机自动完成，翻译人员的工作主要是输入原文、输出译文并编辑。机器翻译能在短时间内取代人工完成大量翻译任务，所需成本极低。但是机器翻译因为是利用机器自动识别语法、调用存储的词库、自动进行对应翻译，所以常常导致错译、曲解、语句不通等现象，翻译结果通常不尽如人意，必须通过人工纠正、修改与编辑，其所需时间有时几乎相当于人工翻译所需时间，因此，机器翻译无法完全取代人工翻译。

与机器翻译不同，在计算机辅助翻译过程中译员是翻译工作的主角，各种计算机辅助翻译技术或工具起着辅助作用。译员借助翻译技术或工具完成翻译任务，翻译过程中译员与计算机各有分工。传统机器翻译主要采取人助机译模式，是以计算机为主导实现的翻译形式，译员的主要工作是输入文本与修改译文。计算机辅助翻译过程可能包含人助机译步骤，但主要采用机助人译模式，是人助机译与机助人译的有效融合。在计算机辅助翻译模式中，人助机译主要表现在语言学家及工程技术人员设计计算机辅助翻译软件或计算机辅助翻译工具，包括电子词典、翻译术语库、翻译语料库、翻译记忆软件、机器翻译软件。译员输入翻译单元，计算机辅助翻译工具能够自动搜寻一些词、句的规范翻译或现有翻译以供参考，而不是提供整篇完整翻译。人助机译的结果并非产生最终译文，而是为人工翻译提供参考。译员还可以通过译前编辑对于要翻译的原文进行加工，使之适应计算机辅助翻译系统的要求，或者通过译后编辑对翻译好的译文进行修改，使之满足用户的需要。

机助人译，首先体现在各种翻译活动中计算机辅助翻译平台的利用。大型的专业翻译还需要利用网络化协同计算机翻译平台，以利于翻译管理人员、不同译员以及校对与编辑人员协同工作。其次体现在翻译过程中要用到各种计算机辅助翻译技术或翻译工具。例如，利用桌面词典或在线词典查阅单词；利用切分与对齐工具对齐译前文本；利用术语管理系统查询术语，并实现不同译员之间统一规范使用术语；利用翻译记忆系统，了解其他译员或者译员本人已经翻译的内容；利用机器翻译工具自动生成译文再行修改；利用格式转换工具实现不同文件格式的转换，尤其是将图形文件转换成可供编辑的文件以便导入计算机辅助翻译系统。

计算机辅助翻译克服了机器翻译错误较多、文句不通的缺点，同时克服了人工翻译速度较慢、质量很难保证等不足，具有以下优点：①同人工翻译相比，翻译速度快，甚至可以节省一半翻译时间；②翻译质量高，术语统一规范，语言更加专业、地道；③降低了译员的劳动强度，免去了许多重复性的工作；④有利于管理者、不同译员、编辑和校对人员的相互协作，方便完成大规模的翻译任务。因此，计算机辅助翻译越来越受到职业译者、翻译企业以及翻译研究者的欢迎，成为全球化、信息化时代的主要翻译模式。

二、计算机辅助翻译技术的基本原理及流程

（一）基本原理

翻译记忆技术是狭义CAT工具的核心技术，其技术主张是“做过的事无须再做”。在译员工作时，系统在后台建立翻译记忆库这一语言数据库。每当原文出现相同或相近词句时，系统会提示用户使用记忆库中的最接近译法，译员可以根据需要采用、舍弃或编辑重复出现的文本。

翻译记忆库可执行搜索程序，支持文件格式转换。译前由转换器分析源文件，通过断句规则交换标准（Segmentation Rule eXchange，SRX）将文本切分为段落；记忆库通常内置跨语言搜索引擎，可自动为每个文本段搜索匹配条目，匹配级别范围通常从35%到100%。

综上所述，记忆库技术决定了CAT工具主要适用于重复或重复率较高的科技、新闻、法律、机械、医学等非文学翻译领域，能够帮助译者节省大量时间，免去重复劳动，改进、提高翻译质量，但对小说、戏剧、诗歌等强调文学性、多样化的文本类型不太适用。[①]

（二）工作流程

CAT工作流程可分为译前、译中、译后三个阶段，如图5-2所示。

1. 译前

译前主要有三项准备工作，一是对各类型源文件进行格式过滤及句段切分；二是原文及已有译文的对齐及记忆库建立；三是从原文中抽取翻译术语并建立双语或多语术语库，为预翻译、编辑做好准备。实际项目中还涉及字数统

① 李高新.计算机辅助翻译理论与实践[M].湘潭：湘潭大学出版社，2021：68.

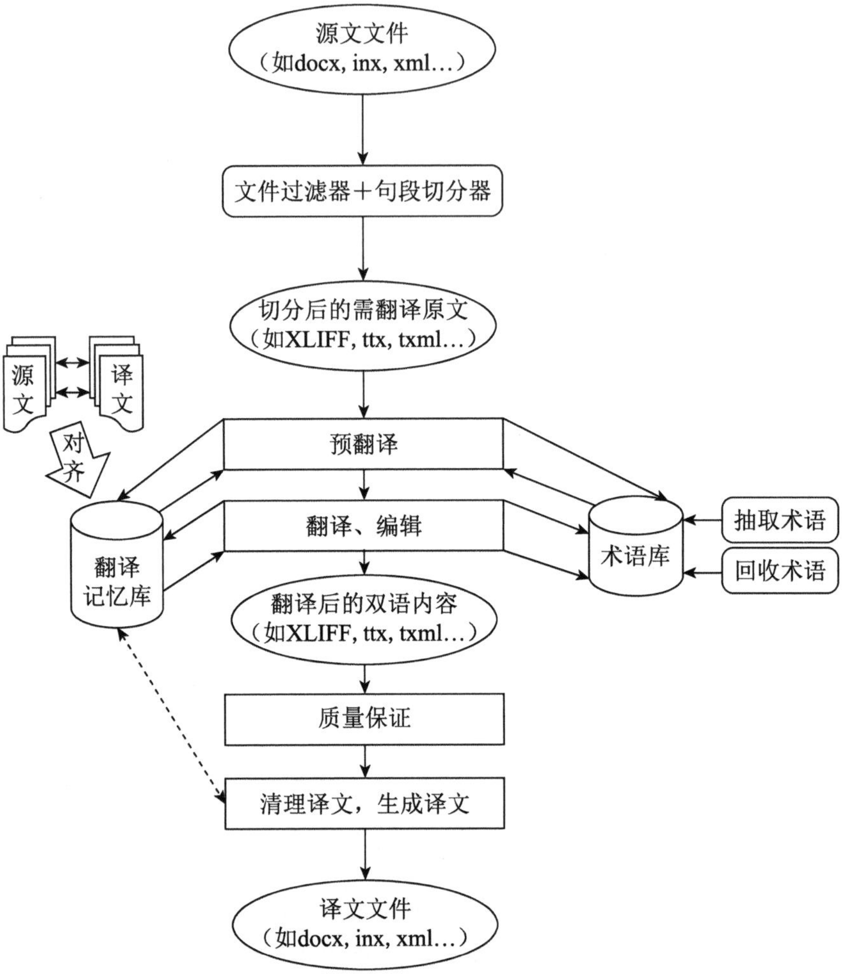

图5-2　CAT工作流程

计、计费及语言服务协议签订与履约等。

2. 译中

译中主要是在记忆库、术语库“双库”辅助下进行预翻译，以确定匹配率及实际翻译工作量，并确保译文风格统一、表述正确。

3. 译后

译后主要完成质量保证、桌面排版、语料回收与管理工作，确保最终产品符合用户要求及双方协议约定。实际项目中还涉及语言资产管理、反馈与总结等。

以上描述了CAT工具操作的一般流程，实际操作中要根据项目类别、成本核算、处理难度、项目周期等调整各细分环节及岗位，还要考虑因软件故障、系统崩溃、信息源丢失或损毁、国家政策、市场调控、译员处理失当或丧失工作能力、不可抗力等因素导致的项目终止、违约等可能造成的客户方、服务方损失，在特殊情况下还需要考虑保密等。

三、计算机辅助翻译实验室建设的必要性

（一）翻译专业发展的需要

近年来我国经济全球化发展趋势明显，国际交流日益频繁，翻译市场的火热发展亟须大量高水平翻译人才。而目前国内专业的翻译人才相对短缺，加大翻译人才培养力度已经成为业界共识。2007年国务院学位委员会批准设置翻译硕士专业学位，鼓励高校推进翻译教学的发展和高水平翻译人才的培养，以应对市场经济对高层次应用型专门翻译人才的需求。翻译硕士专业学位方案对翻译专业教学的课程结构和教学设施提出了要求，认为办学院校应该具备语言实验室或口笔译实验室等基础设施，供课堂教学和学生课后训练。[①]目前很多高校已对翻译专业的培养目标、课程体系、学科结构等进行了改革和调整，增设了CAT实践课程。翻译实践课的开展需要借助于专业的实验室教学环境，CAT实验室能够搭建真实的翻译技术训练环境，是翻译实验教学有效开展的必备条件。

（二）翻译人才培养的需要

翻译人才的思维模式与一般外语人才有着明显的差别，需要经过专门的职业技能培训，其教学培养模式也不是一般的外语教学可以替代的。过去往往把外语人才等同于翻译人才，忽视了翻译人才的专门性和特殊性。[②]思维模式的培养和翻译技能的获取是翻译能力培养的重点。在翻译技能的形成过程中，操作能力起到主导作用。操作能力包括获得并使用各类资料和信息的能力、在翻译过程中应用现代技术的能力。我国在MTI培养宗旨中明确指出学生应具有熟练的翻译技能。欧盟笔译硕士的培养方案也侧重训练学生的翻译技能，而不是语言技能。CAT技术可以提高翻译教学的效率，培养技术型翻译人才，以满足

① 仲伟合，赵军峰.翻译本科专业教学质量国家标准要点解读[J].外语教学与研究，2015（2）：289-296.

② 仲伟合，穆雷.翻译专业人才培养模式探索与实践[J].中国外语，2008（6）：4-8，14.

市场的需求。[①]翻译人才的培养已呈现出从重视语言技能逐渐转向强化翻译技能的趋势发展。技能的培养离不开专业训练环境，CAT实验室建设能够为学生提供思维训练和技能训练的专业化环境，将有助于培养专业的、高水平的翻译人才。

（三）产学研协同发展的需要

CAT实验室是促进翻译领域产学研结合的良好平台。在教学方面，可进行文档翻译、翻译记忆库和术语库管理、翻译项目管理等翻译教学活动，同时学生在训练中建成的术语库等，为日后工作积累了宝贵的知识财富和技术经验，提高了就业竞争力和适应力。在科研方面，有关文本分析、翻译风格分析和语料库建设的研究，有效促进了CAT与课程的整合和翻译教学改革的深入。在社会服务产出方面，借助实验室的技术环境可以为高校、企业或行业提供翻译服务，促进实验室利用率和社会效益的提高。[②]企业通过为学生提供翻译职业化指导和岗前培训，可加深学生对翻译行业的理解。可以说，CAT实验室是产学研结合的纽带，为产学研协同创新发展提供了条件和机遇。

四、计算机辅助翻译实验室的建设

（一）建设要点

为满足教学和翻译实践需要，CAT实验室建设过程中需要考虑一些关键建设环节，这些环节与实验室功能的发挥有着密切关系，是保证建设成效的关键，可分为两个部分。

1. 核心部分

CAT实验室建设的核心部分包括：CAT主流软件系统、软硬教学平台、教师机、学生机、服务器等。该部分决定着CAT实验室建设的质量等级，主要观测点为建设规模（占地面积、学生容纳量）、主流软件系统使用数量、电子教学平台实用功能数量、服务器功能模块数量等。

2. 外围部分

CAT实验室建设的外围部分指的是能够辅助核心部分良好运作的全部软

① 吕立松，穆雷.计算机辅助翻译技术与翻译教学[J].外语界，2007（3）：35-43.

② 张燕清，金鑫.计算机辅助翻译：翻译者的新技术[J].技术与创新管理，2009，30（6）：810-812.

件、硬件构成以及实验室维护与功能拓展服务，主要包括CAT第三方辅助软件、网络连接设备、音视频传输设备、师生桌椅、服务器机柜、音响设备、显示设备、打印设备、扫描设备、安全设备、空调设备、实验室管理软件、实验室管理硬件设备、实验室维护与升级服务等。

核心部分构成类别简单，但是起关键作用，外围部分构成类别较多，对CAT实验室运作起辅助作用，两个部分相辅相成，缺一不可，共同保证CAT实验室的建设质量，如图5-3所示。

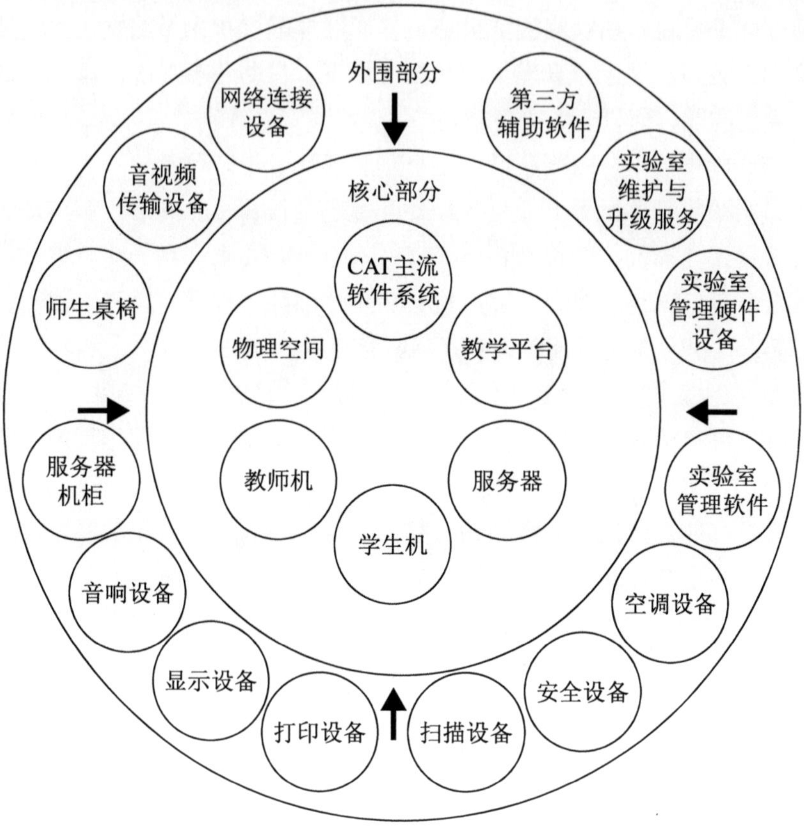

图5-3　CAT实验室建设要点示意图

（二）建设原则

为适应新时代CAT技术教学需要，CAT实验室建设要以人为本，以服务师生为宗旨，确立建设原则。以人为本就是实验室全部配置的设置应充分考虑到人的使用感受，让师生拥有舒心的环境、愉悦的操作、便利的交流、连续的成就感。服务宗旨体现了CAT实验室建设的服务性特点，服务对象是教师和学生，服务主体是实验室负责人和管理者，服务主体应对实验室建设、维护、管理负责，做好工作规划、计划，制订可行性实施方案、实施办法，不断丰富服务内容。

在人本思想和服务宗旨的指导下，根据对当前CAT技术和信息技术的了解，以及长期的CAT教学、实验室建设经验，笔者提出了以下两个建设原则。

1. 专业化原则

专业化原则是指CAT实验室全部软件、硬件配置和人员配置达到高度专业化程度，在教师、学生和管理员的共同协作下，借助各项功能，顺利完成翻译教学、翻译实践、翻译研究等各项任务。

在该原则指导下，需要在以下三个方面达到专业化程度。

一是实验室硬件配置专业化。硬件配置包括计算机、网络、服务器、投影仪、打印机、扫描仪、音响设备、桌椅、机柜等。要求产品一流，性能强劲，功能丰富，运行流畅，兼容性强，能够满足全部翻译教学、翻译实践、翻译研究任务要求，并且具备功能扩展和产品升级空间。

二是实验室软件配置专业化。软件配置包括四部分：计算机操作系统、CAT系统平台、第三方辅助软件、电子教学平台。为达到专业化程度，需要购置业界公认、市场占有率高的软件系统或工具。软件系统平台或工具与硬件设备兼容性好，能充分发挥硬件性能优势，运行效率高，专业化功能丰富，运行界面友好，满足全部翻译教学、翻译实践、翻译科研等需求。

三是实验室建设参与者认知专业化。CAT实验室建设参与者包括负责实验室建设的领导、CAT任课教师、实验室建设技术人员、实验室管理人员等，他们对CAT技术、CAT教学与实践、CAT科学研究、CAT实验室建设等方面的认知程度，直接影响着实验室的建设层次和建设质量，其专业化认知水平越高，实验室建设效果就越好。

2. 标准化原则

标准化原则是指在CAT实验室建设中，建设内容应符合实验室建设指标要求。实验室建设一般包括体制与管理、设施与设备、队伍与培训、任务与成果、环境与安全、制度与规定等方面内容（见表5-2）。

表5-2　实验室建设标准化内容

一级指标	二级指标
体制与管理	建立文件、管理体制、建设规划、管理手段
设施与设备	设施设备管理、设施设备使用管理、设施设备维修、设备完好率、设备更新、教学必备工具配套数
队伍与培训	实验室主任数、专职人员、人员结构、岗位职责、人员培训、人员考核、指导教师
任务与成果	教学任务、教材、实验项目管理、科研任务、实验室开放、设备共享、实验研究、实验报告、每组实验人数
环境与安全	实验用房、设施和环境、安全措施、特殊安全、环境保护、安全教育、安全责任
制度与规定	物资管理制度、学生实验守则、人员管理制度、安全与环保制度、实验管理制度、信息收集整理制度、档案管理制度、其他管理制度

各项一级指标通过其对应的二级指标要求，体现实验室建设标准化原则。

（三）建设规划目标

CAT实验室是为专业翻译人才服务的，其规划应该考虑不同阶段的发展目标，并以实验室建设为契机，推动翻译教学的传统观念转化，以促进翻译理论与技能教学的有机结合，打造应用型翻译人才培养的教育基地（见表5-3）。

表5-3　CAT实验室建设规划目标

短期目标	翻译课程结构建设
	学生翻译技能培养
中期目标	理论教学体系和实验教学体系的融合
	探索实验室多样化发展和应用模式
	实验室特色项目和品牌建设
长期目标	建立实验室创新发展长效机制
	探索产学研一体化的创新教学模式
	搭建应用型翻译人才培养的协同创新平台

1. 短期目标

短期目标围绕翻译课程结构建设和学生翻译技能培养展开。在翻译课程结构建设方面，可根据专业教学需求，开设与翻译技术相关课程，以完善翻译课程结构体系。课程包括翻译技术原理与翻译实践两部分，具体又分为翻译技术的发展、翻译原理、CAT翻译工具应用、翻译全球化与本地化等课程。借助实验室真实有效的翻译训练环境和完善的课程体系，培养学生的翻译技能。

2. 中期目标

中期目标是促进理论教学体系与实验教学体系的融合，探索实验室多样化的发展和应用模式，打造实验室翻译特色项目和教学创新品牌。应特别注重对术语库和语料库等知识资源的积累，推动实验室的品牌建设。

3. 长期目标

长期目标是建立实验室创新发展长效机制，探索开放型教学创新模式，拓宽高水平翻译人才培养的多样化途径。实验室与社会行业组织和翻译机构建立开放协同办学机制，将校外资源引入课堂，搭建翻译人才培养的协同创新平台。①

（四）教学功能设计

CAT实验室是以真实的翻译训练环境为基础的翻译技能教学平台。实验室功能需求包括课堂教学和翻译实践两部分。课堂教学部分可通过多媒体教学系统得以实现，翻译实践部分需要构建专业的CAT实践教学平台，这也是实验室建设的核心功能。翻译教学平台承担着翻译操作技能（提取、翻译、校对、对齐等）训练、翻译记忆库和术语库建设等多种功能，以实现单个文档翻译、模拟企业项目翻译环境、项目翻译团队管理等的训练。教学过程中的学生管理，作业分发、交付、批改、反馈等流程均可完整模拟企业实际翻译中的项目团队管理，项目分发、交付、审核、反馈等流程使教学与实际紧密结合，让学生熟悉实际翻译工作的流程与操作、角色的分工与职责和翻译工作模式。

（五）教学环境配置

实验室配备的CAT软件应具有较强的专业性和成熟度，支持翻译工作的具体流程，具有易操作和易管理等特点。CAT系统本身应具有良好的稳定性，以保证术语库和翻译记忆库与翻译操作平台之间的稳定互动；具有灵活的扩展性，能够兼容其他教学相关插件，提供丰富多样的翻译技术体验；提供友好的人机界面，在多人同时使用时保证稳定的性能和响应速度。

实验室硬件配置与多媒体语言实验室类似，需要电脑、服务器、交换机、

① 李晓倩.智能化语言教学与科研平台的研制及其在翻译教学中的应用[J].中国外语，2021（3）：106-111.

多媒体、电子白板、中控等设备，并构建基本的网络教学环境。教师端和学生端计算机通过网络共享访问服务器，完成翻译系统的交互访问。

在桌椅布局上，虽然花式、半圆或会议桌形式布局较为美观，但实际应用效果不好，不利于师生互动；竖列分布、学生对面而坐的布局比较适用，这既不影响学习的独立性，又便于师生交互。

（六）实验室建设的保障

人、财、物是CAT实验室建设的保障。为保障实验室建设的顺利进行，应成立专门的建设队伍，对实验室进行合理规划、监管建设过程的技术流程等。建设队伍中要有专业教师，以保证实验室的功能配置合理，便于教学应用。资金是实验室规模（终端点数）和配置的主要决定因素，在实验室建设前应落实资金来源，资金到位后应根据资金情况进行实验室规划。目前市场上的CAT软件定价不菲，如何在有限的资金条件下，建好和用好实验室是值得思考的问题。同时，实验室建设过程中应当有规章制度的保证，明确过程目标和责任，对在调试和使用过程中出现的问题能够快速定位，并找到解决办法。

五、计算机辅助翻译实验室提升学生翻译能力的应用措施

（一）转变翻译观念，加强师资队伍建设

长期以来，我国翻译界重视翻译理论研究而轻视翻译实践，使得实践型师资严重匮乏。有的教师对CAT的认识不到位，观念陈旧，甚至对CAT的科学性、可行性、翻译的效果等多有疑虑。另外，一般CAT软件都包括了译前项目管理、译中流程管理、译后质量管理等阶段，不论是界面还是软件的功能架构、操作方式等，都与普通的文字处理软件有较大差别，即使是熟悉常用计算机操作技术的教师也需要较长时间的培训才能掌握系统技术，从而导致能够胜任CAT教学的教师非常缺乏。

优秀的师资是翻译实践教学得以顺利开展的重要条件，实验室应根据教学要求从多方面组建和培养教学队伍。英语翻译专业教师、信息技术教师、校外有丰富经验的专家或一线翻译人员等，都可以作为师资来源，搭建灵活的教学团队。同时学校要建立师资激励机制，如提供翻译教师培训专项基金，组织教师参加各种翻译活动，改革与完善学术评价与职称晋升机制等，以形成“国际

与国内结合，学术与职业结合，专职与兼职结合，学界与业界结合”的专业翻译教师队伍。①

（二）结合培养目标，探索多种教学模式

翻译教学的目标在于培养应用型翻译人才，需要体现以应用为本、学以致用的教育理念，在教学中需要结合实际任务，探索学习与实践相结合的教学模式。CAT实验室提供翻译实践训练平台，除了常规的课堂教学外，还可借助情景模拟或团队协作等形式，实现理论教学与实践操练之间的有机结合。

（1）项目驱动模式是在教学中融入翻译项目管理的思想，模拟翻译项目的整个运作模式，可以使学生掌握基本的翻译项目管理理念和方法。学生还可以通过译员、审校的角色互换，找到适合的角色定位。学生在模拟实战的学习过程中可以了解、掌握翻译项目流程中各岗位的不同技能，以提高自身的翻译实践能力。

（2）语料库驱动模式是让学生以合作的形式建立特定专题（如计算机、财经、法律等）的翻译语料库。这不仅能激发学生学习翻译的积极性，而且最终建成的语料库能成为学生将来工作时有用的翻译资源，可谓一举两得。语料库驱动模式还能促进翻译课堂向以学生为中心转变，促使学生由被动的知识接受者转变成为积极主动的学习者和具有批判精神的思考者。语料库驱动模式还有利于改变教师的翻译教学观，尤其是提高其技术文本翻译教学的针对性和有效性。②

（三）建立开放机制，促进教育资源共享

CAT实验室应建立“联合、开放、互动、创新”的运行机制，并积极进行实验室开放共享、合作创新方面的探索。实验室的开放包括跨专业的开放互动、专业实验室联动发展和教研资源师生共享三个方面。①跨专业开发互动主要是实验室对不同专业和语种的学生开放，鼓励学生进行跨学科和语种的交流，以促进学生在专业领域的沟通和不同语言间的资源共享。②专业实验室联动发展是指通过实验室的开放共享，将不同功能的语言实验室联合起来，搭建听、说、读、写、译语言技能训练平台。③实验室应为教学和科研提供良好的资源平台，使师生通过教学和科研互动共享资源。一是教师可以进行教学、语

① 王静雷.新形式下计算机辅助翻译实验室建设探究[J].亚太教育，2016（33）：83.

② 李华芳.基于翻译实验室的信息化翻译实践教学[J].实验技术与管理，2017（1）：244-246，253.

料库、项目管理等的科学研究，促进教学；二是学生可以通过语料资源进行学习，提高应对具体任务的翻译技能和综合能力。

（四）鼓励校企合作，搭建协同创新纽带

CAT实验室提供了学校、企业和行业组织合作的纽带，能够将实验室的内部资源（如CAT系统、翻译理论、课程资料等）与外部资源（如翻译项目、行业机构、翻译公司等）联合起来，这既可以建立企业翻译数据库，又可以建设有利于学校科研和教学的语料库，形成校企互利共赢的合作教学模式。同时，实验室与企业合作开设特色实用课程，使课程教学具有生命力和创新力，并搭建翻译教学实践训练基地。学校与企业的合作是实验室发展的创新驱动力，对推动实验室的深度应用和培养学生的实战能力具有重要意义。

（五）注重社会实践，融入职业资格认证

翻译专业教学必须与社会发展和人才需求相适应，翻译专业教学过程应与翻译专业资格考试、本地化人才能力测评等执业资质考评实现对接。在CAT实验室的教学应用中，应将本地化内容全面融入课程体系，鼓励学生参加职业资格认证。在教学中引入翻译职业资格认证，既促进了英语翻译教学的实践应用，体现了应用型翻译人才的特色，又能提高学生的实践翻译技能，形成较强的职业竞争力，对培养实践型翻译人才具有重要意义。

第四节　翻译技术教材的优化与翻译能力提升

在人工智能时代，技术的进步与发展促使着翻译这一“经验性”的实践活动逐渐呈现出“技术化”的倾向，翻译技术已经成为当今职业译者所必备的能力之一，同时也被纳入现今的翻译教学体系之中。作为教学与课程建设的基础，教材的质量直接影响着教学效果与学生的翻译能力，因此研究新时代的翻译技术教材尤为重要。

一、翻译技术教材编写现状

由山东教育出版社出版、徐彬教授著的《翻译新视野：计算机辅助翻译

研究》（2010）是业内公认的第一本翻译技术类专著，虽然篇幅不长，但在某种意义上标志着CAT从机器翻译中独立出来。全书共有六章，每章一个主题，分别是："引言：翻译技术的必要性""在翻译中应用计算机技术""翻译记忆""翻译记忆系统的应用""国内CAT技术研究及教学""TM和MT的未来"。主要涵盖了翻译技术简介和发展概述，CAT工具，机器翻译，翻译记忆的概念和部分CAT软件的应用，国内CAT教学现状及发展，翻译技术的未来展望等。章节内容在出版当年具有创新性且非常务实，包含了从理论到技术最后到实践的过渡。此后出版的教材也基本包含相似相同的部分。[①]

笔者选取了市面流通的翻译技术教材10册，将其教材名称、编著者、出版社、出版年份等具体信息绘制成表，以供读者参考（见表5-4）。

表5-4　翻译技术教材的基本信息

教材名称	编著者	出版社	出版年份
翻译新视野：计算机辅助翻译研究	徐彬	山东教育出版社	2010
计算机辅助翻译	钱多秀	外语教学与研究出版社	2011
计算机辅助翻译：理论与实践	张霄军、王华树、吴徽徽	陕西师范大学出版总社有限公司	2013
计算机辅助翻译入门	吕奇、杨元刚	武汉大学出版社	2015
计算机辅助翻译实践	王华树	国防工业出版社	2016
计算机辅助翻译教程	潘学权	安徽大学出版社	2016
翻译技术实践	王华树	外文出版社	2016
计算机辅助翻译基础	唐旭日、张际标	武汉大学出版社	2017
翻译技术教程	王华树	商务印书馆、上海外语音像出版社	2017
计算机辅助翻译入门研究	周伟	哈尔滨工程大学出版社	2018

从时间上来看，自2010年起，几乎每年都有翻译技术教材面世，尤其是在2016年和2017年出现了出版高潮，从编著者身份来看，都是具有教学经验的一线教师和业内从业者。

① 吕奇.翻译职业化时代国内计算机辅助翻译教材编写现状思考[J].山东外语教学，2017（10）：40-47.

二、当前翻译技术教材编写中存在的问题

面对各式各样的翻译技术工具，译者往往感到束手无策，不知从何下手。虽然互联网上存在着丰富的与翻译技术相关的教学资源（如技术帖、技术文档、视频教程、虚拟交流社区等），但是这些资源分布颇为分散，缺乏条理性，且质量参差不齐。我们都知道，优秀的翻译技术教材能够为译者的技术学习提供便利条件，虽然国内外学界在翻译技术教材建设上取得了一定的成绩，对于翻译技术的普及做出了贡献，但同时也暴露出了一些问题：第一，内容过时，知识体系不够全面；第二，偏重介绍，缺少充分的实际翻译案例和实操步骤演示；第三，未紧密结合语言服务行业的发展对译者职业能力的要求；第四，呈现形式以纸质书籍为主，缺乏光盘、在线课程等数字资源的辅助。

三、翻译技术教材编写思路

基于以往教材的编写经验，翻译技术教材的编写思路主要体现为如下四个方面。

（一）信息量大，反映当前翻译技术的完整知识体系

翻译技术内涵丰富，翻译工具种类繁多，不但涉及Trados等主流CAT工具的使用，而且涵盖本地化、字幕翻译、质量检查、语言资产管理等工具，更要有搜索引擎、光学字符识别（OCR）、格式转换、拼写检查、正则表达式、语料回收、文档备份与恢复等多种工具在翻译实践中的综合应用。同时对各种工具的使用进行清晰、详尽的讲解，以完整地展现当前翻译技术的组成要素和知识体系。

（二）讲解深入，选用真实性翻译案例演示实操步骤

可以按照先易后难的顺序层层深入，章末设有思考题和拓展阅读文献，有助于学生对相关内容的接受与理解。此外，翻译教材不仅要对翻译技术相关概念和工具进行简单介绍，还要对相关主题做深度剖析。譬如，不仅要介绍机器翻译的定义和发展历史，还要阐述其主要方法、应用、问题和发展趋势。所选翻译案例源自语言服务机构或职业译者的真实经验，切实再现翻译技术在行业中的实际应用。

（三）紧扣行业，强调语言服务行业的职业能力要求

随着语言服务行业的信息化、产业化、职业化发展，对语言服务人才的需求正在经历着结构性的变化。翻译技术根植于语言服务行业实践，翻译技术教材编写必须考虑语言服务行业对从业者能力的实际要求，应依托语言服务行业的新特点、新问题，阐释语言服务产业链所涉及各种翻译技术的应用，以培养学生行业所需的翻译技术能力，从而满足不断增长和日益多元的客户需求。

（四）纸网结合，倡导线上线下相组合的技术学习模式

纸质书籍的内容虽然广泛，但由于空间所限，也难以彻底涵盖翻译技术领域的所有知识。因此，教材应提供大量的网络资源，可供学习者自主查阅，进一步探究翻译技术的相关原理和工具使用方法。

四、翻译技术教材编写建议

（一）革新编写理念

1. 紧扣国家政策和市场需求

2010年以来，国务院与教育部紧锣密鼓地在全国高校引导校企合作和产学研的教学改革，特别是近两年更明确提出人工智能发展战略、教育信息化改革措施、国际化人才培养方略。国家政策体现了国家对现实问题的解决方案，翻译技术教材编写者响应国家政策有利于教材创新。

编写的翻译技术教材与市场需求保持一致，就是适应国家和企业外向型发展的需要，培养“语言＋专业＋技术”的国际化人才。

将翻译技术课程融入大学英语课程体系，有利于当前大学英语翻译教学与行业发展紧密对接，丰富和完善现有的教学体系，同时提升大学生的信息素养，激发其自主学习的兴趣，提升其自主解决问题的能力，为国家“一带一路”语言服务倡议培养具备综合能力的人才。

2. 秉承“理实一体化”教学模式

真正的教学过程是师生在良性互动中完成学习任务，是学生在充满人性光芒的环境中完善自我的知识体系。“理实一体化”的理念将理论和实践融合在一起，让师生边教、边学、边做，有助于学生形成技术思维。翻译技术教材应该便于教师教、学生学，重视教师的指导作用和学生的主体作用的有机结合，

考虑教学设计要素和课堂实施环节，增强学生课堂体验。

（二）优化教材内容

优化模块组合，教材的总体结构应该呈现翻译技术的知识体系，内部模块设计应该有机衔接，核心内容选择需要遵循翻译实践的技术能力要求，练习或任务等学习活动设置应该能够切实提升学生的信息素养。要选取真实译例，以问题为导向，帮助学生了解翻译技术在语言服务实践中的具体应用情况；依据相对客观的标准客观地评定工具；在教材编写时，使用软件的最新版本，即便投入使用后，也要根据技术发展情况，及时修订教材内容。

（三）规范编写体例

首先应重视参考文献格式。参考文献是教材的必要组成部分，体现科学的继承性和对知识产权的尊重，便于编辑评价教材水平，也便于读者共享信息资源。国内出版教材的参考文献格式主要遵循《信息与文献 参考文献著录规则》（GB/T 7714—2015）的要求。

其次应保证出版载体立体化。突破单一纸质形式，线上线下相结合，通过在线网络教学资源平台等方式提供课件、实操视频和素材（项目文件包、翻译技术库、术语库等），全方位立体化地配合教学实施过程。同时，根据技术更新和社会需求不断地完善教材内容，以满足学生未来就业的需求。

（四）提升编者水平

教材质量的好坏关键在于编者水平的高低。要编出好的翻译技术教材，编者不仅要懂语言和技术，也要具备相当的学术水准，还要具有丰富的翻译实践经验。编著团队要有合理的校企人员构成比例，以确保教材内容既具有系统性、权威性和科学性，又具有灵活性和真实性。

（五）合理利用语料库进行教材编写

最近几年，翻译学界已经逐渐认识到了翻译技术教材中所存在的各种问题，并且认为语料库的运用能够有效地克服诸多问题。语料库的优势就在于，它能够在大量的语料分析的基础上，对翻译技术教材的内容进行合理的设计与安排，从而避免编者的主观经验所造成的一系列问题，这样一来，便能够保证教材的难易合理、语料科学、习题丰富。

1. 语料库与教材内容难易度的把握

传统的翻译技术教材编写，较多地依赖编者的主观经验对教材的相关内容进行选择和安排，但实际上，这种编写方式的主观性比较强，很多时候，编者觉得简单的内容对于学生来说并不简单，掌握起来难度较大。所以，这种传统的编写方式的弊端是比较明显的。若要编写出真正适合学生使用的教材，就必须以客观的编写标准作为依据。在翻译技术教材的编写过程中，运用语料库进行分析，可以帮助编者更好地确定编写内容的难易程度。语料库及其相关的软件能够对作品或者语篇中的各种结构的使用情况进行统计，编者根据最终的统计数据，能够有效地判断不同内容的难易情况，然后根据由易到难的原则安排内容的顺序。以词汇翻译为例，在通常情况下，高频词汇的难度要大于低频词汇，这是因为高频词汇出现的场合较多，在不同的语境中表现出完全不同的意义，而低频词汇由于出现的语境比较固定，意义也比较固定。

除此以外，为了更好地发挥语料库对于翻译技术教材编写的价值，可以建设学习者翻译作品语料库，并以其作为一个重要的平台，对教材的难易程度进行评价。学习者翻译作品语料库主要对不同层次学习者的翻译作品进行收集和整理，并将翻译中所出现的各种错误进行明确标注，然后对这些错误进行分类，归纳出具体的特征和频率，这样一来，该语料库就能够作为确定翻译技术教材内容难易度的重要依据。

2. 语料库与翻译实例的选择

在编写翻译技术教材时，翻译实例的选择至关重要，它将直接影响翻译技术教材的质量。翻译实例的选择，既要题材广泛，又要真实新颖，具备较强的针对性，只有这样，才能够保证内容的实用性和针对性。平行语料库收录了数量巨大的双语语料，且文体多样、题材广泛，能够为翻译技术教材的编写提供丰富的实例。编者在编写教材的过程中充分利用平行语料库，不仅可以获得大量针对性和实用性强的实例，而且可以大大减少工作量，提高编写效率。

3. 翻译练习设计

分析中国当前的翻译技术教材可以发现，很多教材中的翻译练习设计都存在问题，如习题形式单一、题量不足、习题搭配不合理、习题取材范围狭窄等。大多数的翻译技术教材在每讲解过一个翻译技巧之后，为强化学生的理解和记忆，都会设置一定的翻译习题。这固然能够起到巩固作用，但是这样反复出现的习题，很容易使学生产生枯燥感和厌倦感，长此以往，学生的学习兴趣丧失，翻译能力自然也就无法提高。所以，在翻译技术教材编写的过程中，编者必须对练习题的设计足够重视，不仅要重视习题的数量，也要重视习题的质量，力求设计的形式多样化、内容趣味化，最大限度地激发学生的学习兴趣，促进学生反应力的不断提升。编者可以从平行语料库中选择更多的典型的语料作为翻译练习题，这样既方便快捷，又能保证练习题的丰富性和多样性。

第六章　翻译教学方法的科学运用

在科技信息日新月异、国际交往日益频繁的今天，社会对外语人才，尤其是翻译人才有了更高层次的要求。在高科技与信息化给翻译教学带来极大挑战的背景下，翻译教学界开始认识到传统翻译教学法在当前形势下的种种不足之处，开始重新定位“教”与“学”的关系，逐渐从“以教师为中心”向“以学生为中心”转变，并强调对学生学习模式的影响，使学生从“要我学”变为“我要学”。同时，翻译教学也逐渐开始由“按照单词—词组—语句—语篇的顺序，来讲解一些翻译技巧”的“自下而上”的教学模式转向“以对比语言学为基础、以篇章翻译为主线”的“自上而下”的教学模式，继之在翻译教学领域出现合作教学法、任务型教学法、互动教学法等更是不一而足。

需要注意的是，尺有所短、寸有所长。不论是哪一种教学方法都会有自己的优势，都不能片面地否定其他的教学方法，而不论哪一种教学方法，都应该本着翻译教学的最终目标——培养和提升学生的翻译能力来进行。

第一节　合作学习法的运用

20世纪中叶，许多学者提出以学生为中心的教学新理念，建立在该理念之上的“合作学习法”作为一种全新的教学方法，被应用于多种课程教学中，并取得了良好的效果。合作学习理论主张将不同能力和特点的学生划分为若干小组，通过开展多种学习活动，促进学生对所学科目的理解。在合作学习中，教师与学生的角色、作用与传统教学有所不同，它是以学生为中心，教师起辅助与管理引导作用。只有当所有小组成员都达到了预期的学习目的，才能算是真正完成了学习任务。教师将合作学习形式运用于翻译教学中，极大地增强了学生学习的积极性，提高了学生的翻译能力。

一、合作学习法概述

（一）合作学习法的定义及其基本要素

1. 合作学习法的定义

所谓合作，是指个人与个人或者群体与群体之间基于一个相同的目标而采取一定的群体规范，共同行动，积极配合的方式。因此，合作学习法就可以这样来定义：它是一种以一个学习目标为导向，以生生、师生、师师之间的协作为基本动力，以小组为表现形式，以小组成员之间的学习活动为主体，以团体总成绩为评估依据的学习方式。①

2. 合作学习法的基本要素

合作学习法的基本要素归纳起来有三个：①小组活动。没有小组活动就没有合作学习。小组活动是指包括明确的学习活动时间、明确的学习活动目标、明确的学习活动任务、各个组员间的明确分工、真实详尽的学习活动反馈的活动。②相互支持。组员间的利益是联系在一起的，每个成员的学习行为都会对整个小组的学习造成不可忽视的影响，因此组员之间必须在心理、资源等方面相互支持，使整个小组的利益最大化。③组员间的人际交往技能。良好的小组氛围影响着学习目标的实现，因此组员应该掌握一定的人际交往技能，以便创设良好的氛围。这就要求组员之间彼此信任、积极沟通以及正确地处理冲突，这些都是人际交往技能的表现。

（二）合作学习法的理论基础

1. 动力理论

动力理论是由格式塔心理学家勒温（Lewin）提出的。动力理论将合作小组看成一个动力整体，这个小组的统一目标能够带给组员一定的学习动力。组

---

① 王静.大学英语教学中小组合作学习的应用分析[J].科学大众（科学教育），2018（06）：147.

员的利益是连在一起的，并且小组间的竞争也有利于组员提高为共同利益而奋斗、对抗竞争对手的意识。组员之间的学习行为也是相互影响的，因为组员的努力程度和学习状态容易受到其他组员的影响，因此，只有每个成员都将自己的能力和努力发挥到最佳水平，才能最大限度地实现学习目标。

2. 选择理论

美国心理学家威廉·格拉瑟（William Glasser）创造了选择理论。他认为人的一生有多种需要，如合作的需要、归属的需要、与人分享的需要、爱的需要以及关心他人的需要，人们会尽量去满足它们。而合作学习正好满足了这些需要，因为成功的合作学习在某种程度上会使人获得归属感、爱以及分享的喜悦感。

二、合作学习法在英语专业翻译教学中的科学运用

合作学习法强调学生个体之间的相互支持和配合，进行的是互动式、协作式的学习，为不同层次的学生提供了参与学习的机会，促进了师生之间、生生之间的交流和沟通，也培养了学生的自主学习能力和团队合作精神。翻译教学中的合作学习法应包括以下几个步骤。

第一，教师精讲。教师要把握翻译课的教学目标和学习要点，精要地讲解翻译教学内容中的重点、难点和技巧，为合作学习做好准备。

第二，学生参与。教师要把班上同学分成几个组，以6～7人为宜，选出一名组长，确定组长和组员的职责，由组长组织本组组员按照教师的要求开展工作。

第三，小组讨论。各小组领到任务后，要组织组员就主题内容进行交流和讨论，并发表自己的见解，互相交流信息和思想，选出最佳答案。在此过程中，教师可做适当的引导和帮助。

第四，小组报告。经过组员的讨论后，由组长或选派出的某个组员代表小组发言，在班上汇报本组讨论的结果。

第五，分析评价。教师要客观公正地对小组报告进行分析与评价，采用科学的检测指标和评分标准来检验学生的合作学习成果。这就要求既要发挥合作学习的作用，也要体现个人努力的过程。

合作学习法在翻译教学中处处可寻，贯穿在整个翻译教学过程中。

（一）课前的合作学习

教师在上第一节课之前，可让学生谈谈对翻译的初步认识和了解，如希望在翻译课上学到什么内容、想让自己的翻译水平达到哪个层次、对翻译课有何具体要求与疑问、在哪些文体上需要加强训练等，让学生分组讨论后以书面形式上交教师。教师可根据学生反映的较为普遍的问题，结合自己的教学经验和该学期的教学目标确定教学进度计划和内容。教师还可将某些教学内容在上课之前发给学生做预习准备，让学生分组讨论，并让学生注意翻译中涉及的英汉两种语言表达的不同，完成从读者到译者的过程。教师还可让学生在课前以个人形式完成翻译材料中好词佳句的摘录工作，包括名人名言、谚语、格言、警句、小说、散文或诗歌中的片段等，然后分小组在课前进行介绍交流，选出小组中的最佳代表与作品进行课内展示。

（二）课内的合作学习

1. 陈述报告

教师可以让学生在翻译课堂上做陈述报告，这是一种锻炼学生综合能力的重要形式。教师可根据具体情况确定做陈述报告的次数。笔者的做法是将班上学生按6～7人分成几个组（从性别、学习层次及性格等方面进行搭配），每组由一名组长负责，按组次轮流在每次翻译课上做一次。教师对这样的小组活动要有说明要求、指导方法及注意事项等，杜绝学生偷懒，避免走进学习的误区。课堂上的陈述报告是学生在课前选出的最佳代表和作品，学生在展示翻译材料之前可适当介绍一下背景知识，然后请同学们就材料本身进行分组讨论，提交自己的译文。这种训练方式既培养了学生的听说能力，又提高了学生的翻译能力，锻炼了学生的社交能力。

2. 小组讨论

合作学习法不但需要小组成员之间互相交流思想和信息，还需要互相合作后确定一个或多个讨论结果。小组讨论比较有利于培养学生对教师、同学及翻译材料的正确认识，在交流中体会到与同学合作的乐趣，促进交际水平的提高。在这一环节，教师确定讨论的内容，可讨论某次翻译作业、某个话题、某个语篇等，要求组内成员有分工也有合作，先完成自己承担部分的任务，再与其他成员对接，积极参与到讨论、提问和回答问题中来。教师要给予一定的时间限制，在控制时间范围内一般不要中途打断学生的发言，以免挫伤学生的学习积极性，但一旦发现讨论偏离了主题，教师就要及时介入，将学生的思路带回到主题中，保证小组讨论的有效性。

3. 小组练习

翻译教学是一门理论与实践相结合的学科，教师在讲完一些翻译理论和技巧后，就要有意识地给学生布置一些翻译练习让他们在课堂上完成。教师可结合学生实际，选择一些既能吸引学生兴趣又能达到练习目的的课内外材料，如一些具有代表性的段落或篇章等，要求学生经历人人准备、共同讨论、集体修改、汇总定稿的过程，让学生真正做到相互学习、取长补短、集思广益。在练习过程中，教师还要指导他们正确地使用工具书，提高翻译速度，训练全译、摘译及编译等方面的能力。

4. 小组评价

评价是学习过程中的一个十分重要的环节，让学生参与评价，不仅可以改变他们在传统教学中的被动地位，还可以使他们从评价中得到启发，找出改进的方法，提高翻译能力。小组评价就是让学生们相互交换翻译练习或作品并提出修改意见和建议的小组活动。通过评价和批改可以加深学生对错误的认识，增进学生之间相互的学习和交流，锻炼学生发现和解决问题的能力。小组评价还能使学生由被动接受知识转变为主动学习知识，这有助于发挥他们学习的积极性和创造性，在不断完善译文质量的同时，还可以适当地减轻教师逐个批改作业的负担。

5. 讲评总结

教师对每组学生的翻译练习要给予讲评，把练习中出现的普遍性问题在课堂上重点讲评，讲评时指出问题出现的原因，并不断总结规律，寻求解决问题的最佳策略。教师既要帮助学生发现错误、纠正错误，又要肯定学生译文的可取之处，还可印发优秀的翻译作品，供学生借鉴和学习。教师要让学生正确地理解英语在语言表达上与汉语的差异，多给予学生鼓励和引导，帮助其树立自信心，提高翻译能力。教师在讲评中还要不断总结学生每次合作学习的优势和不足，制定合理的“合作原则”，提高合作学习的效率。

（三）课后的合作学习

课堂上的时间十分有限，有时对一些在课堂内处理不完的翻译材料可以在课后解决，课后的合作学习是课内合作学习的延伸和发展。在课后的合作学习中，教师可让学生完成以下几个方面的内容。

1. 理论学习

教师把翻译的基础理论知识、翻译界的最新动态、翻译研究的发展与方向等材料发给学生，让学生分组讨论教师提出的问题，写成书面报告，上交教师审阅。学生可从中了解到一些与翻译相关的知识，从而拓宽翻译学习的视野。

2. 佳作赏析

给每个小组推荐翻译名家的作品，如小说、戏剧的片段、散文、诗歌等，让学生阅读和鉴赏译文佳作，体会翻译的“美”，以此提升学生的文学素养，为进一步学好翻译奠定语言基础。

3. 小组辩论

辩论是一种极具挑战性和竞争性的活动，在一定范围内开展小组之间的辩论可以锻炼学生的思辨能力与语言表达能力。教师可以利用课余时间组织两个小组进行翻译辩论，其他组的同学当听众和评判员，这样会使全体学生受益匪浅。

4. 竞赛活动

开展翻译小组之间的比赛能激发学生的学习兴趣，使学生通过竞争来发现问题，提高合作学习的效果。教师要给胜出的小组一定的奖励，让其体验成功的喜悦，对失败的小组也要鼓励，希望他们在失败中总结经验，为下一次竞赛的成功做好准备。

（四）应用合作学习法应注意的问题

在合作学习法实施的过程中，教师应该注意以下几个方面的问题：选择适当的时机，合理构建学习小组，培养学生独立思考的习惯，培养学生分工合作的习惯，培养学生正确交流的习惯。这几个方面的问题基本上把合作学习中教师应注意的问题包含在内了。除了教师应该注意的问题之外，合作学习中学生也应该注意一些问题，主要有以下几项。

1. 个人与小组的关系问题

个人是小组的一员，因此，在合作学习中，个体需要依存于整体，独立于整体之外的个体的学习不是合作学习。但在合作学习中，我们也不能完全否认个体独立的重要性，因为整体也是由单独的个体构成的。因此，合作学习中的个体与小组之间的关系问题其实就是独立与依赖的关系，个体需要相对的独立，但也必须积极地依赖整体。

2. 个人目标与小组目标的关系问题

翻译教学的目标是提高学生的翻译能力，是针对学生整体而言的。但对于学生个人来说，他们需要将整体目标转化为自己的个人目标，也就是说，单个的学生所需要实现的目标是提高自己的翻译能力。但在合作学习中，任何个人的学习目标都必须服从于小组的整体目标，任何人都不能独立于小组之外，一是因为合作学习的检验标准及评判标准是针对小组的表现，而不是个人的表现；二是因为合作学习的实施目的是通过合作来实现所有学生的集体提高。当然，合作学习绝不是否认个体目标的实现。因此，可以认为，在合作学习中，个人目标应该依存于小组目标，应该服务于小组目标。

3. 自主学习与合作学习的关系问题

合作学习以提高整体成绩为目标，以合作学习为方式，小组成员之间必须通过合作的方式才能实现学习目标。在合作学习过程中，小组成员必须相互合作、互相帮助，以团结互助的方式开展学习活动。但这并未否认自主独立学习在其中的重要性，因为只有个体在掌握了一定的知识和信息之后，才能有效帮助别人，而个体掌握知识和信息的有效方式之一就是自主学习。也就是说，自主学习与合作学习应该是相互支持的关系，而不是相互排斥的关系，自主学习也是为了更好地进行合作学习。

4. 合作与竞争的关系问题

学习小组的组建应该以“组内异质，组间同质”的原则和标准进行，目的是更好地促进组员之间形成合作，通过相互帮助、传授、带动等方式来实现小组成员的共同提高。同时，通过小组之间的竞争可以增强学生的竞争意识。这种组内合作、组间竞争的格局一方面有利于培养学生的团队精神，促进学生之间的合作；另一方面也可以通过相互评比、竞争来提升学生的学习积极性。由此可知，合作学习中的合作与竞争是相对的，合作是为了更好地竞争，竞争也是为了以后更好地合作。

第二节　任务型教学法的运用

翻译工作是不同语言文化群体之间进行沟通和交流的基础，尤其是在当前各国经济文化交流越发密切的情况下，翻译工作受到了越发广泛的关注，而且在翻译过程中不再单纯强调语言的简单转换，更要求通过相应的翻译技巧实现不同文化背景下思想情感的有效传达，以确保译文的内容能够尽可能与原文一致。当前，翻译教学中存在很多问题，影响了教学的有效性，将任务型教学法应用到翻译教学中，可以解决其中存在的问题，是提高翻译教学水平和学生翻译能力的一种非常有效的途径，应该得到足够的重视。

一、任务型教学法概述

（一）任务型教学法的内涵

任务型教学法是指在教学活动中，教师设计出具体的、可操作性的任务，学生通过表达、沟通、交涉、解释、询问等众多语言活动形式来完成教师布置的任务，以达到学习和掌握语言的目的。任务型教学法是在吸收以往多种教学方法优点的基础上形成的，它和其他的教学法相辅相成，共同促进，彼此之间并不排斥。

任务型教学法是外语教学界提出的“过程教学大纲”的产物，其基本观点是通过课堂教学让学生完成某些任务，使外语学习者自然地习得语言。任务型教学法旨在把语言教学真实化，把课堂活动社会化。通过教学任务的学习，而非单独依靠一套教材、书本练习或者教师讲解，可以使学生体验到教师是如何运用语言做事或处理矛盾的。换言之，在课堂上，教师通过给学生设置任务，让他们设法用所学语言去解决问题、克服困难，从中学会处理人际交往之间的信息偏差、推理偏差与观念偏差等问题。

任务型教学法所强调的是学生的习得过程及知识建构过程，要求学生由外部刺激的被动接受者和知识的灌输对象转变为信息加工的主体、知识意义的主动建构者。教师在设计任务时应将自己由知识的传授者和灌输者转变为学生主动建构意义的帮助者、促进者，鼓励学生以交流参与的学习方式进行学习。在教学活动中，教师应当围绕特定的、符合真实生活的交际和语言项目，设计出可操作的、实用的、趣味性较强的、连贯性的任务，引导学生通过各种语言活动形式来完成教学任务，以达到学习和掌握语言的目的。

（二）任务型教学法的构成要素

1. 目标

如同日常生活和工作中的任务一样，教学任务首先必须具有明确的目标，即教学活动应该具有较为明确的目标指向。这种目标指向具有两重性：一是任务本身要达到的非教学目的；二是利用任务所要达到的预期的教学目的。例如在案件侦破任务中，其非教学目的便是根据不断增加的线索进行判断推理，直至最后找出罪犯。但是，任务教学所期望达到的教学目标，则是通过完成任务的过程，体会该过程中所产生的语言交流感受，进而增强学生的语言意识，提高学生的交际能力，并使学生在语言交际过程中学会应用诸如表示假设、因果关系或“肯定”“可能”“也许”等的词语。由此可见，在运用任务型教学法的过程中，教师应该更多地关注它的教学目标。

2. 内容

任务型教学法的这一要素可简单地表达为“做什么”。任何一个任务都需赋予它实质性的内容，任务型教学法的内容在课堂上的具体表现为学生需要完成的具体行为和活动。

3. 程序

任务型教学法的程序是指学生在完成某一任务过程中所涉及的操作方法和步骤。任务在一定程度上表现为“怎样做”，它具体包括任务序列中某一任务所处的位置、先后次序、时间分配等内容。

4. 输入材料

输入材料是指学生在完成任务的过程中所使用和依据的辅助资料。例如上文提到的案件侦破任务，就需要在若干张纸条上打印一系列线索材料。完成任务的过程需要从第一条线索的推理和讨论开始，在不能得到肯定的结论时，依次增加线索，直至真相大白。输入材料既可以采取语言形式，具体如新闻报道、旅游指南、产品使用说明、天气预报等；又可以采取非语言形式，如一沓照片、图表、漫画、交通地图、列车时刻表等。尽管并非所有课堂任务都要使用或依据此种类型的输入材料，但在任务型教学法的设计过程中，提倡运用此种类型的材料，可以使教学任务更具有操作性，同时，能够更好地使教学任务与教学相结合。

5. 教师和学生的角色

任务型教学法并非都要明确教师和学生在教学任务中所要扮演的角色，但教学任务大多会暗含或反映教师和学生的角色特点。教师既可以是教学任务的参与者，也可以是教学任务的监控者和指导者。在教学任务的设计过程中，教师需要考虑为自己和学生做出明确的角色定位，以使教学任务能够顺利高效地完成。

6. 情境

任务型教学法的情境要素是指教学任务所产生和执行的环境或背景条件，具体包括英语的日常交际语境，同时也牵涉课堂任务的组织形式。教师在教学任务的设计过程中，应尽量使任务情境接近于真实，以提高学生对语言和语境之间的关系意识。

（三）任务型教学法的理论基础

任务型教学法的理论依据是多方面的，主要有语言习得理论、社会建构理论和课程理论。

1. 语言习得理论

语言习得理论是任务型教学法的重要理论依据，尤其是第二语言或外语的习得理论，与任务型教学更是有直接的关系。习得一般是指在使用目的语的社会环境中，通过交际活动或准交际活动，获得语言知识和语言能力的活动，学习者的注意力集中于表达思想和语言所表达的信息上，这跟传统课堂教学偏重于语言形式的传授，通过让学习者模仿和练习来掌握语言知识和语法规则是大相径庭的。当然第二语言或外语的习得理论的研究，也有一个不断认知的过程。从基于行为主义“刺激—反应—强化”理论的对比分析假说，到学习者自己创设并改进语言系统的中介语假说，以及建立在偏误分析基础上的内在大纲和习得顺序假说，都在努力探求和研究习得第二语言或外语的内在规律，同时都发现在课堂教学中，即使学习者掌握了语言的形式和法则，也不一定能准确无误地在实际中使用，必须让学习者参与大量的社会交际活动，在语言实践中发展自己的语言系统。也就是说，掌握语言的最佳途径是让学习者做事情，即完成各种任务。当学习者积极地参与用目的语进行交际的活动时，语言也被掌握了。当学习者所进行的任务使他们当前的语言能力发挥至极点时，习得也提升到最佳程度。

2. 社会建构理论

社会建构理论作为建构主义学习理论的重要组成部分，也是任务型教学法的重要理论依据。建构主义学习理论强调以学习者为中心，主张由学习者在一定的社会文化背景（即一定的情境）下，利用必要的学习资料，通过与他人的交往和协作，建构对客观事物的主观理解，以图式或认知结构储存于记忆中。

它反对现成知识的简单传授和学习者的被动接受。由此，建构主义学习理论把“情境”“协作”“会话”“意义建构”列为语言学习的四大要素。其中“情境”是学习的条件，“协作”与“会话”是学习的手段，“意义建构”是学习的最终目标。“意义建构”是指事物的性质、规律以及事物之间的内在联系。如果教师能够激活学习者的内在知识系统，帮助学习者思考和探究，从而完成对客观事物的“意义建构”，就能促进其语言的进步和发展。

龚亚夫、罗少茜在《任务型语言教学》中将社会建构理论归纳为六个方面：自律（自己控制和调节）、自我（自己根据理解来建构意义）、自信（自己相信能完成任务）、自主（自己确定目标、任务和学习内容）、自择（自己选择学习策略，形成自己的学习风格）、互动（在与他人的交往或交流中掌握语言）。从这六个方面我们能够综观社会建构理论的全貌，也可从中看出任务型教学法的端倪。可以说，任务型教学法正是在社会建构理论的基础上发展起来的。

3. 课程理论

心理学和教育理论的发展，推动着课程理论的发展和变化。1996年，范·利尔（Van Lier）创立了一种设计课程的新理念：“3A课程观”。所谓“3A课程观”，主要是指意识（awareness）、自主（autonomy）与真实（authenticity）。这种课程观一改过去着眼于教师的做法，而从学习者的角度去考虑课程内容的设立，在此基础上构建更有特点的学习方法。所谓“意识”，是指学习者有意识地关注所学的内容并参与有关活动，把所学内容与已有的知识结构、生活经历联系起来，即用已知、旧知去同化和接受新知、未知。所谓“自主”，是指学习者自己选择学习内容和学习任务，自己决定完成任务的方式，积极地调动自身的学习责任感和积极性，专心致志地关注自己所学的知识，加强自己的驱动力，发挥学习的主动性。所谓“真实”，是指学习者在真实的环境中参与真实的活动，表达真实的思想和感受，使学习活动始终处在真实的情境、真实的目的和真实的交流之中。“意识”“自主”“真实”三者是紧密相关的，学习者只有有意识地参与真实的活动，并且对自己的学习进行积极反思和调控，才能真实而有效地习得和掌握语言。而从范·利尔的课程理论脱胎而来的任务型教学法，则强调语言活动尽可能结合学习者本人的生活经历和知识积累，提倡由学习者来选择和完成任务，鼓励学习者表达自己的真实感受和真实经历，可谓异曲同工。

（四）任务型教学法的特点与原则

1. 任务型教学法的特点

任务型教学法具有下列一些特点。

（1）以任务组织教学

任务要具有明确的目标指向，不仅要达到预期的语言教学目的，还要达到一定的非教学目的。比如设计电话预订出租车的情境，学会运用话语叫车是预期的任务目标，而成功叫来了出租车是非教学目的。

（2）通过交流来学会交际

任务具有交际性和互动性，可以培养学生的人际交往能力，同时有利于学生在参与、交流、合作的过程中以交际任务带动学习。例如，营造一个接待来访者的场景，学习者通过接待、寒暄、交谈，掌握了与来访者打交道的技能，同时掌握了说话的技巧。

（3）调动学生个人的生活经历和已有的目的语资源

在学习活动中，学生凭借这些资源，感知、接收和应用目的语。例如，参加足球赛啦啦队，学生有观看球赛的经历和掌握有关体育运动的目的语话语，因而很快学会了“加油”“传球”“角球”“射门”“罚球”等词语。

（4）在实践中学，在应用中学

将课堂内的语言学习与课堂外的语言活动有机地结合起来，摆脱单纯的语言学习和语言练习，使语言教学成为有语境、有意义、有交际目的的语言实践。

2. 任务型教学法的原则

根据上述的一些特点，任务型教学法必须贯彻下列几项原则。

（1）言语、情境真实性原则

这个原则是指在任务设计中，尽可能创设真实（即学习者的实际生活）或接近真实（即贴近生活）的情境或场景，不仅交际活动是真实的，所用的交际语言也是真实的。这样，学生在完成交际任务的过程中，对所接触和加工的语言知识和语言信息就能进行有效的接收和应用。

（2）形式与功能性原则

这个原则是指任务设计要在真实性的基础上，注重语言形式和功能的结合，使学生明确所学的语言形式与功能之间的关系，在完成任务的活动中，不仅能掌握语言形式、理解语言功能，而且能获得将语言功能应用于交际中的感受和能力。这就消除了传统语言练习脱离语境、脱离功能、单纯注重形式训练的弊端。

（3）任务的连贯与相依性原则

这一原则是指注意学习单元中任务与任务之间的关系，以及课堂实施任务的步骤和程序。所设计的一组或一系列任务之间，不是毫无关系的任意堆积，而是连贯的、有层级的，从简到繁，由易到难，互相衔接，呈阶梯形层层递进，并统一在一定的目标指向上，使学生一步步达到预期的教学目的。

（4）在做中学原则

这一原则是指学生在完成具体的任务活动中习得语言，也就是说，要引导学生通过参与和完成一定的交际任务学习和积累目的语语言。它并不排斥学习语法规则和记忆单词，但它不主张从教师的单纯讲解中获得，而是在使用中感受和内化。“在做中学”的另一优点，是使学生把陈述性知识和程序性知识的转化紧紧地结合和联系在一起，学得扎实，学得牢固。

（5）脚手架原则

这一原则是指创造条件支持学生循序渐进地逐步向预期目标攀登。这就像建筑楼房的脚手架一样，让学习者既能攀高，又能在产生成就感的同时获得安全感。

二、任务型翻译教学法的教学结构

任务型翻译教学法的教学结构主要包括任务准备、任务导入、任务实施、任务巩固四个基本环节。这四个基本环节是贯彻教学原则、完成教学任务的有效保证，是既相对独立，又相互衔接、相互影响的有机结合整体。教师在实际操作中要注意它们之间的相互联系和制约。

（一）任务准备环节

任务准备环节主要是指教师从学生的需要和兴趣出发，结合社会对翻译人才的需求，根据学生不同层次和水平，精心设计各种任务。任务的选择和设计是该方法得以顺利进行的关键，其具体设计应符合下列要求。

1. 任务涵盖的范畴应广泛

任务涉及的领域应从传统的文学作品翻译扩展至经贸、科技、外交、军事翻译等领域。任务的范畴还应囊括翻译理论与技巧的学习，即教师应根据专业特点、社会需求和学生的认知现状选择一些理论和技巧引导学生学习，让学生有意识地运用理论指导实践。另外，任务的设计还应注意语言形式与意义的结合。

2. 任务的内容应具真实性或类似真实性

任务的内容应贴近学生生活和学习经历，与现实世界有某种联系。这种联系不是笼统的，而是具体的，能引起学生的共鸣和兴趣，激发学生积极参与的欲望。所涉及的情境和语言形式等要符合实际的功能和规律，使学生在一种自然、真实或类似真实的情境中体会翻译知识和技巧的应用。

3. 任务的难度应根据学生的实际水平，由易到难，重视个体差异

教师应利用问卷调查、水平测试、座谈交流等多种形式了解学生的实际水平，以此为基础设计学习任务。任务的设计应反映学生的认知规律，由简单到复杂，层层深入，前后相连，形成由初级任务向高级任务以及高级任务涵盖初级任务的循环，构成“任务环”，使教学呈阶梯式递进。

4. 完成任务的形式应具多样性

学生可采取自主、结对或小组协作等形式完成任务，可通过传统的图片、纸质材料等形式完成任务，也可大量运用现代技术，通过录像、光碟、多媒体课件、网络论坛等电子材料形式完成，还可以通过参与具体的社会实践来完成。

（二）任务导入环节

在任务导入环节中，教师按照任务设计，利用图片、录像、背景材料等创设情境，做一些激发学生学习兴趣的“热身”活动，以吸引学生的注意力，让学生在十分活跃、轻松愉快的气氛中进入翻译学习。在这个过程中，教师要恰当地呈现完成任务所需的关键性知识和技巧、为学生提供必要的输入，介绍任务要求和实施步骤，为后续环节做好铺垫。任务导入环节主要分以下几个步骤进行。

1. 在实施学习任务之前，教师应引导学生复习与任务有关的、已掌握的知识和技巧

教师应尽量激活学生与任务相关的背景知识，减轻其认知加工负担，为学生开展学习任务扫清障碍。教师可采用多种方式引导复习，如课堂提问、经验交流、多媒体课件展示等。

2. 对学生不熟悉的有关学习任务进行提示

例如，提示任务中所涉及文体的特定翻译技巧、所涉及的某些关键词的翻译等。介绍的内容与任务的完成密切相关，介绍的方式根据教学实际可以是直接的、明确的，也可以是间接的、含蓄的。

3. 教师应明确学习任务的目标

教师向学生布置学习任务，使其理解、明确任务的内容、目标、完成时间以及完成后应取得的成果等。教师在布置学习任务时的指令性课堂语言一定要简单明了，学习任务的目标越具体越好。

（三）任务实施环节

任务实施环节强调“做中学”的原则，让学生为特定的学习目标去实施特定的任务，通过完成特定的任务获得积累翻译知识的技巧。教师可利用国内外的学术会议、记者招待会等活动的同传录像、光碟等模拟翻译现场，引导学生从事互译实践，让学生通过完成任务提高翻译能力。该环节主要由执行任务、准备报告和汇报评价三部分组成，学生之间、师生之间可以采取不同的交互方式，各自扮演不同的角色。

1. 执行任务

学生以个人、结对或小组的形式执行各项任务。

任务型翻译教学方法要确保每个学生都有事做，每个学生在任务完成过程中都应有明确的分工，都应有大量从事翻译实践的机会和充分表现自己的机会，每个学生都应参加具体的任务活动。教师监督、鼓励学生参与学习任务，但并不直接讲授，而只是提出思考方向，让学生自己探索，或指出几种可能，由学生自主判断。

2. 准备报告

学生准备以口头或书面的方式，向全班或小组报告任务完成情况和任务完成结果。

3. 汇报评价

学生向全班或小组报告任务完成情况和结果。在此基础上，以学生自评、小组互评、教师总评等多种形式，多层次、多角度地比较、分析、评价、补充学生任务完成的结果，总结翻译知识与技巧，探寻翻译规律。教师可扮演主持人的角色，并挑选发言者，对学生完成任务取得的成绩及时予以肯定，尊重学生的意见，鼓励学生的创造性，并提醒学生注意语言形式与意义的结合。①

（四）任务巩固环节

任务活动不能仅限于课堂教学，还应延伸到课堂之外，以巩固旧知、预习新知，这是任务型翻译教学方法的最后环节，即任务巩固环节。该环节是学生完成翻译知识迁移，将所学知识灵活运用于实际生活的关键，主要有课外作业与第二课堂两种形式。课外作业和第二课堂的内容都应与课堂学习任务以及学生生活经历有关，这样既可以复习和强化学生所学知识，变机械学习为有意义的学习，又能为他们提供展示个性和能力的舞台。

1. 课外作业

根据课堂任务内容及学生生活经历，教师向学生个人或小组布置课外作业，使课外作业与课堂教学融为一体。作业题材应适量、多样化、遵循学生的认知规律，难易适度，具有针对性和开放性，能对教学起到反馈作用。教师可向学生推荐参考文献，指导他们课外阅读与课堂任务有关的资料，也可提供与课堂任务有关的内容让学生在课外继续巩固练习等。

2. 第二课堂

第二课堂的内容应新颖，但不应是不切实际地凭空安排，而应与课堂任务内容及学生生活经历紧密相关，能巩固课堂任务内容、顺应学生主观愿望、增强学生的思维活力和创造能力。第二课堂的形式应灵活多样，教师可通过组织学生举办翻译竞赛、向报纸杂志投稿、参加各种翻译社会实践等多种形式，为学生提供和创造广阔的学习、实践环境。

三、任务型教学法下的翻译教学模块设计

任务型教学法的基本要素包含目标、内容、程序、教师和学生的角色、情境等。按照这些基本要素来规划和实施翻译教学模块，这是新时期翻译教学可持续发展的必然选择和发展趋势。模块化翻译教学以翻译能力培养和输出为中心，颠覆传统的以翻译知识灌输为特征的翻译教学模式，强调知、行、练三者合一，在翻译实践中构拟知识和反思学习，是技能型教育教学所无法比拟的。

---

① 赖春彩.基于任务型教学法的英语阅读教学研究[J].吉林广播电视大学学报，2020（07）：122-123.

（一）翻译教学目标模块构建

翻译教学是以培养应用型外语人才为目的的，一方面，它要培养和提高学生语言综合运用能力；另一方面，它要培养学生的社会实践翻译技能。翻译教学是一项涉及综合性技能训练的活动，在设计翻译教学目标模块时，由于翻译教学整个过程涉及源语语言，有必要对词汇、句法、修辞、文体、文化等要素加以模块化设计，以提高学生的外语水平以及外语基本技能、基本素养。由于翻译教学目标模块涉及各种文体和学科，因此，有必要对文学、工学、管理学、历史学、社会科学、自然科学等学科加以模块化设计，以便丰富和完善学生的知识结构和知识层次，实现复合型人才培养的战略目标。翻译教学还涉及汉语语言的运用，汉语语言模块是翻译教学目标模块的有机组成之一，有利于加强对学生汉语能力的培养，提高学生对本族语言文化的认识、理解和深化，以提高学生的语言潜能。

（二）翻译教学内容模块构拟

在翻译教学实践活动中，当翻译教学目标模块搭建以后，接下来，就必须构建翻译教学内容模块，以利于翻译教学任务即翻译教学行为和翻译教学活动的实施和完成。

翻译教学内容模块可以分为翻译教学理论模块、翻译教学技能模块和翻译教学实践模块，各模块可以有自己相对应的课程模块。其中，翻译教学理论模块主要有翻译概论、英汉比较及翻译等课程模块，翻译教学技能模块主要有计算机辅助翻译（CAT）、外宣翻译、文化翻译、生物翻译、科技翻译、公示语翻译等课程模块，翻译教学实践模块主要有翻译工作坊、翻译案例分析、翻译实践报告、同声翻译等课程模块（见表6-1）。

表6-1　翻译教学内容模块层次结构

翻译教学类型	翻译教学模块	对应翻译课程模块
翻译理论教学	翻译教学理论模块	翻译概论、英汉比较及翻译
	翻译教学技能模块	计算机辅助翻译（CAT）、外宣翻译、文化翻译、生物翻译、科技翻译、公示语翻译
翻译实践教学	翻译教学实践模块	翻译工作坊、翻译案例分析、翻译实践报告、同声翻译

任务型教学法应用在翻译教学之中，就是要把翻译教学行为和翻译教学活动这一根本任务付诸实施。我们在构拟翻译教学内容模块时，要遵循语言学

习的规律，充分考虑翻译语言输入技能与翻译语言输出技能之间的匹配度和共生共长的关系，必须结合自身优势和翻译市场需求构建出具有特色的翻译教学内容模块化课程体系。另外，要突出翻译教学内容模块化的主线，通过这条主线，各个模块所蕴含的翻译能力、翻译技能与翻译实践素养得以活灵活现地彰显出来。

（三）翻译教学程序模块设计

任务型教学法的核心就是强调任务的设计与实施。根据翻译教学行为和翻译教学活动，我们可以把翻译教学程序模块划分为宏观翻译教学程序模块和微观翻译教学程序模块。就宏观层面而言，就是要设计翻译教学测试模块、翻译教学大纲的修订模块、主要翻译课程模块以及与翻译活动过程有关的翻译教学活动组织模块、反思模块与评估模块，宏观翻译教学程序模块覆盖翻译教学整个过程。而微观翻译教学程序模块与每一个单元的教学活动是息息相关的，它包含翻译教学前准备工作模块、翻译活动的先后序列安排模块、各教学模块的时间分配模块、不同翻译能力的分章节训练模块、翻译综合训练模块、译后的自我训练提高模块以及翻译资料的归类与整理模块等。

翻译教学程序模块设计必须服从和服务于翻译教学目标，必须与翻译教学目标相契合，针对不同的翻译教学条件、教学目标、教学对象、教学特色和教学内容，选择多种不同的教学程序。

（四）教师和学生的角色模块定位

作为一个独立的行动者，从事翻译教学的教师在翻译课堂教学中通常扮演着多重角色。在传统教学模式中，从事翻译教学的教师是翻译教学课堂活动的主体，主要讲授和传递翻译知识和翻译技巧。而在任务型教学法中，从事翻译教学的教师除了讲授和传递翻译知识和翻译技巧外，还担负着翻译课堂教学组织者、引导者、评价者以及管理者的职责。一方面，在翻译教学中，教师通过组织各种形式的活动和任务让学生积极参与翻译活动并能很快适应这些翻译活动，从而帮助学生完成对翻译知识的内化。教师要引导学生独立思考并探究解决翻译教学中存在问题的方法，帮助学生自主探索翻译理论和翻译实践语言，在翻译课堂中对学生的翻译语言形式和翻译理解能力给予多样化的评价。另一方面，在任务型教学法中，从事翻译教学的教师要督促学生完成课前的自主学习任务，在课堂上教师要适度管理，科学地调控课堂互动节奏，尽可能把话语权交给学生，以增强学生参与翻译教学的协作意识。

任务型教学法对于教师和学生在教学任务中所必须履行的角色都有明确的要求。在翻译教学活动中，教师一方面是翻译教学任务的实施者、参与者，另一方面是翻译教学任务的监控者、评价者和管理者。教师在设计与规划翻译教学任务时，务必对自身和学生在翻译教学活动中进行明确的角色定位，以便促进翻译教学任务高效地实施和完成，教师和学生的角色模块定位也应该是基于以上的考量来量身定做。

（五）翻译教学情境模块的规划

20世纪90年代，情境认知在西方国家兴起，这种教育理论就是要实现心理学与人类行为学之间的有机融合，其核心理念就是要注重知识与实践的联系性、学习的参与性。在实际教学活动中，教师应注重对情境认知理论的认识与理解，为学生设置并提供学习活动的情境，提升学生对知识的认知能力，提高学生在社会中的社交能力以及对社会的适应能力。

按照任务型教学法的理念，翻译教学情境就是指翻译教学任务所产生和执行的教学环境、教学背景、教学条件、语言交际的语境、翻译课堂教学任务的组织形式等。在规划翻译教学情境模块时，应尽量使翻译教学环境模块、教学背景模块、教学条件模块、语言交际的语境模块、翻译课堂教学任务的组织形式模块等接近于真实的环境，以提高学生对语言和语境之间关系的对接意识，激发学生参与翻译教学的积极性与主动性，提高翻译教学的效率与质量。同时，翻译教学情境模块的规划必须注重翻译知识与翻译实践之间的关联性，将知识与实践有机结合，通过学习情境中对翻译知识的学习，在实践中加以运用。

四、任务型教学法应用中应注意的问题

（一）学生的参与

学生是运用任务型教学法进行课堂教学的主体，是任务的实际参与者和完成者。其参与活动的广度和深度直接影响着教学的质量和效果。因此，在运用任务型教学法进行翻译教学时，可将任务的完成形式分成个人完成和小组完成两类，并充分考虑同一小组内的异质性，在小组成员协同完成任务的过程中，要分工明确，避免少数人“搭车”现象的发生。同时，教师要努力营造轻松、活泼的学习氛围，在学生完成任务的过程中尽量避免以权威的身份发表评论，而要以平等的态度和学生共同探讨问题的解决办法。教师应尽量挖掘学生在完

成任务过程中的闪光点，恰当地表达赞赏之情，以进一步激发学生参与的兴趣与热情。①

（二）任务的评价

对任务完成情况的评价可从三个维度入手：自我评价、小组评价、教师评价。对前两条评价结果的采集一般采用表格的形式进行，即当场发放评分表，要求学生以5级计分制的方式对自己在任务完成过程中的表现以及其他小组所展示的成果进行客观的评分。教师评价的依据是答辩环节对各个小组所做的陈述记录以及各个小组的最终译文质量。最终的评价结果是对这三者评分的综合。这种三维结合的评价方式既避免了单一主体评分的主观性，同时又督促学生对自己译作和其他小组的译作进行仔细的比较、鉴别，以利于引发其对翻译过程中某些问题的深入思考。

第三节　互动教学法的运用

学习就是一种互动的过程，是一种协作习得的过程。在翻译课程中采用互动教学法，符合人类对事物的认知。采用这种教学方法至少将会产生以下效果：①学生真正成为学习的主体和中心，有利于激发学生的兴趣和动机；②学生全程参与互动，有利于鼓励学生进行批判性思维，有利于学生形成个体的学习风格；③在互相协助的过程中，有利于学生消除学习中的紧张焦虑情绪，提高学习效率；④教师在互动过程中是协调者、促进者、资源顾问，能够帮助学生提升翻译能力。也就是说，教师最终让学生收获的，不仅是翻译的理论知识和具体的翻译技巧，也是独立的工作能力和翻译能力。

一、互动教学法概述

（一）互动教学法的定义

互动教学法是从交际教学法中发展而来的。通过互动，学生可以在听或者读一些语言材料时增加自己的语言储备，甚至可以通过和同学讨论、对话等互

① 富苏苏，李荣美.任务型教学法对大学英语翻译教学的启示[J].中国劳动关系学院学报，2012，26（04）：120-122.

动活动来增加语言输出。在互动过程中，学生可以使用他们所掌握的全部语言知识表达自己的真实意思。于是里弗（Liver）将它定义为：“互动教学法是一种语言合作活动，包括发出者、接受者和语言情境三方关系的建立。”互动教学法是一种多方位的互动，包括师生之间、生生之间和学生与环境之间的各种互动活动。

互动教学法不是单纯地让学生完成互动任务，而是让他们在这个过程中建构自己的知识体系。对于教师来说，完成互动任务的过程就是和学生一同学习发展的过程。对于学生而言，互动教学法可以为他们创造更多使用口语进行交流的机会，互动教学法的本质就是发展学生的交际能力。教师和学生的互动交流必须在相互尊重的氛围中进行，在互动教学中，学生以协作的方式完成特定的互动任务，教师组织和促进学生在互动协作中完成交际任务。也就是说，协作是互动的核心所在，协作包括共享、鼓励和接收。

（二）互动教学法的理论基础

建构主义起源于皮亚杰（Piaget）对西方哲学传统中知识论的不满。皮亚杰强调，认识是一种适应性活动，我们要把知识看作一种概念和行动纲要。学习不是一种刺激—反应现象，它需要自我调节和反思，并由此建立概念结构。这种概念结构的建立不是通过反复机械地学习所谓“正确”答案而解决的。也就是说，那种相信能教给学生正确答案的教育哲学是不可取的。概念不仅仅是简单地由教师传授给学生，而且必须由学生自己来理解。

传统教育观认为，教师“知道一切”，学生被置于待加工的对象的位置之上——他们的头脑有待注入内容和理性观点。而从建构论者的立场来看，个体并不是内容和理性观点的占有者，而是它们的分享者。博学而合理的陈述并不是内部心理的外部表达，而是在不断进行的社会交流中的整合。对于一个建构论的教育者来说，主要的挑战是使学生加入一系列的互动之中。在这种情况下，学生的角色从被加工的客体转化为对话关系中的主体。教育主要通过对话参与者相互间的互换，即通过协调对话参与者的行动而产生。

（三）互动教学法的原则

首先，教师在教学准备过程中必须对学生进行全面的了解，比如学生的年龄、背景、学习风格、学习语言的目的以及获取知识的方式，因为这些都可能影响到学生学习语言的动机和语言交际的水平。之后，教师需要根据这些特点认真地研究教学内容、教学设计、教学方法和教学过程，力图设计出可操作性强的、适合学生的教学模式。当然，在此基础上教师所采取的教学组织方式应该是有趣的、灵活多样的，课堂氛围也应该是轻松、愉快、和谐的。

其次，教师应该根据近期的热点话题和学生的实际生活设计互动活动。互动活动具有新颖别致的特点，可以调动学生的好奇心，激发学生对知识的探索欲望。与此同时，话题还需要贴近学生的学习和生活，这样学生才能从话题中找到共鸣，自发地产生交际的愿望和兴趣，迅速地参与到互动活动中去。

互动教学的过程必须重视培养学生的主动性。在完成互动活动的过程中，教师的角色是促进者和帮助者，所以教师可以引导学生去探究问题，但不能直接帮助学生回答问题。当然教师也可以鼓励学生主动提出问题、解决问题，让每个学生积极参与到学习中来，将被动学习转变成主动学习。从另一角度来说，师生双方的这种交流互动，可以实现教师的教学相长。师生之间在教学过程中相互启发、相互交流，能够形成一个学习共同体和发展共同体。

最后，在互动过程中，教师不能拘泥于正确答案的限制，对于学生做出的不同角度的回答，教师不能一概否决，挫伤学生的自信心，而应该通过鼓励、肯定，发展学生的发散性思维，激发他们的创新意识，培养他们的创新能力。

（四）互动教学法的基本互动类型

1. 师生互动

学生是互动教学法的主体，教师是组织者，是引导学生完成互动任务的活动纽带，师生之间是平等、和谐的互动关系。教师与学生的互动又可以分为师生互动、师班互动、师组互动。师生互动常表现为教师与学生个体之间的提问与问答、评价与反馈等，这种互动具有针对性，可以对个体学生的学习进行督促和测试。师班互动指的是教师和全班学生之间的互动，很多互动活动可以要求全班学生参与进来。师组互动即教师和小组之间的互动。在小组活动后，教师对小组的提问、教师对小组的评价都是其表现形式。

2. 生生互动

让学生成为教学的中心，可以激发学生学习的内在动机，提高学生的兴趣，增强学生的自信，挖掘学生的学习潜能。生生互动的过程可以培养学生交流和合作的能力，但不能忽视的是生生互动依然需要教师来指导，同时，教师需要时刻谨记学生的主体地位，以免走回原来的老路，失去互动的本质。

3. 人境互动

人境互动包括师生与教室环境的互动、师生与校园环境的互动和师生与教学媒体的互动。师生与教室环境的互动可以通过教室空间的安排和制作知识角来体现。教室空间的安排是否合理对良好的教学气氛能否形成有着至关重要的作用。近年来，对这个问题的关注度也在逐步上升，有利于学生面对面交流的多边桌的出现就是很好的证明。此外，在教室中张贴带有激励性的图片，陈列一些学习书籍和资料都可以为学生创造良好的学习环境，营造良好的人境互动效果。

师生与校园环境的互动可以通过创设英语角，对校园内的招牌、简介等进行双语化标识来实现。学外语就像游泳，教师们必须提供给学生可以泡在水里的机会，而不是让他们偶尔沾沾水，因此教师们必须尽可能地为学生提供翻译练习的机会，使学生真正做到在实践中学习和运用语言。

教学媒体是传递教学信息，促进师生之间相互交流的重要工具。教学媒体与师生之间的良好互动可以取得良好的教学效果。在互动式口语和写作课堂中，多种媒体的灵活运用会对教师的课堂教学起到积极的作用。

二、互动教学法在翻译教学中的科学运用

（一）改变教学思维，做好角色转变

开展互动式翻译教学，教师和学生的角色都应有所改变，以此来提高学生学习的积极性，从而促进学生对翻译理论、翻译知识和翻译技巧的主动建构和有效吸收。[①]在互动式翻译教学的课堂上，教师既是课堂教学活动的设计者，也是学生学习活动的组织者、引导者和评价者，教师扮演着多重角色。与此同时，在这种课堂教学活动中，教师要努力激发学生学习的主动性、积极性，学生不再只是教师所传授的理论和知识的被动接受者，而转变为课堂教学活动的主体、知识和意义的主动建构者。

在互动式翻译教学课堂任务的设计过程中，教师要充分考虑学生的现有知识水平、对翻译课堂的预期、兴趣爱好、性格特点等诸多因素。为了改变教学思维，做好角色转变，使学生更加积极主动地参与到翻译课堂教学中来，教师可以在每学期的第一次翻译课上，通过聊天的方式了解学生对翻译的认识和理解，明确学生对翻译课堂的期待。如希望通过翻译课学到什么，达到怎样的预期翻译水平，希望教师讲授哪些内容，想在哪些文体或者哪些篇章方面加强翻

① 常晖，修伟.建构主义下高校英语专业应用翻译教学中交互式、协作式教学模式的探讨[J].课程教育研究，2014（26）：124-125.

译练习。这样，教师就可以根据学生的意见和兴趣，结合本学期的教学目标对翻译教学计划进行适当调整，做出适合本届学生的教学安排，并让学生了解本学期的翻译教学计划，做好每次课的课前预习。与此同时，学生可以参与到教师教学计划的设计安排之中，这种角色的转变将有助于提高学生课堂互动的积极性。

（二）教学设计合理有效

互动教学法是以建构主义理论为基础而形成的一种新的教学方法。在该教学方法中，教师在学生原有知识能力和水平之上为学生架设“支架”，对学生进行教育、引导、启发，充分调动学生的学习积极性，以提问、小组讨论等形式创造出教师与学生及学生与学生之间交互协作的环境，使学生积极参与到翻译课堂教学的每一个环节，主动探索、研究并发现双语转换的规律，形成自觉运用规律的习惯。

有效的提问是互动教学中为促进师生及生生间互动而经常采用的一种教学方法。在讲授翻译理论与技巧前，教师可以先创造悬念情境。例如，在讲授广告翻译的理论与技巧前，教师可以将翻译教学任务情境通过视频、文字、图像等多模态手段加以呈现。先为学生播放几个经典广告视频片段，将学生的注意力吸引到课堂教学中来，然后向学生展示、讲解几个经典广告翻译的图片和文字，激发学生的学习兴趣和探究热情，使学生能够在现实情境中实现对知识和意义的建构，最后教师通过提出如下问题：“什么是广告？”“广告语言有哪些特点？”“广告的功能是什么？”“广告翻译应该遵循哪些原则？”将学生引入到课堂要讲授的内容中来。学生的各种感官在多模态手段刺激下活跃起来，在原有知识和认知的基础之上对问题进行积极思考、探索，各抒己见，畅所欲言，如此，既活跃了课堂气氛，又以问答的方式促进了翻译课堂上师生间的交相互动。

小组讨论是开展翻译课堂互动式教学的一个重要环节。教师作为课堂的引导者和组织者，可以在每次讲授新知识前为学生设计一个“支架式”问题作为导入，以激发学生对新知识的思考和兴趣，并在前一节课将该问题布置给学生，让学生收集相关材料。教师可以将学生分成若干小组，由小组成员推选出其所在组的组长，负责收集并整理小组成员的讨论意见。各成员有不同分工，成员与成员之间互为“支架”，最终由组长代表其所在的小组就此“支架式”问题进行陈述。组长采取轮换制，针对不同的话题讨论由不同的代表作陈述。每人陈述的时间限定为5分钟。每组设一名评论员，评论员也实行轮换制，负责对其他组的陈述进行评价、打分，要求评价客观、公平、公正，时间限定为3分钟。当陈述或评论偏题时，教师需要适时提供“支架”，加以引导，使其回到话题中来。最后由教师进行总结、点评。根据每次的评分，在学期末评选出最佳讨论组和最佳组长，计入平时成绩，以示鼓励，以此来激励所有同学积极参与到课堂教学之中，从而实现翻译教学课堂上的教师与学生以及学生与学生间的互动。

（三）根据教学内容安排和学生实际为学生架设起相应的“支架”，并不断做出调整

建构主义理论认为学习与一定的情境相联系。在实际情境下，教师在学生原有认知结构的基础上为其架构“支架”（亦即学习辅助），学生则运用有关经验去同化、顺应新知识，对知识进行建构，从而锻炼独立解决问题的能力。

例如，在讲授“英汉习语翻译技巧”之前，教师可以根据学生的“最近发展区”在学生已经掌握的知识和要讲授的新知识之间为学生设计一个“支架式”的问题：“中英文化哪些方面的差异会对英汉习语的翻译产生影响。”将学生引入教学情境中。学生在原有知识理论及认知框架的基础上会对此问题给出自己的答案，但多数都是对问题零散的认识，不成体系。这时，教师可以在此基础上对学生进行引导、启发，对“支架”进行调整，将问题分解，提示学生从以下角度思考该问题：中英两国的地域文化差异对英汉习语翻译的影响；中英两国的风俗习惯差异对英汉习语翻译的影响……学生结合自身已经掌握的知识，会联想到中英两国的地理环境差异、气候差异、传统节日风俗习惯差异等，在教师所架构“支架”的帮助下，将零散的知识依据教师提示的框架进行归类，并进一步拓展思路，不断发现、探索，最终使知识系统化。

在互动式翻译教学的课堂上，教师为学生架设“支架”，并根据学生对知识的掌握情况对“支架”进行适当调整。随着学生知识的丰富或能力的增强，其知识结构不断优化，最终建构起自己完整的知识体系，以此解决学习中遇到的问题。

（四）组织并引导学生将课堂上的互动延伸至课外

翻译是一门实践性很强的课程，学生需要在课外进行大量的翻译实践以提高自身的翻译能力和翻译水平。因此，可以采取以下做法将课堂上的互动延伸至课外。

首先，教师可以充分利用多媒体和网络技术增加与学生课外互动交流的机会。教师可以通过个人网站、微博、精品课网站、微信群、QQ群等方式为学生布置课外翻译任务，沿用课堂小组讨论的做法，将课堂上的“交互”延伸至课外。建立班级QQ群或微信群，以小组为单位，组长负责将所在组的翻译作品上传到群里，各成员之间进行讨论交流，小组之间互相批改、点评，并在群里分享翻译过程中遇到的问题、难点和心得。学生可以借助同伴“支架”互相促进、共同探讨、解决问题，将最终的讨论译本整理好，并将集体讨论后仍然无法解决的问题记录下来，提交给教师，由教师这个“专家支架”对凝聚着集体智慧的译本进行点评，统一为学生进行答疑解惑。其次，教师可以将自己对翻译研究与实践的观点及感悟发表在个人网站或微博中，供学生学习、探讨。学生可以各抒己见，对此进行评论，甚至可以对教师的观点提出疑问，与教师积极互动，在反复讨论与质疑中不断构建自身的翻译理论和翻译知识。再次，教师可以建立课外网络翻译课堂，对翻译名家、翻译新观点进行介绍，并为学生推荐最新翻译会议、翻译新书等。学生以此来了解翻译研究的最新动态，从而不断建构、更新自身的知识体系。

开展课外互动式翻译教学可以为教师和学生提供相互协作、彼此沟通与交流的机会，有助于教师与学生之间、学生与学生之间构建平等、互信、共享的关系，激发学生的求知欲望，使学生由被动学习转变为主动学习，使其创造性在一个自然的、开放的、不受时空约束的交互性环境中得到更好的发展，有助于学生翻译能力的培养和翻译水平的提高。

三、构建基于微信的互动式翻译教学方法

基于微信的互动式翻译教学注重学生在学习中的主体地位与参与学习的能动性，重视师生、生生、学生与学习内容之间的交互协作，旨在通过教师的引导和学生的自由探索真正提高学生对翻译的兴趣及翻译实践能力。这种新方法可以分为课前探索、课堂交流和课后实践与反馈三个部分。

（一）课前探索

课前的准备工作不仅是指教师对课堂内容准备充分，同时也指教师对学生的学习情况、学习目标与期望、对翻译的认识和了解、就业意向有所了解。教师对学生的了解越多，对教学内容的选择就会越准确。好的教学内容和翻译素材决定了学生学习翻译的积极性，也决定了课堂教学效果。

教师对学生多方面的了解可以在微信平台上完成。通过微信平台，教师可以在课前通过群聊与学生实时交流，或在朋友圈中发送素材引发学生的讨论。教师可以通过微信群发起投票让学生参与调查，调查结果会直接显示在教师编辑的投票链接里，教师也可以借助第三方软件设计并编辑问卷调查，将链接发送至微信群，调查结果也会在此链接中显示；教师还可以编辑推送相关资料，让学生针对资料留言发表意见和看法，教师作为微信平台的管理员可以将学生的留言显示在推送链接的最下端，并可以回复留言，让所有关注了微信平台的用户都能看到教师与学生之间的讨论。

课前对教学内容的探索使学生准备更加充分，由此在课堂上更有自信心，学生积极参与并有权利选择教学内容，也使他们的主体意识大大增强，同时加大了课堂的授课信息量，提高了课堂的教学效率。

（二）课堂交流

传统的读写课堂中会涉及翻译练习，教师往往留出一定的时间给学生完成译文，随之在PPT上展示优秀范文，其间会涉及个别单词、短语、句型及语法方面的讲解。学生几乎没有时间思考除了词汇方面还需要提高哪些方面的能力，也没有机会思考自己该如何对自己的初稿进行润色。但是，译文修改润色是翻译教学中的一项重要工作。由此，教师可以引导学生利用各种在线翻译软件和相关语料库，学生在找到认为有帮助的资料时可以共享在微信群内，进一步与同伴进行沟通交流，发现自己的问题所在并进行合理的修正，从而真正具备赏析译文的能力，学会灵活运用翻译技巧。[①]

（三）课后实践与反馈

由于英语教学中还需要关注学生词汇习得方法、阅读技巧以及写作策略的掌握，教师可以花在翻译教学上的时间并不多。要想真正提高学生的翻译能力，必须进行大量的课后翻译实践。除此之外，教师还应重视学生对自己的译文的反思，这一部分也正是在有限的课堂时间内无法完成的，这也是香港中文大学翻译系李德凤教授在2006年全国翻译教学与实践高级研讨会上介绍教学经验时提到的。李德凤教授要求学生写出对自己翻译过程的反思：如何查资料、如何思考、如何翻译、如何润色修改等，以及翻译过程中所遇到的语言、文化、语篇、语法等方面的困难。

---

① 戴建春.基于QQ网络平台的交互式课外翻译教学模式的构建及应用[J].外语电化教学，2011（2）：61-66.

综合学生所需的大量翻译实践以及对自己的译文的反思，教师可以将翻译作业发布在微信群里，为保证每个同学都能看到，同时也可以发布朋友圈，要求每一位学生完成译文并写下反思日志。作业提交可以采取以下三种方式：一是学生可以以文章或图片形式发布在自己的朋友圈里，同学之间可以相互阅读译文并交流讨论；二是学生也可以到微信公众平台的后台留言，教师可以摘取具有代表性的翻译习作制作成新的资料推送到公众平台上，其他同学可以任意在后台留言评论；三是学生亦可直接发送到微信群里，让同学们实时讨论。教师可根据学生个人的译文和反思日志给分。

如果考虑到培养学生的协作能力，且学生独立完成译文以及反思日志的工作量较大，教师可以把授课班级的学生分成若干组，每组人数以不超过6人为宜。小组内部成员可以再建小的微信群，这对彼此为好友的学生来说很容易实现。即使学生中有非好友关系的，也可以通过分享二维码来解决。教师要求组内学生先分别独立完成译文，再进行组内讨论，结合大家的意见，共同润色出一篇新的译文，并附上一份反思日志，重点可以记录讨论过程中的争议点和难点。同样，小组负责人可以将译文和反思日志通过朋友圈发出或发表在微信公众平台。教师以小组提交的作业给分，小组成员共享分数。

除了课后通过微信平台实现教师与学生、学生与学生之间的交流以外，教师也可以通过朋友圈及微信平台发布各种相关教学资料、学习资料，补充课堂教学内容。另外，根据学生的反思日志和反馈信息，教师更能把控教学节奏，适当调整以后的教学内容。

总的来说，网络信息技术的发展给翻译教学改革提供了技术支持，使教学方法更有效，教学质量和效果更突出。基于微信的互动式翻译教学方法打破了时间、空间的限制，教师和学生可以随时随地通过网络进行教学互动，课堂呈现出泛在化、多模态、立体化等特点，教学也具备了灵活性、个性化、碎片化等优点。通过课前、课中及课后的交互活动，有效弥补了传统翻译课堂教学方法的不足，能有效促进学生翻译能力的提高。

第四节　隐喻教学法的运用

隐喻作为一种普遍的语言现象，与人类的认知、思维关系密切。隐喻被认为是人们认知活动不可或缺的重要手段，同时为外语教学提供了新的思维方式。研究结果表明，在翻译教学中采用隐喻教学法有助于培养学生的隐喻思维并提高其翻译能力。

一、隐喻概述

（一）隐喻的定义

古今中外对隐喻的定义有许多论述。传统的隐喻观认为隐喻是一种修辞格，是用来装饰语言的工具。在我国，隐喻最早是在比喻范围内进行研究的。例如，墨子在《墨子·小取》中指出“辟也者，举他物而以明之也”，即认为比喻是用他物来说明此物的方法。并且进一步对“辟”做出阐述“夫物有以同而不率遂同”，意为比喻物与被比喻物之间有相似的方面，但不是完全相同，叙述使它们相同。后来先秦名家惠施所谓“夫说者，固以其所知喻其所不知，而使人知之”，（刘向《说苑·善说》）则补充了墨子的观点并进一步指出了比喻是用已知的事物打比方，来说明对方所不知的事理。这是对比喻作用的概括。到了现代，隐喻仍然被认为是一种修辞形式。《辞海》和《修辞通鉴》就持这种观点。例如，《辞海》中的定义：隐喻是“比喻的一种，本体和喻体的关系，比之明喻更为密切。明喻在形式上只是相类的关系，隐喻在形式上却是相合的关系。本体和喻体两个成分之间一般要用‘是’‘也’等比喻词”。这一定义从本质上把隐喻作为一种语言和修辞现象，它揭示了隐喻的基本特征和用法，即隐含的比喻。西方传统的隐喻研究也有异曲同工之处，如亚里士多德对隐喻的定义为：隐喻通过把属于别的事物的词给予另一个事物而构成，或从“属”到“种”，或从“种”到“属”，或从“种”到“种”，或通过类比。由此可以看出，亚里士多德认为隐喻就是词语的借用或替换。亚里士多德的这一定义指明了隐喻的重要性质，即在某种程度上，隐喻就是一种借用：借用与“此物”有相似点的“彼物”来代替“此物”，这是以隐喻的活动方式来描述隐喻“借他物之字，用于此物”的特征，并且指明了隐喻的分类。亚里士多德也是将隐喻作为修辞格来研究的，其局限是未能认识隐喻的话语特征。

随着国外现代认知语言学的兴起，隐喻被赋予了全新的内涵，隐喻不仅是一种语言修辞手段，而且是人类的一种认知方式。莱考夫（Lakoff）和约翰逊（Johnson）认为，隐喻是通过一种事物来理解和体验另外一种事物的方式。在日常生活中，隐喻无所不在，因为人们总是参照他们熟知的、有形的、具体的概念来认识、思维、经历和对待无形的、难以定义的概念，从而形成了一个不同概念之间相互关联的认知方式。这种理论把隐喻从文学修辞格里解放出来，将它作为语言普遍现象来研究，使隐喻研究进入认知的范畴，从而更进一步揭示了隐喻的本质特征和交际功能。

（二）隐喻的特征

1. 形象性

形象性是隐喻诸多特征中最重要的一个，使用隐喻的目的在于创造形象化表达，新奇的形象性往往让人难忘进而吸引读者注意力、引发读者联想。形象性就是隐喻的重要特征，众多的学派也都一致承认隐喻的形象性特征。

2. 新奇性

隐喻制造新奇性是一个大家都易于接受的观点，隐喻通过建立两个以前不太相关的事物或现象间的联系重新描述世界。新奇性是施喻者独特经验与情感的表达，通过这种新奇的感觉给人留下充分的想象空间，新奇性也是判断隐喻生动性的一个重要标准。

3. 动态生成性

我们往往习惯于把隐喻视为一种既成的符号形式，然后根据自身的经验、目的、习俗等来解读隐喻，而忽视了隐喻的动态生成性。我们从符号学的角度把隐喻视为符号使用、符号关系、符号间相似性的构建过程，但至此隐喻还没有完结，只有符号使用者在具体的文化语境、个人经验的基础之上解读之后，隐喻才达到了施喻者与受喻者之间的共鸣，隐喻才告一段落。隐喻意义的解读具有开放性和不断生成性，也就是说，无论从隐喻的生成还是解读来看，隐喻都不是一种静态的现象，而是一个动态的意义生成过程。在这一动态过程中符号间所指的相似性起着桥梁作用，而符号的使用者（包括施喻者和受喻者）共同参与到这一过程之中。

4. 语义模糊性

隐喻的动态性决定了隐喻意义的模糊性。在隐喻生成与解读的动态过程中，符号使用者的主体因素以及对语境的依赖因素都参加到这一过程之中。语言本身就是一个模糊的集合，随着人类思维与认知的深化，事物的特征以及事物间的关系将更多地被发现与揭示，整个世界都是普遍联系的。隐喻表达中的施喻者和受喻者之间存在的各种差异注定对隐喻意义的解读不是一劳永逸的。

隐喻就是一个语言符号意义的不断生成过程，这也正从另一方面说明了符号所指的层级性。隐喻在本质上是一种抽象的表达，也许在施喻者建构隐喻时，也只是处于一种对事物间模糊的相似性的把握。也许隐喻语义的模糊性正是它的魅力所在，千百年来人们只是徘徊在它之外，审视着这一千古之谜。

5. 民族文化性

隐喻具有民族性，特定民族的文化和语言中有着不同的隐喻表达，这与人们的认识角度和民族价值体系有着内在的关联。在对相同事物的认知与理解中，人们总是有着不同的价值取向、认识倾向、认知目的，由于隐喻的使用与一个民族的生活、文化甚至潜意识密切相关，研究语义，特别是与隐喻有关的语义，就必须走出语言自我封闭的圈子，必须进入生活。因此，体现在隐喻表达中就有了不同的隐喻意义。这些特征大多以语词符号为载体，这体现着不同民族感知世界的方式，隐喻成了建构一个民族语言世界图景的重要因素。这背后是该民族关于各类事物的表象认知、民族文化观念、生活经验，这些因素以复杂网络的形式存储在人们的头脑中。

（三）隐喻与翻译的关系

从隐喻的认知特征来看，翻译就是将一种文化中的语言所表现的认知方式用目的语传递到另一种文化中去的过程。否则，翻译就无法完成传播民族文化的使命。从理论上来说，既然隐喻是文化的一种认知工具，那么一个文化的认知工具转换到另一种文化中去时，应该还原这种认知工具的本来面貌，体现在隐喻的表达形式上，即产生隐喻的联想意义并留住隐喻的形象。然而，在实际的翻译过程中，译者往往会遇到认知风格与语言形式相矛盾或统一的两种情况。矛盾是指两种认知方式不同从而表现为两种语言形式的不一致。相反，如果两种认知方式相同，语言形式就会统一。

1. 隐喻意识在翻译过程中存在的理论依据

使用不同语言或来自不同文化背景的人，当然也会以不同的方式了解世界。但实验表明，隐喻思维模式不仅具有普遍性，而且具有语际性和跨文化性。这为隐喻意识在翻译过程中的存在提供了理论依据。

众所周知，时间是人类生命系统的基本要素之一。然而，很少有人注意到，人们对此的认知方式大多是隐喻性的。通过具体的语料库收集和分析，研究人员发现，以英语和汉语为母语的人在表达时间概念时，几乎总是使用隐喻性的句子。研究人员将这些隐喻分为不同的“概念维度”。通过对数据的收集和分析，他们发现，除了少量的隐喻句外，被试的隐喻句在以下三个概念维度上表现出惊人的相似性（见表6-2）。

表6-2　隐喻句的三个概念维度

维度	英语	汉语
动体	river，shuttle，lightening	流水，穿梭，闪电
有价物	money，treasure，house	金钱，财富，房子
检验者	evaluator，arbitrator，fair judge	检验人员，仲裁员，法官

不同的语言通常有很多不同之处，特别是英语和汉语，它们属于不同的语系。它们在隐喻的概念结构维度上有时存在明显的差异。认识到这一差异，并试图跨越这一差异是翻译成功的关键。在翻译过程中，译者首先要意识到这种差异的根源——概念结构维度。然后，仔细分析可能存在的沟通障碍，采用灵活的方法进行翻译，灵活地转换不同认知风格和概念结构的维度。高水平的译者不仅要有一定的分析能力，还要能够识别出隐喻思维的概念结构维度的差异，巧妙地克服因隐喻思维模式差异而造成的沟通困难。译者在跨文化交际中的价值在很大程度上体现在分析和转换的能力上。

2. 语法隐喻与翻译的关系

韩礼德（Halliday）是功能语言学派创始人，在《功能语法导论》中首次系统地提出并解释了语法隐喻理论。他将语法隐喻分为概念隐喻和人际隐喻，分别从语法体系中的及物性系统和语气/情态系统角度进行了探讨。韩礼德初始阶段的理论，侧重于及物性系统的六个过程之间的相互切换（如心理过程表示为物质过程）以及选择不同的音调语气系统进行人际意义表达（如疑问语气表达命令功能）。

在随后的一系列哲学论文中，韩礼德逐渐将研究视角转向了英语话语的抽象内容和严谨风格（如科学话语），有力地揭示了自然语言中语法隐喻的来源以及语法隐喻在自然语言中的类型和作用。韩礼德通过对大量语言数据的分析指出，在再现人类经验的过程中，有些表达经历了一系列的语法隐喻过程，在形式语篇中有十三种语法隐喻类型。

在英语语篇中使用语法隐喻，不仅可以增加语篇的技术性、合理性和客观性，而且在一定程度上增加了理解和翻译的难度。从技术的角度来看，名词化增强了语篇的专业性，抽象了直观的信息，读者在理解这些词时经常会遇到一定的困难。因此，理解语法隐喻的功能和形式不仅有助于语篇的阐释，而且对此类语篇的英汉翻译具有重要的指导意义。因此，如何在翻译中进行“去隐喻”，摆脱英语单词复杂的句法，把原文的思想用简洁直接的中文表达出来，成为翻译中不可回避的重要问题。

二、隐喻教学法在翻译教学中的科学运用

隐喻翻译教学法，是指在翻译教学实践过程中，以概念隐喻理论的相关知识为理论依据，有计划、有目的地引导英语专业学生进行隐喻思维能力的培养训练，培养学生对语境、认知、文化隐喻的深层理解，通过对字、词、句、段、篇章的隐喻翻译教学讲评，采用学生亲身实践和互动测评等形式，从而提高学生翻译能力的翻译教学方法。

从定义出发不难看出，在具体运用该方法时应从以下几个方面着手。

（一）向学生详尽讲解隐喻的相关理论知识

在这一环节中，教师应以知识讲授为主，向学生系统地介绍隐喻的相关理论，包括早期的隐喻理论，如亚里士多德的对比论、昆体良（Quintillian）的替代论、布莱克（Black）的互动理论；当然讲授重点还应放在莱考夫和约翰逊的概念隐喻理论上，将其定义、类型、工作机制、特征等系统地介绍给学生，让学生对隐喻的重要性有所意识，在学习中有意识地关注隐喻，培养自身的隐喻思维能力。

（二）有意识地培养学生的隐喻思维能力

利托莫（Littlemore）将隐喻思维能力分为四个层面：一是创造新隐喻的能力，即应用隐喻的原创性；二是对隐喻的多层意思的正确理解能力，即把握隐喻的熟练度；三是对新隐喻的正确理解能力，即对“原创”隐喻的认知和理解；四是准确、正确、快速理解隐喻的能力，即辨识理解隐喻的能力。同时认为隐喻自身还有三种属性：一是浓缩性，即用精练的语言来表达丰富的经验和复杂的概念；二是图像性，即用语言引发思维图式；三是创新性，即能够表达本来无法表达的概念。这些属性促使人们对隐喻里所表达的新概念主动思索，领悟本喻体间的概念关系。

概念隐喻理论从话语中蕴含的隐喻入手研究认知，使译者对两种语言比较的同时，还要从两种语言的概念体系出发，从源域与目标域的相互映射角度思考问题。概念是从人类的经验中得来的，所以不同概念体系的人可能无法“翻

译”，却可理解。例如，在“The air war heats up as the air war heats up”一句中（本句出自一篇关于北约对科索沃空袭的新闻报道），air war有“空袭、空战”的意思，我们在了解该句背景的同时，根据经验可理解第一个air war运用了隐喻，将铺天盖地的媒体报道比喻成空战，由于作者在字面上玩了文字游戏，造成译者在翻译时不可能在目标语（汉语）中寻求到同一概念来分别指代空袭和媒体报道，这就造成了“不可译性”。但是根据人类的概念系统，该句可被理解。可见，隐喻的理解使原文得以理解，翻译过程的第一步得以完成。

传统的翻译过程常被概括成理解与表达两个阶段，也称两段式翻译过程。在理解阶段，译者要分析原文，要弄懂原文的确切含义；在表达阶段，译者要用译入语将源语的意思说出来。而叶子南在借鉴了尤金·奈达对翻译过程的模式后，将翻译分为三段式，即分析、转换、重建三个步骤。

译者首先要认真阅读分析原文，挖掘出原文在各个层次中的语义含义，再将分析好的语言资料从源语转换为译入语，最后将原文中的重要信息在译入语中重建出来。在这三个阶段始终贯穿着译者的思维过程，在分析阶段译者看到了语言的线性结构，分析后译者理解原文，在大脑中形成意象图式，然后译者将头脑中的意象图式或抽象概念根据译入语的语言特征重新构建，将源语用地道的译入语表达出来，亦即用线性的文字表述出来。从认知心理学的角度看，“理解”是学习者以信息的传输、编码为基础，根据已有的信息建构内部的心理表征，进而获得心理意义的过程。人的认知是一个对已有的心理表征进行主动组织和建构的过程，在图式形成后，当一组新信息呈现时，信息输入就会使图式中与之相关的概念被激活并向邻近扩散，人就根据当时的需要对这些被激活的心理表征进行重新组织与建构，从而使新信息获得具体的意义，完成理解过程。

隐喻其实质是用一种事物理解和体验另一种事物，是从源域向目标域的映射。因此，隐喻可以帮助学生用已知事物来理解在翻译过程中遇到的未知事物。从认知领域来说，隐喻是文化的认知工具，当人们用一种文化的认知工具去认识另一种文化时，首先应还原认知工具的原本面目，留其形象，产生联系意义。对隐喻的理解就是逆向还原源语的语言符号所表征的对象，而译者所要表达的是理解过程中所获得的所指意义和相关信息，用译入语构建源语的含义。隐喻的创造和理解过程是一个创造性思维活动过程。认识客观世界强调隐喻思维，而隐喻思维能力是人们因认知发展而产生的一种创造性思维能力，是认识事物，尤其是抽象事物的基本思维能力。从翻译教学来说，隐喻能力实际上是指翻译思维过程中辨认和使用新隐喻的能力。译者作为认知主体，在翻译中的认知活动是以现实体验为基础，理解源语语篇所表现出的各类意义，尽量将其在目标语中映射转述出来，在译文中着力勾画出源语作者所欲描写的现实世界和认知世界。

虽然我们日常生活中的语言、思维普遍存在着隐喻，但学生在学习过程中往往遇到隐喻时不能够意识到这是一个隐喻，因此，学生仍需要大量时间培养训练隐喻思维，使自己在翻译的分析、转换、重建过程中有效地认识隐喻。隐喻有用已知认识未知、用具体形容抽象、变难为易的特点，这些特点都可以帮助学生在翻译过程中用已知事物理解未知事物，加深对原文的理解，以便用更地道的译入语将其表达出来。隐喻本质上是一种认知，也就是说隐喻是人们身体、大脑、经验、心智的产物，隐喻的产生在日常生活中不可避免。因此学生应有意识地、积极地利用隐喻进行思维，主动建构隐喻思维模式。

在翻译教学过程中，翻译资料的选取应侧重于包含隐喻的短篇文章，课堂上教师应将文章中的精彩之处及难理解之处进行赏析和评述，与学生共同讨论，交换思想，从而促进学生隐喻思维能力的提高；而学生在课下独立完成的翻译习作，教师应认真批改，针对学生在翻译隐喻时所犯的共同错误仔细讲评，让学生及时核对思路，积累经验，养成隐喻思维模式。教师还应提醒学生收集整理常见隐喻，让学生记忆背诵，从而使学生能够熟练掌握一些习惯表达方法。隐喻翻译教学模式，其宗旨就是通过对常用隐喻的教与学，达到使学生对隐喻有一种感性认识的目的，促使学生养成隐喻思维习惯。例如：“Wall Street is a dog-eat-dog place.”学生在翻译这句话时容易将其翻译成“华尔街是一个狗咬狗的地方”，而“狗咬狗”在汉语中有相互揭短的意思，它的施动者应该是人，而非华尔街这一地方，显然，将该句翻译成“狗咬狗的地方”会造成读者的误解。那么从隐喻切入，将该词逆向还原到源语中，我们不难发现，“dog-eat-dog”的意思是残酷、残忍，因此我们不难理解该句应翻译成“华尔街是一个残酷的地方”。

（三）从隐喻的微观和宏观两个方面着手开展隐喻翻译教学实践

1. 关注语言微观结构的隐喻表达

对比英汉语言结构的异同，重新唤起学生对语言微观结构的重视。实践证明，由于中国外语学习的特殊环境以及英汉语言的差异比较大，我国学生仍应在字词句、语法及翻译技巧等微观方面加以训练，以达到严复所创立的“信、达、雅”的理想翻译标准。这对翻译教学的成效至关重要。刘彦仕认为：“除极少的原始语块或原始语结外，所有语言或知识都是隐喻的。”隐喻可以是一个词、一个短语、一个句子、一个段落，甚至整个篇章。因此，我们在捕捉隐喻意义时还应注意一些翻译技巧的训练。许渊冲教授将一些常用的翻译技巧用数学公式简单明了地展示了出来，翻译就变得简单易懂多了。掌握了翻译技巧，我们还应对英汉两种语言结构间的差异有所认识。

掌握翻译技巧、了解英汉语言结构的差异，都是为了更加熟练地理解和运用隐喻、夯实基础。既然小到一个词，大到整个篇章都可能是一个隐喻，那么学生将焦点放在一个句子上显然有可能造成理解上的失误，扭曲了作者的真实意图，甚至在翻译成译入语时造成了人为理解上的“不可译”。既然如此，当学生遇到一个隐喻时，要如何辨识、如何理解呢？束定芳教授将隐喻的理解过程分为了隐喻的识别和隐喻意义的推断两个阶段。他认为，隐喻的识别一方面可根据明确的隐喻话语信号及标志辨识；另一方面可根据语义或语用的线索识别，即根据话语字面意义与语境冲突的性质来识别。隐喻意义的推断主要根据本体与喻体之间的相似性。隐喻的理解是两个不同领域间的互动，是一种想象性历程。

教师在安排教学内容时，首先应注重加强学生对字、词、句、段等语言微观结构的隐喻理解翻译训练；在隐喻翻译教学方法中，教师应捕捉各式各样的隐喻，特别是那些会造成理解困难的隐喻，通过翻译技巧、对英汉语言结构差异的分析、对源域和目标域的分析等手段，增强学生识别和理解隐喻的能力，继而使学生对原文的领悟更深刻，最终达到提高学生翻译能力的目标。与此同时，学生也应该在学习英语其他领域的知识时注意收集大量隐喻，让常见隐喻变得耳熟能详，罕见隐喻或新创隐喻能分析理解。

2. 关注隐喻的社会认知属性

从理论上看，任何语言使用者都可运用隐喻，但同样是语言使用者，他们理解和使用隐喻的能力却大相径庭。究其原因就在于个人的认知水平和认知能力有所差异。胡壮麟教授认为，人类的认知能力表现为两点，一是语言使用者在长期记忆中储存下来的对事物特性的认识，这种长期记忆与语言使用者的经验和年龄密切相关；二是在隐喻理解过程中，语言使用者对表层意义和底层意义之间的关系的理解，其中表层意义即本体和喻体，底层意义即本喻体间的相似点。

人类的认知包括两个过程，一是思维过程，即能动地认识世界；二是认识的结果，即文化。人的知识不断深化，文化也在不断积累。而隐喻的作用是在人们用语言思考所感知的物质世界和精神世界时，能从原先互不相关的不同事物、概念和语言表达中发现相似点，建立极其丰富的联系。隐喻使人“认知异常”，从而促使人们对隐喻所表述的新形象主动思维，领悟本喻体之间的相似点，抓住本喻体间的概念关系。修辞学家摩尔（Moore）还企图用偏离与偏离的消除来解释隐喻的理解过程。他认为，隐喻就是对正常语言使用规则的偏离，隐喻的理解过程就是偏离的消除过程。这种偏离是语义上的，偏离的结果是引起人们对隐喻在一般情况下表达的与他用所要表达的事物之间的相似性的注意。认知隐喻学家们认为，隐喻是源域向目标域的映射过程，即将某一事物在源域的某些特征映射到另一事物（目标域）的认知过程。在隐喻翻译教学实践中，隐喻的理解与运用是建立在原文作者与译者之间所共有的概念的基础上的，二者只有在对喻体有共同认知时，隐喻才可以被理解。可见，隐喻的使用对人的认知有着积极的促进作用。教师利用隐喻的认知性，在翻译教学中因势利导，激活学生的认知背景和固有思维习惯，深化学生对字、词、句等微观结构的理解和掌握。

3. 关注隐喻的语境理解

布莱克在隐喻的互动理论中这样解释隐喻与语境的关系：隐喻的本质就是隐喻表达与该隐喻的语境的互动。赵霞在谈到隐喻和语境的关系时引用了诺格莱斯（Nogales）的观点，隐喻语境就是有助于话语进行隐喻解读的语言环境，即如果一个语境所凸显的特征不是该所指物显性或隐性的常规概念，或者说该语境有利于凸显关系，那么，这个语境就具有隐喻性。莱考夫和约翰逊的概念隐喻理论主要强调了源域到目标域的映射，但在隐喻的理解过程中具体表现为人在遇到隐喻时会自动激活语境中的相关知识，选取最近关联语境以建立假设和相应的心理空间，再进行从源域到目标域的映射，进行概念组合，产生新的认知，从而使隐喻得以理解。具体来说，语境对隐喻理解的影响可归纳为以下两个方面。

第一，认知主体遇到隐喻时所选取的视角不同，理解效果也不同。在历史的长河中，不同民族、不同地域的人创造了不同的隐喻，就是同一民族、同一地域也因其认知背景不同而对隐喻产生不同理解。因此，语境的差异使隐喻理解的视角和维度产生差异。语境的选择影响着隐喻的被激活背景，从而影响了认知主体的视角。

第二，认知主体在隐喻理解过程中的语境知识对隐喻的理解也有影响。束定芳教授阐释语境知识在隐喻理解过程中的作用时说道："隐喻的理解可以看作是辨认说话者说该句话语时的意图或目的。这种对理解过程的解释认为话语是通过利用说话者和听话者共享知识、信仰和假设而被理解的。听话者通过参考说话者和听话者共享的知识可以确定A和B的显著特征，在隐喻所拥有的无数可能意义中确认其中一个。"束定芳教授所提到的共享背景知识这一概念，克拉克（Clark）和卡尔松（Carlson）将其划分为三类：一是物理共享，即听话者将他与说话者所经历的共同事物作为共享知识；二是语言共享，即听话者将需要被理解的该句及该句之前所说过的话语作为共享背景；三是社团成员身份共享，即该社团语言的语音、语素、句法、语义等的共享。

利用上述有关隐喻的语境性知识，教师在进行隐喻翻译教学时，首先应引导学生拿到文章后先从宏观上分析其语境，确定其语域。一个政治家激情昂扬的演说，一个学者严谨周密的报告，一个女孩情意绵绵的书信，一个市井小民粗俗的谩骂，从语境上来说天差地别。因此，学生在布局谋篇时既要传达出语义的显台词，又要表达出语境的潜台词。另外，除了要对整篇文章的语境进行分析外，还应注意句内的语境分析。在语义学中，一个词的词义包含两大成分：定义性成分和关联性成分。语义成分受语境的限制，特定语境选择特定语义成分。当语境开始作用，将某些定义性成分排除后，另一些关联性成分就凸显出来，此时该语言单位便脱离了常规，形成隐喻。可见，隐喻由于语境的存在而容易被理解。另外，语境的存在还可以使词义在褒贬、中性意义之间转换，表达出有效的感情色彩。

4. 关注隐喻的文化属性

关注隐喻的文化属性，增强学生的隐喻翻译能力。束定芳教授在谈到隐喻的文化属性时将其分为文化共性和文化差异性两个方面。隐喻的文化共性是基于人的生理构造特点而言的。比如人在生气时会呼吸急促，感觉到有一股气从胸腔中上升，同时血压升高，体温升高。因此，人们通常将生气与"火""热"关联，以人的身体为容器，气往外"冒"，所以我们有"火冒三丈""怒气冲天"的隐喻表达法。那么隐喻的文化差异性就很好理解了，由于不同的民族有不同的文化传统和民族风俗习惯，理解隐喻也应将其放在文化知识的背景下。没有拜读过古典文学《西游记》的人就很难理解，如今绿化用地成了"唐僧肉"，谁都想吃一口。如果读过该小说，或看过《西游记》这个连续剧的人，对“唐僧肉”的含义就很容易理解了，即“稀有、珍贵”。下面就隐喻的文化共性和文化差异性具体来谈一下隐喻的翻译。

第一，隐喻的文化共性。认知经验的共性和赖以生存的社会文化背景的相似性使人类在描绘同一事物的同一特征时具有相似性和普遍性。而不同民族文化的可转换性、概念系统的相似性为隐喻翻译提供了基础。比如，一些英汉谚语、歇后语中的隐喻反映了人类经验与智慧的普遍性，使得具有不同文化背景的人理解起来并不费力。译者在两种语言之间可以自由互译，使译文与原文达到形式和功能上的对等。

第二，隐喻的文化差异性。人们由于文化传统、社会心理与风俗习惯不同，对一些具体事物的体验也不尽相同，从而产生了同一喻体在不同文化中的隐喻意义和使用上的显著差异。在进行隐喻翻译时，译者应考虑到不同民族的文化习惯和隐喻特点，做到熟悉原文和译文的文化背景，兼顾作者和读者的社会心态，慎重选择文化喻义，以达到情感共鸣，实现隐喻的等值转换。具体可分为三点。

一是用译文喻体替换原文喻体。由于英汉民族在认知、文化方面的差异，在表达同一概念时会使用不同的喻体，当原文中的喻体难以被译文读者所接受时，译者可以用译文喻体代替原文喻体，从而收到形神兼顾的效果，使读者更好地理解原文。

二是直译加解释或注释。由于原文喻体带有明显的文化特征，在不能把原文的隐喻直译成译文或在译文中找不到表达同一概念的喻体时，为了尽可能保留原文的喻体形象并使读者了解喻义，译者可采用直译加注释或解释的方法来再现语义内涵，即把原文的喻义变为陈述、阐释等，或称为翻译的补偿。这样既保留了隐喻的文化特征，又加深了读者对译文的理解。

三是删除隐喻喻体，保留喻义的意译。英汉语中大量词语的喻义存在着文化和思维上的差异，如果在翻译时仅凭直译，读者就无法从喻体形象联想起喻义，而需意译，即译者舍弃原文喻体形象，只保留原文喻义，将本体和喻体的相似性解释出来。虽然这样会使语言平淡无味，审美功能减弱，但译者应尽可能通过发挥译文优势来弥补，以利于读者的理解和译文的流畅。

综上所述，隐喻的文化属性在翻译教学中至关重要，因此在隐喻翻译教学实践中，教师应通过帮助学生理解不同文化对语言的影响，揭示各种语言现象背后所蕴含的文化背景，使学生在翻译过程中不再局限于语言的微观结构和字面意义，并能理解语言背后所蕴含的文化意义。此外，教师还应通过对英汉语中的隐喻进行比较，选取英汉语言中具有显著相似性和差异性的隐喻作为教学内容的重点，由浅入深，从抽象到具体，循序渐进地传授英汉语言间文化的相似性和差异性，并结合隐喻的翻译技巧，提高学生的翻译能力。同时，教师还应督促学生在课内外重视文化知识的收集整理，以便提高自身的隐喻翻译能力。

第七章　翻译教学师资的培养与建设

在现代社会，随着经济全球化的不断深入和信息交流的日益频繁，翻译作为一门重要的语言技能，具有极其重要的地位。翻译教学师资的培养对于提高学生的翻译能力至关重要。

第一节　翻译教师的能力要求及其价值转向研究

一、翻译教师的能力与素养要求

（一）翻译教师应具备的能力

韩子满指出，翻译教师要具备三方面的能力：一是专业知识，主要是翻译知识和能力；二是教学能力，指的是教学组织技巧及利用现代化教学手段的意识和能力；三是科研能力，这是高校教师必须具备的生存能力。[①]何刚强教授也指出，翻译教师要具备三方面的功夫：一是有丰富的翻译实践经验、精通翻

① 韩子满.教师职业化与译者职业化——翻译本科专业教学师资建设中的一对矛盾[J].外语界，2008（2）：34-39.

译的一般策略与技巧；二是有宽广的翻译理论视野，熟悉译论的国内外发展动向；三是有琢磨翻译的激情，懂得教学的互动与循循善诱。①贺鸿莉则关注大数据背景下翻译教师的培养途径，指出翻译教师要有创新的教学模式、良好的信息素养、较强的翻译实践能力、科研能力和教学反思能力。②由此可见，翻译教师和传统的外语教师有着本质的区别，不能把传统的外语教师简单地等同于翻译教师（翻译教师＝外语教师＋专业能力）。目前，众多普通高校转型发展中出现了急功近利的现象：把外语教师直接转型成翻译教师，忽略了翻译教师的专业能力这一核心因素。翻译是跨文化、跨学科、跨符际的活动，过程涉及语言学、文学、符号学、文化学、心理学、诗学、美学、哲学等多门学科知识。因此，笔者认为，翻译教师应具备的能力包括以下六个方面。

①娴熟的教学能力。

②科研能力。

③双语知识能力。

④翻译实践能力。

⑤作品鉴赏能力。

⑥现代化翻译工具使用能力。

（二）翻译教师应具备的素养

翻译教师应该具备理论素养、跨文化素养以及跨学科素养，这三方面素养可提高翻译教学质量以及促进翻译教学研究。

1.理论素养

翻译理论在翻译教学中起着十分重要的作用，刘宓庆在讨论提高翻译教学素质时认为，加强理论指导，加强教学的理论性是提高翻译教学的关键。所以，理论素养是翻译教师必备的重要素养之一。从教学原则、教学要求来看，翻译教师必须掌握翻译教学的基本理论和语言学翻译理论。此外，翻译教师还应该紧跟时代的步伐，关注本学科理论的新发展，而且要根据学生情况的变化和不同阶段的教学需求，选择合适的翻译教学理论。

---

① 何刚强.精艺谙道，循循善诱——翻译专业教师须具备三种功夫[J].外语界，2007（3）：24-29.

② 贺鸿莉.大数据时代翻译教师专业发展路径探索[J].长治学院学报，2015，32（6）：83-86.

2. 跨文化素养

对于一名合格的翻译教师而言，不仅要熟练掌握英语，还必须具备一定的跨文化素养和意识，也就是要能够正确认识中西方文化差异，了解英美的历史背景、思想文化、宗教信仰、风俗习惯、地理环境等。

翻译教师的跨文化素养，不仅能使学生正确认识英美文化，同时，也有利于英美国家的人们了解华夏文明中的优秀思想成果。这样，译者可调解文化矛盾，准确清晰、形神兼备地传递中西方文化信息。

3. 跨学科素养

随着世界翻译理论、翻译研究不断变化和创新，中国的翻译教学与翻译研究也呈现出多元化、跨学科的特性。为了满足翻译教学需要，我国翻译教师要具备跨学科素养。

（1）跨学科素养

世界翻译理论与翻译研究的视角不再拘泥于文本内语言层面的精细分析，它涉及语言学、文化学、哲学、符号学、计算机科学、信息论、心理学、社会学以及美学等跨学科领域。翻译的内容涵盖了从文学作品到法律文件、商贸合同、广告、科技论文、规章制度等领域。翻译已从纯粹文字意义的转述变为跨学科的翻译和诠释。要想培养出各类各层次合格的翻译人才，翻译教师必须涉猎很多学科，具备跨学科素养。

（2）信息技术素养

信息技术属于计算机科学领域，信息技术素养，是指使用工具、资源、程序和系统，获取信息，并使用信息解决问题、进行交流、作出信息决策、建构知识、开发产品和系统的能力。面对日新月异的信息时代，翻译教师应熟练掌握各种翻译技术和信息技术，培养出具有时代特点的翻译人才。因此，翻译教师的信息技术素养成为关键，翻译教师可以从以下两方面提高自身的信息技术素养：一方面，翻译教师为提高课堂教学效果更多地使用信息技术手段，比如，以多媒体、网络作为教学平台进行翻译教学以及从网上截取音频、视频制作翻译课件；另一方面，翻译教师应多参加信息技术的培训，学习语料库语言学知识，掌握主流翻译软件的应用。翻译教师的跨学科素养已成为其“与时俱进”的重要标志。

二、翻译教师发展的价值转向

翻译教师作为培养高层次翻译人才的主力军，其发展的价值取向是决定翻译人才发展方向和程度的关键性因素。随着中国文化走出去，翻译教师作为一个独立的研究主题已经引起学术界的关注。翻译教师发展的价值取向必须实现转变，即由个人价值取向转变为战略价值取向、知识价值取向转变为实践价值取向、中庸价值取向转变为创新价值取向、学术价值取向转变为生态价值取向，只有如此，才能培养出高层次的翻译人才。

（一）由个人价值取向转变为战略价值取向

1. 个人价值取向的内涵

个人价值取向是指翻译教师在教学、科研、生活的各项活动中追求自我发展和自我完善的价值倾向。翻译教师作为独立的个体，奉行“以人为本”的价值理念，一直以来非常重视自身专业能力的发展，重视自身人文素养和专业素养的建构，并不断提升自身的学习能力和教育能力。但是，个人价值取向在一定程度上又迫使翻译教师执迷于对功利的追逐，特别热衷于对感性幸福和物质的追求。在个人功利价值的驱使下，翻译教师的教学活动以提高考级通过率为中心，科研活动以职称晋升为目标，进修活动以学历提升为目的，这不利于翻译教学的发展。

2. 战略价值取向的内涵及实现方式

新时代是“引进来”和“走出去”双向互通的时代。为助力于国家对外开放和实现全球化治理，翻译教师在追求实现个人价值的同时，也要将科研、教学与党和国家的重大发展战略相契合。个人价值取向要服从于战略价值取向。战略是一种从全局考量谋求实现全局目标的规划。[①]翻译教师不仅肩负着培养合格翻译人才的使命，而且承担着维护国家利益和传承民族文化的重任。翻译教师要从国家战略出发，研究国家语言战略规划，打破传递中国声音的藩篱，为中国参与全球治理提供语言支撑。

新时代翻译教师的发展必须坚持战略价值取向。一要坚持“走出去”战略，即翻译教师要承担讲好中国故事和提升中国国际话语权的责任，努力打造零障碍的对外话语体系，实现中国话语外译。二要坚持“多元化”战略，即翻译教师要扩大掌握语种数量和增强自身各类专业知识学习，使自身成为能够适

① 张艳臣．国际化翻译人才培养的价值取向研究[J].教育评论，2018（6）：136-139.

应各类情境和各种专业的翻译人员。三要坚持“外向型”战略，即翻译教师要改变以评职称为目的的“内需型”学习动机，提升自身“外向型”需求，如学习国际先进翻译教学方法和翻译教学理论、与国际知名学者进行学术交流、引进国际先进翻译教学技术和设备、促进中国文化传播等进行主动学习深造的比例。四要坚持“宏观性”战略，即翻译教师要根据国家战略以及现有译本和译界存在的问题，起草和助推“语言翻译政策”的制定和实施，明确中国文化资源外译的地位规划和声望规划，以及公共服务领域译文书写规范。五要坚持“实用性”战略，即翻译教师要具有满足国家重大战略对翻译研究需求的能力，使教学和科研内容更契合国家需求，如目前翻译教师可以关注自贸区建设、跨境电商、商品说明书等方面的翻译实务。

（二）由知识价值取向转变为实践价值取向

1. 知识价值取向的内涵

知识价值取向是指以提高翻译教师专业知识和教学能力为价值诉求的发展取向。在知识价值取向下，翻译教师的身份是翻译领域专家和翻译相关知识的传授者。长期以来，知识价值取向一直指导着各类教育活动。在源远流长的教育思想史中，不同时期产生了不同的知识价值取向：文艺复兴时期提倡古典知识取向；近代科学主义兴起时期倡导科学知识取向；人文主义复归时期关注人文知识取向；后现代主义盛行阶段探求知识价值合法性和知识创造的价值。知识是直接影响翻译教师完成翻译教学科研活动质量的重要个性心理特征，为了能够顺利完成翻译教学科研活动，翻译教师需要掌握语言学理论、翻译理论、教育理论以及电子信息、计算机辅助翻译技术、语料库、翻译协作、批判反思等多方面的知识。由于知识本位价值取向促使翻译教师将知识作为主要价值追求，进而导致翻译教师只注意深化自身的翻译理论和技能知识，过分依赖书本知识增长和外部在职培训，从而忽略了实践知识的积累，致使自身笔译和口译实践能力薄弱，翻译教学纸上谈兵，翻译教学内容不符合国家建设对翻译人才的实际需求。

2. 实践价值取向的内涵及实现方式

新时代是强调新理论源于实践和指导实践的时代。翻译教师是中国特色社会主义新时代的伟大建设者，也是实现新时代行动纲领的主要参与者。为了提高自身的翻译能力和素养，翻译教师在追求知识价值取向的同时，要兼顾实践价值取向，实现知识价值取向和实践价值取向并重。实践价值取向以促进翻译专业发展和提高翻译教学质量为中心，翻译教师的实践智慧和实践能力也只有在实践中才能得到发展。翻译教师要在实践中发现、分析和解决问题。翻译教师不能把翻译教学内容固定在特定层面进行讲授，也不能完全照搬历史教学惯例，而应以实践者的身份参与翻译教学，在实践中实现创新。实践应成为翻译教师发展的主要基础和价值导向，在实践中实现翻译教师理论知识的完善和实践智慧的建构。

新时代翻译教师发展必须坚持实践价值取向。一要坚持“共同体”实践，即构建具有相同身份认同和专业认知的开放包容分享的翻译教师实践共同体，实践共同体内成员要互相学习，实现由“边缘性参与”向“充分参与”转变，共同成长为翻译教学主力军。二要坚持“反思”实践，即翻译教师以反思为基础，获取实践知识、实现实践知识转化、推动实践知识发展。三要坚持“整体性”实践，即翻译教师要在知识、理论、行为、经验、认知、技术、伦理、感知等方面进行实践，以此掌握翻译教学整体而非碎片化技能。四要坚持“合作”实践，即翻译教师要积极参与跨学科、跨年龄、跨层次实践活动，特别是要同计算机科学与技术、计算机辅助翻译、统计学、网络信息工程等学科领域的教师学者进行合作，构筑翻译教师合作模式，拓展翻译教师合作空间。

（三）由中庸价值取向转变为创新价值取向

1. 中庸价值取向的内涵

中庸价值取向是指翻译教师在翻译教学科研活动中，自觉或不自觉地追求“执中一致”和“慎独自修”的价值诉求。“执中一致”，倡导采取适度的处世方式协调自身与环境的关系，以实现和谐共处。翻译教师追求“和为贵”，会从整体出发，谋求实现个人行动目标与组织整体目标的和谐，为了实现“执中”与“和”，会根据具体情境做出必要的变通。“慎独自修”，强调提高自身修养，谨言慎行，审时度势，选择恰到好处的执行方案，做到“庸德之行、庸言之谨”。中庸是渗透于中华民族骨髓的文化价值取向，时刻影响着我们的认知思维过程和行为决策结果。然而，中庸价值取向必然导致翻译教师行为具有“妥协”和“从众”的倾向。由于处于特定的教学环境中，翻译教师的教学活动必将妥协于现有的教学设备、教材、教学理论、教学经验、教学环境等；翻译教师又隶属于特定的教师群体，为了实现人际关系和谐，其行为又具有从众于现有教师群体教学方法、学历、能力、身份等的倾向。这种“妥协”和“从众”的现象，将严重制约和影响翻译教师群体的能力进步和素质提升。[①]

2. 创新价值取向的内涵及实现方式

新时代是以创新精神为引领和追随的时代。翻译教师是培养具有创新精神和创新能力、能开创新局面、能对社会发展做出创造性贡献的翻译人才的主力军。翻译教师要摆脱根深蒂固的中庸价值取向的影响，在翻译教学活动中努力践行创新价值取向，要吸取中庸价值取向的有益部分积极促进创新价值取向的建立和实现。翻译教师是否具有创新价值取向是影响翻译专业创新教育目标实现的关键因素。翻译教师的创新能力是创新知识内化与创造性思维和创造性实践的结果。翻译教师的创新能力包括思辨能力和创造能力两个部分，思辨能力是创造能力的基础，创造能力是思辨能力的保障，翻译教师在思辨的基础上产生创造能力，进而形成创新能力。翻译教学活动是一个创造性的、直觉的、即兴的实践活动，需要翻译教师根据教学对象、教学场景、教学条件灵活地选择教学内容。翻译教师的创新行为可以为学生提供国际先进的教学内容、分析和解决问题的多种思路，以激发学生的创新积极性，使学生更好地成长和发展。[②]

新时代翻译教师的发展必须坚持创新价值取向。一要坚持“理念”创新，即翻译教师要从根本上转变自身发展理念，坚持学习型社会理念下的终身学习理念、多元学术观下的全面发展理念、注重教师内在需求的个人发展理念、服务经济建设的组织发展理念等。二要坚持“激励”创新，即根据翻译教师的不同需求采取不同的激励策略，如新任翻译教师采取情感激励和参与激励策略，成熟翻译教师采取知识激励和目标激励策略，瓶颈期翻译教师采取竞争激励策略，知识更新类翻译教师采取信任激励和期望激励策略，拟退休翻译教师采取价值激励策略。三要坚持“评价”创新，即对翻译教师的教学科研活动实现多元主体评价、动态评价、科学评价，并要以发展性评价为主、惩罚性评价为辅，力求评价内容科学和评价制度完善。四要坚持“培训”创新，即对翻译教师采取“培训＋实践＋评估”的三位一体的培训模式，注重翻译教师核心素养和翻译能力的培养，鼓励他们开展各类笔译和口译实践，发展海外培训，提升翻译教师的国际化水平。

---

① 陈建勋，凌媛媛，刘松博．领导者中庸思维与组织绩效：作用机制与情境条件研究[J]．南开管理评论，2010（2）：132-141.

② 葛春先.青年教师科研创新能力的提升路径[J].中国高校科技，2018（4）：30-31.

（四）由学术价值取向转变为生态价值取向

1. 学术价值取向的内涵

学术价值取向是指翻译教师立足于自身职业的学术性本质，在各类学术活动中所表现出的特定学术价值追求。学术是制约翻译教师发展的重要因素，学术是贯穿其教学科研活动始终并对教学科研活动起决定作用的根本。教学自主权和科学研究自主权是翻译教师发展具有学术价值取向的前提，学术性职业属性是翻译教师发展具有学术价值取向的动力，专业忠诚和实现学科文化和谐共生是翻译教师发展具有学术价值取向的内驱力。自由是学术价值取向的理想，求真是学术价值取向的目标，创新是学术价值取向的最高追求，质量是学术价值取向的标准，利益是学术价值取向的体现。翻译教师不仅是传播翻译专业知识的载体，而且是实现学术创新的重要力量。翻译教师的学术价值取向要求学术管理专业化、学术研究个性化和学术评价多元化。为鼓励高校翻译教师进行学术创新，目前各高校翻译教师学术激励基本上采取“国家工资＋校内绩效津贴”的薪酬激励模式，以及以职称晋升、科研奖励、校内科研配套资金为主要方式的层级激励模式，这种激励模式可在一定程度上实现学术和制度协同创新，学术氛围和学术价值协同建造。尽管学术是高校翻译和翻译教师的立身之本，但是一味强调学术价值取向，会使翻译教师的发展产生一系列问题：一是功利化，包括学术价值目标功利化，学术价值评价功利化，学术价值实现功利化；二是丧失学术信仰，包括放弃学术道德，背弃学术理想，违背学术规律，追求待遇和享受，使自己成为“精致的利己主义者”；三是产生个人主义倾向，包括从团队合作到个人奋战，“从学术志业到个人学术职业”，从学术研究到个人谋利。

2. 生态价值取向的内涵及实现方式

新时代是推进生态文明和实现人与自然和谐共生的时代。生态价值取向指在现实教学情境中，翻译教师不断与群体环境、组织环境、自身心理环境进行知识传递交流和信息碰撞共享。翻译教师发展的生态特征主要包括关联性、动态性、协同性、平衡性。翻译教师是生活在特定社会环境中的社会人，其发展不能单独地追求学术价值取向，而应倡导生态价值取向，也就是把翻译教师的发展看作一个动态的、系统的、全面的和可持续的过程。生态价值取向是翻译教师发展的理性追求，通过与周围群体的交流和个体间的切磋，翻译教师可实现在教学技能、教学理念、教学方法、科研能力、职业认同感的全方位发展。

高校应在合作的基础上构建翻译教师发展环境，促使翻译教师实现自主发展、科学发展、合作发展、全面发展、高效发展。

新时代翻译教师发展必须坚持生态价值取向。一要坚持优化翻译教师生态圈，包括开展丰富有效的校本培训，构建和谐向上的教师文化（表现为教师信念、敬业精神、专业精神和融洽同事关系），打造开放健康的生态氛围（表现为物质环境、精神环境和制度环境的建构）。二要坚持构建生态自我，包括认知自身生态角色，构建生态个体，成就生态个体。三要坚持培育文化生态，包括完善翻译教师教育和培训政策制度，制定翻译教师任职资格和标准，打造学习共同体的“文化社区”。四要坚持重构学术生态，包括完善学术大环境的政策举措，打造科学严谨的学术小环境，坚守自立自律的个人学术心态。

第二节　翻译教学师资的培养

翻译教师是保障翻译课堂教学质量的核心因素，翻译教师的素质直接影响到翻译人才培养目标的实现。目前，国内对翻译人才培养方案和培养目标、翻译课程体系建设、翻译教学研究关注较多，而对翻译教学师资的培养关注较少。本节从以下三个层面提出翻译教学师资培养的途径。

一、教育部门层面

翻译专业以培养从事翻译实践的应用型人才为目标，这一目标凸显了翻译师资实践能力和职业能力的重要性。因此，要想成为合格的翻译专业教师，就有必要花费大量的时间提高自身翻译实践能力和职业能力。相应地，翻译教师用于理论研究的时间和精力就会减少，在以论文或理论专著为科研成果的产出方面就会存在相应困难。但是因为目前职称评审仍然强调教师发表论文刊物级别和课题级别，对于翻译作品重视不够，所以许多翻译教师宁愿把时间和精力用于科研也不愿意进行翻译实践。即使有翻译教师愿意实践，但成果得不到肯定，长此以往热情也逐渐消退。不少学者看到了这一问题，指出“长期以来我国翻译界‘学’与‘术’的分离特别严重，关于‘理论’与‘技巧’的争论由来已久，导致在职称评定、项目申报和成果奖励等方面普遍存在重‘学’而轻

'术'的现象"①，提出可以从制度方面进行一些改革，如可以将翻译教师的翻译实践能力和实践成果列为职称评审和个人升迁的必要条件。

教育主管部门应看到翻译的特殊性，在职称评审上要和文学及语言学区别对待。同时，翻译形式多样，对于不同类型的翻译也应有不同的认定方式。例如，口译教师出具的会议主办方对自己的翻译评价可以作为职称评审的佐证材料。除常规译著作品外，笔译教师翻译的合同、技术资料等各类翻译文本也应该作为职称评审的佐证材料。总而言之，切实转变纯粹以科研论文和研究项目为中心的学术评价体制，把翻译成果纳入评价体系，打通翻译实践教师在职称评定上的上升通道，把翻译专业的教师从繁重的科研任务中解放出来是有效培养高校翻译师资的核心条件之一。这就需要国家教育行政部门对现有的教师评价制度进行调整和改革，做好教师评价的顶层设计，摒弃传统职称评定上纯粹以科研论文为衡量标准的一刀切做法，至少按一定比例将翻译计入发表的成果。

事实上，部分省份职称评审已经出现了一些积极的变化，如从2012年起，浙江省职称评审把教师分成教学为主型、科研为主型和社会服务与推广型。翻译是实践性较强的学科，实践能力强的翻译教师在申报高一级职称时完全可以考虑申报社会服务与推广型。建议全国更多省市的教育主管部门也能考虑翻译教师的实际情况，在翻译教师职称评审方面采取更加灵活的政策。

二、院校层面

（一）师资培训

1.加强翻译教学师资的校本培训

（1）构建翻译教学师资的校本培训模式

开展翻译师资校本培训的方式方法很多。笔者根据校本培训、翻译实践以及翻译教学的特点，提出了以下几种模式以资参考。

①问题研讨模式

所谓问题研讨模式，是指教师把自己平时在翻译教学中所遇到的教学难点以及学生在翻译操作中所出现的普遍的、典型性的错误等整理出来，定期和其他翻译教师进行研讨，集思广益，取得共识，从而实现把集体或他人的智慧融

① 张瑞娥，陈德用．中国翻译师资基本状况变化分析[J].外语研究，2012（2）：67-71.

入个人的教学活动中。不过，这种模式要顺利实现有赖于翻译教师在平时教学过程中养成教学反思意识，及时记录教学中所出现的问题。

②师徒结对模式

师徒结对模式源于旧时工匠带徒弟模式。这种模式运用得当可以非常有效地实现经验丰富的教师对新教师的传帮带作用。这里的新教师不一定是指刚刚入行的翻译教师，也指那些虽然具有与翻译相关的硕士或博士学位，且入行已久，但自身缺乏翻译实践经验的教师。

③教研模式

教研模式是指以开展教研活动为方式进行的校本培训模式。教研活动是教学中经常使用的经验交流模式。根据翻译教学的特点，我们可以把教研模式划分为两种：一是示范性教研模式。所谓示范性教研模式，就是以翻译实践和翻译教学经验都比较丰富的教师上示范课的方式，给其他教师展示翻译实践的操作过程以及传授翻译教学中的问题处理方法。这种方法具有以点带面的作用，对促进翻译教师群体专业素质和翻译教学整体质量的提高很有帮助。二是诊断性教研模式。所谓诊断性教研模式，就是让入行不久、缺乏教学经验的教师，或者虽有理论基础但缺乏翻译实践经验的教师上翻译教学展示课，其他教师一起听课，并根据听课的情况，着力分析课堂教学中所存在的主要问题，提出解决办法。这种模式具有很强的针对性，对促进特定翻译教师的快速成长非常有益。

④项目依托模式

项目依托模式就是以特定的翻译实践项目为基础的校本培训模式。具体来说，就是以团队的形式申请翻译实践项目或者自行设定翻译实践项目，并通过团队合作的方式来共同完成项目。在完成翻译项目的过程中，可以采取类似古代佛经翻译的译场模式，设立主译和助译，由翻译实践经验丰富的教师担任主译，其他教师则分别担任证义、润饰和校核等工作。这种翻译项目依托模式可以使那些缺乏翻译实践经验的教师能够真实见证翻译操作的全过程，在分工合作中体验和感悟翻译，培养角色感。

⑤专家讲习模式

专家讲习模式是指在翻译教师校本培训中通过聘请专家的方式就某一专题的翻译进行翻译实践经验的传授，如旅游翻译、商务翻译、文学翻译、科技翻译、法律翻译等。也可以就具体翻译形式中的某一专门技能进行讲习，如怎样做口译笔记，怎样进行口译中的数字转换以及口译中的礼仪等。需要特别指出的是，作为翻译教师，除了必须具备翻译实践能力外，还应该对本行业的发展以及翻译项目的管理等方面有足够的了解，因此在校本培训中还可以不定期邀请翻译公司或企业的专家举办讲座。

⑥翻译茶座模式

翻译茶座模式是指由学校设立一个专门的翻译教师活动室，供教师们业余时间就翻译的相关话题随意闲聊。这种模式不对教师的发言做硬性的规定，教师可以讨论与翻译有关的任何话题，教师想起什么就可以聊什么。所以，翻译茶座模式也可以称为休闲式的翻译聊天模式。这种模式的好处是教师们顾忌少，可以畅所欲言自己对翻译教学、翻译实践、翻译政策、翻译历史甚至某个具体译文的看法。这样，既能增进教师之间的友谊，又能碰撞出思想的火花。

⑦师生互动模式

俗话说，教学相长。师生之间的互动对提高教师的专业素质是非常重要的。不过，这里的师生互动模式不是通常意义上课堂教学中的师生互动，而是指通过举办类似师生见面会的形式就学生翻译学习中碰到的问题进行集体解答。这种模式既可以让学生平时积累的翻译问题得到及时解答，同时学生所提出的问题对参与见面的教师也是一种启发。尤其重要的是，通过这种集体答问的方式，教师之间也可以形成一种思想上的互动，因为一个教师的答问必定会促使其他教师的反思。

⑧论坛模式

所谓论坛模式，也是一种翻译研讨模式，是指翻译教师定期或不定期以讲座的形式就他人的译文进行赏析，指摘译文得失，提出修改意见或建议，或剖析自己翻译作品的形成过程，详述其中甘苦，引人共鸣，给人启发。

（2）确保翻译教学师资校本培训顺利实施的措施

翻译师资校本培训的模式可以不拘一格，只要有助于教学质量的改善或提高，有助于促进翻译教师事业和实践能力发展的都可以纳入其中。但不论采取何种模式，要真正落到实处、产生实际效益还需要满足一定的条件，或者说要有一定的保障措施。否则，校本培训的目标就不可能达成。实际上，在传统英语教学中为提高教学质量，高校也曾经使用过诸如师徒结对模式、教研模式等与上述相类似的各种模式，但由于缺乏相应的制度保障或者相关保障制度不完善，往往流于形式，在效果上很不明显。所以，要使上述的翻译师资培训模式真正落到实处，使之长期、有序、高效地开展，就必须制定相应的保障措施。

①切实减轻教师的工作负担，保证教师用于知识更新的时间

翻译师资校本培训不管是采用集中培训形式，还是采用分散培训形式，想要达到良好的培训效果，时间的保障是一个非常重要的方面。目前，各高校翻译教师除了承担繁重的教学任务外，还要参与各种以申报科研项目为目标的培训活动，没完没了地填写各种项目申报书等。由于国家科研经费所限，每年最终获得科研项目的教师是极少数，但由于现行教师评价体系的硬性要求，许多翻译教师只好被动去应付，以致大部分精力都被牵扯其中。因此，要想使翻译师资的校本培训取得实际成效，除了要想方设法减轻翻译教师的教学工作量外，还要尽可能地减少翻译教师参与教学活动以外的其他活动，从而以制度化的形式为翻译师资校本培训的正常开展提供时间上的保障。

②建立专项基金，鼓励教师参与培训

确保翻译师资校本培训顺利实施的另一个重要方面是建立专项的培训经费，并做到专款专用。据笔者了解，有些高校由于没有设立相应的翻译教师培训专项基金，在教学经费方面又缺乏相关的预算，教师很少有机会参与培训。这种现象对翻译师资的校本培训是极其不利的。虽说推行校本培训的初衷之一是避免教师校外集中培训加重学校和教师的经济负担，减少培训成本，但作为一种集体活动无论如何都离不开必要的日常开销经费保障。古语有云：“兵马未动，粮草先行。”从古至今，充分的物质保障始终是进行一切活动的根本。因此，建立相应的培训专项基金是实现高校翻译师资校本培训目标的前提条件之一。

2. 培养“双师型”教师

培养“双师型”教师是一种常见的培养教师实践能力的方法。“双师型”教师指符合下列条件之一的教师：有两年以上基层生产、建设、服务、管理第一线本专业实际工作经历，能指导本专业实践教学，并具有中级（或以上）教师职称；既有讲师或以上的教师职称，又有本专业实际工作的中级或中级以上的专业职称；主持（或主要参加）两项（及以上）应用性项目研究，研究成果已被社会企事业单位实际应用，具有良好的经济效益和社会效益。

（1）“双师型”翻译教师队伍建设原则

①激励原则

应以提高翻译教师综合能力与整体素质为着眼点，秉承激励原则，制定与完善有利于翻译教师向“双师型”转变的、灵活多样的激励政策，在制度上为“双师型”翻译教师队伍建设提供保障。对于“双师型”翻译教师，可酌情提

高其工资待遇，也可在职称晋升与聘任及评优评先时，在同等条件下予以优先聘任与推荐。

②优化原则

要着眼于优化翻译教师队伍的结构，一方面要促进翻译教师不断提升自己的专业水平，为其向“双师型”转变及其可持续发展创设更好的条件，提供更大的空间；另一方面也要从企业、行业第一线聘请专业翻译人员充实到兼职翻译教师队伍中，促进专兼职教师相互交流与学习，从而提高翻译教师队伍的实践能力和整体水平。

③理论与实践相结合的原则

坚持理论与实践相结合的原则，坚持教学能力与实践能力并重。鼓励翻译教师在系统学习翻译专业知识、掌握翻译技巧、提高翻译鉴赏能力的同时，进行翻译实践，从事与专业相关的兼职工作，如到企业进行短时间的技术学习和锻炼，从而完善自己的知识结构，以便更好地完成培养翻译人才的任务。

（2）“双师型”翻译教师队伍建设措施

①制定有效的评价和约束机制，提供制度保障

建立健全评价和激励机制，是“双师型”翻译教师队伍建设的重要保障。首先，要把“双师型”翻译教师队伍建设纳入学校教育发展总体规划，建立相应的继续教育培训制度；其次，通过校企合作，采取措施，规定或鼓励教师走出校园到企业、行业参加翻译实践，也可鼓励翻译教师积极参加翻译大赛，取得翻译资格证书；最后，充分运用补贴、职称晋升与聘任、岗位合理调配等手段，努力为“双师型”翻译教师营造良好的工作、学习、生活和发展的环境。

②依托优质院校，建立培训基地

我国高等院校数量众多，其中不乏一些优质院校，这些院校具备巨大的社会影响力，拥有先进的硬件设施和庞大且优秀的师资队伍。为建立“双师型”翻译教师队伍，可以选定一些优质高等院校建立“双师型”翻译教师培训基地，实现翻译教师的定期培训。依托这些优质高等院校而建立的培训基地，为翻译教师提供合格的培训场所，有利于实现对教学资源的最大利用，并加快了“双师型”翻译教师队伍建设的进程。

③完善继续教育体制，全面提升教师素质

学校应完善翻译教师继续教育体制，借鉴国内外的相关经验，全面提升翻译教师素质。对在职翻译教师进行继续教育，笔者认为可以关注以下几个方面：第一，学校和企业互助合作，发挥各自优势，从而促进高质量培训工作的

开展。第二，构建高水准的继续教育师资队伍。教师是培训工作得以顺利进行的主力军，开展培训工作的教师必须具备丰富的行业知识，也必须具备先进的教学理念、专业的职业技能，还要与社会实践相接轨，能获取最具前沿性的行业、职业信息。第三，选取合适的培训内容。培训内容的选取应与社会的需求紧密联系，应用现代化的教育观念，将理论与实践相联系，以实现培训内容的丰富与突破。第四，采用多样化的培训模式。传统的单一的培训模式已经与现代化的教学不相适应，要搞好“双师型”教师队伍建设，应采用多样化的教学模式，如经验交流、学术报告、参观考察等。第五，建立完善的培训管理与评价体系。对于专业教师继续教育培训，可以采取弹性的学习制度，充分利用网络资源，实现远程教育。对学习时间、学习地点与学习内容等，翻译教师都能够实现自主选择。利用正确的管理体系对翻译教师实行管理，运用合理的评价体系对翻译教师进行客观评价。

（二）挂职锻炼

高校的挂职锻炼指学校派翻译教师深入机关企事业单位，从事各类实践性工作，这也是一种能够有效提升翻译教师实践能力的办法。学校可出台翻译教师挂职锻炼政策，每学年按一定比例派遣翻译教师进企业进行翻译实践，以此提升教师实践能力。

挂职单位可以是翻译教师自己寻找，也可由学校提供必要的帮助。在确定挂职单位时可优先选择政府机构外事部门、大型企事业单位和知名翻译公司，因为这些单位翻译任务多、要求严、翻译技术领先，特别锻炼翻译实践能力。同时，高校还可以和这些单位开展深度合作，共建翻译产学研基地，实现行业研究、教师挂职和学生实习等多重目的。①

（三）校企合作

高校应与翻译行业保持密切联系，积极推进校企合作。翻译公司在许多方面都走在了高校的前面。由于其在一线，能接触到最新和最先进的翻译工具，在公司管理、翻译技术等领域有着无可比拟的优势。对于企业而言，校企合作不仅是获得价廉质优的翻译人才的方式，也是参与人才培养的过程。对于高校而言，校企合作不仅是获得企业的优质资源的途径，也是把人才培养和市场真正接轨的过程。②

---

① 王刚毅．新时代翻译专业师资培训的机遇和挑战[J].上海翻译，2018（4）：1-3.

② 蔡辉，张成智.论翻译专业硕士培养中的校企合作[J].中国翻译，2013（1）：51-55.

在校企合作的过程中，教师培养也应该成为其中重要的组成部分。在请校外教师进校讲最新翻译技术和理念时，翻译教师和学生可以一起学习。在建立校外翻译实习基地派遣学生实习的同时，也可以派遣翻译教师前往基地。一方面教师可以更好地管理学生实习，另一方面教师也可以参与实习基地的翻译工作，提升实践能力，学习行业知识和把握行业发展脉搏。①

（四）设立翻译公司或翻译工作室

高校设立翻译公司或翻译工作室以承接商业翻译，翻译教师和翻译专业学生可以参与其中。有了翻译公司，翻译教师可以更直接地与翻译行业面对面，这不但可以提升翻译教师的口笔译实践能力，而且能锻炼其翻译公司管理、翻译排版校对等全方位能力。上海外国语大学创办的上外翻译公司，就为翻译教师和翻译专业学生进行翻译实践提供了绝佳的平台。

设立翻译工作室也是一个好办法。翻译工作坊教学模式已被各高校广泛使用，并取得了良好的效果。再往前走一步，成立翻译工作室则会有更大的收获。翻译工作室规模较小，是翻译公司的前期形态，比翻译公司更容易运作。

三、个人层面

（一）确立实践领域

经常有人评价译者是：Jack of all trades（万金油），即什么都懂一点而又不精。但随着社会分工的不断细化，翻译也越来越专业。人的时间和精力有限，精通所有类型翻译是不可能完成的任务。目前，翻译市场中已经有许多专业的翻译公司，一批职业译员也专注于各自的领域，他们对于专业的透彻理解使他们活得轻松自在，并且获得了高于行业平均水平的报酬。同样，一个翻译教师也应该争取在一到两个领域做到精通，并在该领域脱颖而出，打响自己的品牌。

如何确定领域呢？翻译教师应该根据地方产业发展、学校类型和个人知识结构来确定自己的实践领域。例如，北京、上海国际会议多，北京、上海的口译教师就可以专注国际会议口译，根据自身兴趣选取需求量大的能源、汽车、金融等一个或几个方向作为自己的实践领域。工科类院校，可以把重点放在科技翻译领域，如石油大学的翻译教师就可以把石油口笔译作为自己专注的

① 孔令翠，王慧．MTI热中的冷思考[J].外语界，2011（3）：9-15，30.

领域。

（二）学习专业知识

翻译教师在确定实践领域之后应该加强自身的专业知识学习，只会语言而不懂专业做不好翻译。大多数翻译教师为语言专业出身，基本没有专业背景，再漂亮的语言遇到专业词汇和专业知识也只能束手无策。许多优秀的职业译员已经给我们做出了榜样，有法律翻译教师考取法律执业资格证书的，有金融翻译教师考取特许金融分析师（CFA）的，有汽车翻译教师系统学习汽车构造和原理的。有了专业知识的积累，加上不断的实践，翻译教师才会在翻译实践中如鱼得水、游刃有余。

（三）校内翻译实践

随着国际化的不断深入，各高校本身就存在着不少翻译工作。翻译院系可以和学校外事部门联系，让口译教师为学校各类国际论坛、外事接待、外籍教师讲学等担任口译，让笔译教师为各类涉外文件进行笔译。这是相对容易找到的实践机会，通过校内实践也能有效提升翻译教师的实践能力。

（四）校外兼职翻译

翻译教师应与翻译公司或翻译企业建立紧密联系，通过承接外部公司的翻译业务不断提升自身的实践能力。口译教师可以通过翻译公司承接口译工作，笔译教师也可以在业余时间完成一定量的笔译工作。一个翻译教师被市场认可的程度，如承接翻译价格、规格在很大程度上和其翻译实践水平成正比。另外，教师还应积极响应高校出台的挂职锻炼规定，勇于在院校提供的实践平台进行锻炼，如翻译教师可以根据自身的情况定期参与脱产翻译实践，与时俱进。一个经常进行翻译实践的翻译教师的实践能力一定会高过不做实践的教师。所以翻译教师应积极进入翻译市场，在市场中检验自身的能力，不断促进自己知识结构的更新和实践能力的提升。

翻译教师实践能力薄弱严重制约着翻译人才培养质量，解决该问题需要多方长期努力。教育管理部门应从职称评审上做出改革，对翻译教师翻译实践的认定做出新的规定，这将会极大调动广大翻译教师实践的热情。高校应该采取措施，为翻译教师的翻译实践给予帮助和支持。翻译教师也应认识到提升自身实践能力的重要性，积极以各种形式投身翻译实践，提升实践能力。通过多管齐下，翻译教师的实践能力会不断提升，翻译教学会得到极大反哺，翻译教育会更接地气，培养出更多社会认可的职业翻译人才。

第三节 科技英语翻译教学下的师资队伍建设

随着全球一体化和知识经济时代的到来，世界范围的沟通成为各行各业在新时代继续发展的基础，沟通需要准确的翻译，因而对专业翻译的需求量不断增加，对翻译教师的要求也变得越来越高，这一点在科技领域内得到了充分的体现和验证。

一、科技英语的特点

凡是介绍科学和技术的英语口语或英语书面语，比如论文、学术报告、著述、情报资料、手册、交流用语、影像、解说词等，都属于科技英语。随着科学技术的进步、科技交流的日益频繁，科技英语翻译作为一种交流媒介，其重要性也日益彰显出来。研究和探讨科技英语翻译的策略和技巧对提高科技翻译产品的质量十分必要。科技英语源于普通英语又区别于普通英语，在词汇、修辞及句法等方面都有其独特之处。尤其是在句法方面，具有频繁使用被动语态、经常使用非谓语动词、大量使用名词化结构和多使用长句的特点，其中最突出之处就是使用大量长句。

科技英语具有独特的语言风格，一般来说，在科技英语中专业术语出现较多，且在各专业领域中含义固定、概念明确，句式变化较少，结构严谨。在某些专业性较强的科技英语文体中，为了表述严谨复杂的概念，多使用长句，且其中结构复杂，往往出现从句连套、定语叠加、状语扩展或成分并列的情况。因此，在翻译科技英语时要充分注意到这些特点，正确分析句子的结构和含义，针对不同的句式运用合适恰当的翻译技巧，并结合译入语的表达习惯和特点调整句子语序，使之符合译入语读者的阅读习惯，从而准确、顺达地对科技英语长句进行翻译。

被动语态在科技英语文献中也比较多见。汉语的表达多采用主动形式，译者在翻译英语被动句时大都译为汉语的主动句。另外，科技英语翻译一般会将原文中的主语译为汉语中的主语，通过“加以”“经过”“得以”等词汇来表达被动语义，译者可适当增加“大家、人们、我们”等泛指性人称代词作为主语来翻译英语被动句。比如“This novel has finally been pub lished”，如果逐字逐句翻译，得到的结果是“这部小说最终被出版”，“被出版”并不符合汉语语法习惯，所以必须翻译成“这部小说最终得以出版”。再比如“It is thought that this plan won't act”，正确的译法是“大家认为这个计划行不通”。

英语语法中包含一种伴随长句出现的语法形式割裂现象。科技英语中有许多长句，割裂现象也十分常见。在英语语法体系中，同位语、从句、不定式短语、介词短语、分词短语，以及插入成分、独立成分等各种附加成分，均属于割裂现象。比如“Behaviorists suggest that the child who is raised in an environment where there are many stimuli which develop his or her capacity for appropriate responses will experience greater intellectual development”，句中“the child”与“will experience greater intellectual”之间的定语从句将二者割裂。全句正确的译法应该是“行为主义者认为，如果儿童的成长环境中存在能够提高其反应能力的刺激因素，那么儿童的智力水平就会得到更好的发展”。科技英语中的割裂现象常常使学生无法准确捕捉原句的本来意思而出现误判、误译的问题。比如“In America，agriculture had progressed further before the coming of the Europeans than is commonly supposed”，该句正确的译文应该是“在欧洲人到来前，北美农业的发展程度比一般人想象的要高得多”。句中的“before the coming of the Europeans”是介词短语，在句中相当于一个时间状语，将整句中两个比较成分割裂出来。阅读时，读者很容易对原句的意思造成误判，而将其错误地翻译成“在人们的想象中，美国的农业比欧洲的农业发达”。

二、科技英语翻译师资的培养途径

（一）建立以能力培训为核心的培训模式

建立以能力培训为核心的培训模式，开展以能力训练为目的的教学活动，是教师参与教学培训、提高教学能力、培养翻译人才的一个不可分割的部分。教学能力的真正获得和提高，绝大部分有赖于教师在入职前后接受的教育训练，有赖于学校为教师创设的良好的教学环境，更有赖于教师对教育事业的忠诚和执着，以及对教学、教学艺术的不懈追求和探索。

1. 注重对科技英语翻译教师的职前培训

科技英语翻译教师职前教育和教学能力的职前培养除涉及课程教学、教育实习及毕业论文写作这三个主要方面外，还与其他相关因素有着密切关系。例如，政府及教育行政管理部门针对教师教育所实施的相关政策、教师培训机构内部的管理体制、师资培养机构本身的师资队伍结构与素质，等等。

（1）注重提高管理者素质水平

管理者的素质水平是影响教师教育绩效的关键因素。教师教育管理者不仅在课程发展方面，而且在教师职前培养的整个体系的各个环节发挥作用，其决策与管理直接决定一个教学单位师资培养的质量。承担教师教育任务的院校及承担教师培训任务的相关机构，其教育与培训质量的好坏与管理者管理水平和理论素养的高低有着非常直接和紧密的关系。相关管理者，尤其是第一责任人应将本单位的管理作为本人工作的第一要务，其他方面的工作不应动摇管理工作的首要地位。

我国在英语教育教学研究方面除了从国外引进了大量的研究成果外，相关学者对此也进行了非常务实的实证研究，如北京外国语大学、上海外国语大学、南京大学及广东外语外贸大学的相关学者等。他们都有在国外学习的背景，绝大多数获得过国外的相关学位，他们把在国外学到的理论知识同我国的国情和教学实际相结合，通过深入的研究，取得了很多极具价值的研究成果。按理说，这些研究成果应成为教师教育教研机构和师资培养培训部门十分重要的参考依据。作为这些部门的管理者、决策者，若不去研读这些成果，不去了解相关情况，不在这些方面做一些研究，要想胜任所担任的职务当然也是非常困难的。既然高校中教育管理人员的主要工作是管理，管理当然应是其本职工作，既然教育管理是一门学科，毫无疑问管理人员应对其所从事的本职工作展开相关研究，研究对象就是其管理的人和事，研究内容应与其从事的工作密切相关。①

科技英语翻译的管理人员要具备必要的英语教师教育管理素质，要熟悉科技英语翻译教师教育领域最基本的理论。可以想象一下，对科技英语翻译教师教育领域毫无所知或知之甚少的管理者当然难保决策时不出纰漏。教育机构决策与管理者失误所造成的后果虽不像一个企业那样明显，但我们绝对不能小视决策失误带来的危害，一项不合理的决策可能影响的就是几批学生的命运。针对科技英语翻译师资的培养，首先要对社会需求进行分析，了解社会到底需要什么样的人才。相关管理者当然要对我国高校科技英语翻译教育现状、国家教育相关政策与教育教学改革新举措等有所了解，对这些情况的了解，是指导师资建设、制订培养方案、确定课程设置、选择教学内容和教材等的必要准备。

① 夏云.翻译专业教师职业素养与发展[J].英语教师，2016（18）：94-97.

管理者即为决策者，决策是否科学合理将决定人才培养质量的优劣。因此，决策者要对这些方面进行深入的调查和研究，将其作为专业来对待，使自己成为这方面的行家里手，为确保决策的科学性，要保障科技英语翻译师资的培养质量。

（2）构建专业化的教育教学师资队伍

科技英语翻译师资队伍除了与非师范专业的师资队伍有相同之处外，还应该具有自身的特点，这是在进行教育科学师资队伍建设时不得不考虑的问题。教师教育专业师资队伍的特点主要反映在教师的研究方向上，相关院系在引进或培养师资时，要考虑教师与教育教学研究的关联性，储备和建设一部分从事教育教学研究（或兼教育教学研究）的师资是极为重要的。如果没有这方面的储备和建设，教师的研究兴趣就不在教育教学上，要想把教师教育专业做强做大也是不太可能的。引进或培养的人才可以是课程与教学论专业，也可以是外国语言学及应用语言学或英语语言文学专业中英语教育教学方向的。因为教师教育专业实际上是一个复合型专业，应具有教育学学科属性。事实证明，完全或基本不从事英语教育教学研究的教师是难以胜任该专业教育类课程教学的。

作为教师教育的教学者，不仅要自己会教，还要教会其学生怎样学。我们常把教师的任务概括为两个方面：一是教书，二是搞研究。研究又可分为学科研究与教育教学研究，教育教学研究的目的就是促进教学，教学恰恰是教师的本分。综上所述，要想培养出合格的师资，使毕业生入职时基本适应所从事的教学工作，职前培养体系中要有一支高素质的教师教育师资队伍，并且这支队伍中有一部分承担相关教育类课程教学任务的高专业化的教师是十分重要的，它是保障师资培养质量的必要条件，也是其中十分重要的一个方面。

2. 加强高校科技英语翻译师资队伍的职后培训

教师继续再教育对于提高教师的教学质量，培养学生的科技英语翻译能力是十分有必要的。尤其是新课改的实施，对教师在教法上提出了新的要求，不少教师感到过去学的一些知识已不再适应新的形势，亟待更新，一些教师感到自己的听力和口语能力难以达到教学的要求，尤其是对于不断发展壮大的科技行业，还有一些教师感觉应通过培训及时丰富教学理论和教学方法，以适应新课程的教学要求。

（1）提高教学内容的实用性

一方面，当前很多高校师资培训机构并没能很好地将自身应有的培训功能与高校师资培训的实际需求进行对接，没能对高校英语教师的实际需求，尤其是实际教学能力发展的需求进行客观分析，从而没能在师资安排及教学要求上做好相应的准备。另一方面，培训机构在教育教学师资培训的自身师资队伍建设及储备上存在一定的问题。相关承担培训任务的教师自身的培训能力有限，仅掌握一定的学科教学论的基本理论知识，没能将自己的研究延伸到应该重视的基础教育领域，尤其是对于实用性较强的科技英语翻译教学，导致师资的实际培训就只能提供一些不切实际的空洞的理论讲解。高校英语教师的培训内容应从两个方面考虑，除了应占主要地位的教学能力培训外，鉴于目前的实际情况，由于教师学科方面的水平还不尽如人意，学科方面，尤其是英语的听、说和写作方面的训练也应纳入培训的内容。无论是学科方面，还是教育教学理论方面，培训的课程设置和教学内容选择一定要建立在适应科技英语翻译教师的真实水平、符合受训教师的客观需求的基础上。要精心设置，精心安排，课程要切合实际，要对高校科技英语翻译教师有一定的吸引力。另外，培训的内容除了书面的理论知识外，还应有一定量的实践课程。培训的课程可以分为以下几类：教学理念更新、理论知识拓展、教学技能培养及科研课题研究。除了以上涉及的教学内容外，还应组织科技英语翻译教师参观和开展教学理论讨论会、举行公开课等。

（2）加强培训机构的建设

要解决科技英语翻译教师职后培训的问题，除了要建立科学合理的培训体系外，当务之急是要做好培训机构的建设工作，培训机构的质量决定科技英语翻译教师职后培训的成果。目前，承担高校教师培训任务的机构主要是教育学院、教师进修学校及高等师范院校。这些承担教师在职培训的机构总体水平低于同级的师范院校。因此，接受过较高层次教育的毕业生再回到水平较低的教育学院等培训机构去接受再教育的现象是不合理的。因此，要推进科技英语翻译教师职前培养与职后培训的一体化，鼓励综合性院校参与到教师教育工作中来，逐渐形成开放而规范的科技英语翻译教师教育体系。应将过去的学历补偿教育转向知识更新、教学研究和提高业务能力的教育，调整或合并普通高等师范院校与教育学院、教师进修学校等成人教育学校，使之兼具科技英语翻译教师职前培养和职后培训功能，实现科技英语翻译教师教育培养与在职培训的一体化。

加强培训机构建设的具体措施主要反映在硬件和软件上，未来教师职后培训对硬件会有更高的要求，特别是对现代教育技术，如远程教育所依托的网络技术等。硬件建设不仅仅是资金的投入，同时也应有科学的规划，如建设什么，建成多大规模或规格等。这些都要有科学的论证和调研，不可盲目进行。相比较而言，软件建设比硬件建设重要得多。软件建设主要包括培训方面的师资力量及一整套健全、合理的实施体系。师资建设不是短期能奏效的，要有长期的规划，且常抓不懈。要有政策的激励，尤其要注重梯队建设。在建设过程中要注意培训师资自身的特点，必须建立创新机制，使培训教师与高校有着广泛和紧密的联系，使其与高校一线教师、骨干教师保持经常性的互动，使培训教师了解高校的实际教学情况，了解高校教师的真实需求，甚至与高校教师进行相互合作，对热点难点问题进行共同研究。这样，培训教师在上课时就不会只传授一些空洞的理论，所讲的东西也不再是空中楼阁，不会完全脱离高校的教学实际，高校教师接受起来定会更容易些。另外，要加强高师院校与高校的联系，要做好确实有些客观困难，其中涉及高校配合的问题。要处理好这一矛盾，也是对管理者智慧的考验。例如海南师范大学外语学院在这方面的做法很值得借鉴，其主要原则便是与高校互利互惠，一旦这种互利互惠的机制建立起来后，就会进入良性互动的过程，使教师职后培训变成了培训者主动参与，受训者乐意接受的事情，这样的互动结果也必然会使双方受益。而软件建设中制度的保障作用是不可忽视的，要建立合理的制度，使培训工作在合理的制度下得以顺利进行等。

（二）科技英语翻译教师自身应掌握一定的教学方法

1. 词汇教学

在词汇教学上，重点应放在以下几个方面。

（1）从一般词汇中借用意义有所拓展的科技术语。

（2）一词多义的词汇，总结在不同专业、不同场合的不同意义。

（3）系统地介绍现代英语构词法。

（4）系统地总结常用动词的用法。

2. 句型教学

在句型教学上，重点应放在以下几个方面。

（1）总结科技英语中经常出现的若干特定句型及其译法。

（2）对典型的长句及复杂句型进行重点讲解并对不同译法进行对比。

（3）对后置定语、被动语态及非限定动词性动词的译法进行系统的总结。

在课堂教学中，词汇的教学可突出重点，一些内容可作为作业让学生自行查词典。重点词汇要多给例句。对于难句和长句要对不同的译法进行对比，使学生在对比中提高对翻译质量的辨别能力。

总之，科技英语翻译教学今后将成为学生翻译能力培养的一个重要环节，从如何提高课堂教学的效率、使学生掌握方法的角度出发，加强师资的培养与建设，改进教学内容和教学形式，是有待研究的重要课题。

第八章　翻译教学效果与人才培养的优化

翻译教学效果的提高与人才培养的优化是一个关键性的议题，对于培养高质量的翻译人才至关重要。目前，随着全球化的不断发展，翻译行业迎来了前所未有的发展机遇和挑战。因此，如何提高翻译教学的效果，以更好地满足市场需求，培养具备国际化视野和高水平翻译能力的人才已成为教育界和翻译行业共同关注的焦点。

第一节　提高高校翻译教学效果

随着全球化的不断发展，翻译教学在高校扮演着越来越重要的角色。然而，我们也必须承认，目前高校翻译教学效果的提高仍然面临不小的挑战。为了确保学生能够在翻译领域真正掌握所需的技能与知识，需要采取一系列措施。

一、编写符合时代要求的翻译教材

纵观我国几十年英语专业教材和英语教学的发展状况，翻译一直未受到足够重视。在教材编写方面对翻译技巧的处理和翻译练习完全局限于课后的句子翻译。翻译练习在很大程度上只是作为巩固课文中所学语言知识的手段，是被用来检查学生对语言知识的理解程度的。同时很多教材在汉英翻译练习的设计中尚存在汉语句式覆盖面过窄的问题，在一定程度上也弱化了这种练习形式的作用。另外，大学英语翻译教学所采用的材料大多局限在综合英语教材中课后的翻译练习。而这些教材译例的选择又大多倾向于文学题材，学生在课外翻译实践中对涉及本专业的翻译个案常常感到束手无策，因此大多学生认为目前的翻译教学不能满足他们未来工作的需要。要改变这种状况必须编写符合时代要求的大学英语翻译教材。

教材是教学内容的重要载体，也是教师教学的主要依据。教材的编写在很大程度上也反映了教学的指导思想。教材编写时既应考虑把翻译练习作为一种教学手段运用于大学英语教学，以提升学生语言综合运用的能力，又应考虑在每个单元练习中适当增加一些翻译理论和翻译技巧，同时配备多种形式的翻译练习，以提高学生的翻译能力。在高科技迅速发展的今天，结合英语知识的传授适当增加科技、经济、国际政治等专业方面的内容，对一些新兴专业、高新技术词语进行翻译练习尤其具有现实意义。

（一）大学英语翻译教材的编写要加强对翻译理论的重视

在大学英语基础教学阶段将翻译教学纳入整个大学英语教学体系中，将翻译基本理论、方法、技巧全面而系统地植入大学英语教材中，要加强英汉语言文字结构的对比教学。目前国内已有一些大学英语课本在新一版教材上做了适当调整，将翻译教学纳入整个教材体系中。在翻译教材的编写上，可以由权威机构牵头组织人力编写系列翻译教材，教材应理论联系实际，并且应补充新的理论观点与方法，教材不应仅仅着眼于知识的传授，而且要有助于学生的鉴赏、批评、思维和创新能力的培养。

现在大多数的翻译教学材料都以介绍翻译技巧和翻译方法为主，而忽视了翻译理论对翻译实践的指导作用。翻译理论的指导性在于减少实践的盲目性、因循性而提高科学性、功效性。在大学英语翻译教材中编写翻译理论部分时，既要考虑教学目的，又要考虑学生的知识结构现状。适当导入翻译理论能提高学生的技能意识和跨文化意识。中国的翻译理论从玄奘的“既须求真又须喻俗”到近代严复的“信、达、雅”，皆为行家们从翻译实践中得来的宝贵经验，对于指导翻译实践十分有用。但要注意教材所涉及的翻译理论不宜过深，而应比较全面和广泛。

（二）在大学英语后续选修课程中翻译教材的选用要强调翻译的实用性

随着我国对外开放逐渐深入，社会对非英语专业大学毕业生的英语综合应用能力要求越来越高，对既懂专业又会翻译的复合型人才需求旺盛。国内已有大学为了满足时代的需要开设了大学英语实用翻译选修课程。在这个阶段则可结合本专业的特点选择适当的教材，若没有相关内容的翻译教材，也可选择涉及专业内容的书籍或文章进行翻译练习。

笔者认为这一阶段所使用的教材应该具有以下特点。

1. 教学内容结合学生所学专业

要处理好专业知识、语言训练和相关学科知识之间的关系。比如可以根据社会的需要，结合学生所学专业的特点进行一些实用性文章的翻译。这样一来，由于学习主题与现实息息相关，学生能把所学的知识和技能直接运用于实际，也就有了更大的动力去学习翻译。

2. 倾向实用性翻译技巧

教学内容要有较强的实用性和针对性。教材无论从技巧讲解还是从练习材料选编，都要既考虑到全面性以便让学生切实打下坚实的翻译基础，又要考虑到实用性使之适合非英语专业的学生毕业后工作上的需要。

3. 配备大量贴切的练习

翻译是语言转换的实践活动，是一项需要不断练习的技能。教学实践证明，只有亲手动笔，经过大量各种文体的翻译练习，才有可能掌握翻译技巧、提高翻译能力。因此，翻译教材中应该配备大量有针对性的、贴切的练习。

二、创新翻译教学课堂

（一）媒体技术与翻译课堂的有效结合

随着社会的发展以及教育的深入改革，传统教学环境下的教学模式已经不能很好地满足社会的发展及需求，因此，为了更好地改善课堂教学质量，提升课堂教学效果，很多教师开始选择将多媒体技术引入课堂，进而实现多媒体技术与英语翻译课堂教学的有效结合。众所周知，多媒体技术本身就具有信息载体多样性的特点，即将文字、文本、图形、图像、视频、语音等多种媒体信息集于一体。这种将书本上的文字以音频、视频或者图画的形式展现出来的功能会使得翻译课堂教学变得更加生动形象。

1. 多媒体在翻译课堂教学中的作用

（1）激发学生学习兴趣

在传统的教学环境下，教师大都是根据书本上的知识照本宣科。这种书本教学法虽然可以保证教学内容的讲授，但是却使得课堂教学变得十分单调、枯燥，进而导致学生学习兴趣降低。而多媒体技术具有将文本、文字、图形、视频以及音频进行整合的功能，因此，教师可以将原本课本上的知识以生动形象的形式展现出来，进而增强课堂的趣味性和活泼性。同时，这种生动的教学形式还可以吸引学生的注意力，进而激发学生的学习兴趣。

（2）创建良好的学习氛围

在传统的教学环境下，教师为了节省课堂的教学时间，大都采用“满堂灌”“一言堂”等教学模式，与学生之间缺乏一定的互动，进而导致课堂的教学氛围极其沉闷。良好的学习氛围是激发学生学习积极性及主动性的关键，没有良好的学习氛围，就谈不上学习效果的提升。而多媒体技术的参与恰好能解决这一问题。在多媒体技术的参与下，教师可以利用多媒体软件进行情景设置教学以及师生互动教学，进而增强师生之间的互动，调节课堂教学氛围。

（3）大幅度提高教学效率

有了多媒体技术的参与，教师可以随时查阅资料。不同于其他专业的课程教学，在英语翻译课程教学的过程中，除了要教授课本上的相关知识以外，还需要讲解大量的课外知识，只有这样，才能保证学生能够适应各个领域的翻译工作。利用多媒体技术，教师则不必像传统的教学一样翻阅大量的文本资料，而是直接利用互联网进行查阅就可以了，这样可以减少查阅资料的时间，提升课堂的教学效率。同时，多媒体技术的参与也可以保证课堂教学氛围的轻松、愉悦，进而使得学生的学习充满积极性，从而大大提升课堂教学效率。

2. 多媒体技术与翻译课堂教学进行有效结合的方法

（1）PPT课件教学法

教师可以在翻译课堂教学中利用PPT课件进行教学，进而实现多媒体技术与翻译课堂教学的有效结合。在传统的教学环境下，教师通常会将教学内容编制成教案，上课时，教师会按照教案上的内容进行讲解，遇到重点及难点，教师会在黑板上进行板书，这样虽然也可以实现教学内容的讲授，但是由于教案在教师的手中，所以学生不能很好地了解教师的教学思路，稍微一溜神则可能导致教学内容的遗漏，同时，这种板书的形式也会耽误大量的教学时间，进而降低教学效率。倘若教师可以将教学思路及教学重难点以PPT课件的形式展现给学生，不仅可以激发学生的学习兴趣，还可以提升课堂的教学效率，可谓一举多得。

（2）情景设置教学法

在传统的教学环境下，教师大都直接进行教学内容的讲解，缺乏一定的导入环节。在多媒体技术的参与下，教师可以采用情景设置教学法。即在课堂教学活动正式开始之前，先利用多媒体软件播放一段关于本节课教学内容或者是一些知名译者的翻译视频，进而吸引学生的注意力。另外，教师也可以利用多媒体软件随机找出一段文字，采取学生翻译的方法进行情景设置，这样一来，一方面可以起到教学导入的作用，另一方面还可以起到锻炼学生口语表达能力的作用。

（3）开放式教学法

在传统教学环境下，大都是教师讲课、学生听课的教学模式，在多媒体环境下，我们可以采用开放式教学法进行教学，即学生讲、教师听的教学模式。一方面，可以提升学生在课堂教学活动中的主体地位，另一方面，也可以提升学生的实践能力。

多媒体技术生动形象、图文并茂、音形兼备，它的使用能有效地促进英语课堂教学的多信息、大容量和高效率，因此，在众多教学媒体中具有独特的优势。但在具体的使用过程中，必须遵循和服从教学目标需要的原则，即多媒体技术的使用要适时、适量，只有这样才能充分发挥其优势，翻译教学才能取得最佳的效果。

（二）实施基于“雨课堂”的翻译教学

“雨课堂”是一种新型智慧教学工具，由清华大学和清华旗下的在线教育品牌学堂在线共同推出，致力于为所有教学过程提供快捷免费的数据化和智能化信息。“雨课堂”的安装简单、快捷，只需在官网上下载雨课堂插件，便可在PPT工具栏中找到“雨课堂”，在此可以上传试卷、课件，插入慕课视频和网络视频，导入习题等，学生只需扫一扫二维码即可进入课堂。

除了操作简便外，“雨课堂”还有以下优势。首先，幻灯片可以推送到学生的微信，这样学生可以在手机上查看高清的课件，避免因设备、光线、距离、字体等问题导致学生看不清屏幕的问题。除此之外，“雨课堂”还可以推送预习材料、作业、试卷给学生，让学生随时回顾、复习和巩固。其次，“雨课堂”可以创新师生互动方式，学生可以发送弹幕、投稿，即使大班教学也能人人都发言。弹幕功能还能活跃课堂气氛，教师在后台能看到是谁发送的弹幕，也可以把弹幕功能作为主观题的解答方式，让每个学生都能畅所欲言。最后，“雨课堂”可以提供全周期的教学数据分析，课前、课堂、课后的每一步都有记录。教师可以通过学生学习过程的详细数据进行教学调整和改进。①

翻译是一门专业性较强的课程，旨在传授相关的翻译理论知识、翻译方法和翻译技巧，培养学生独立完成翻译任务的能力。将“雨课堂”应用于翻译教学中，可以提供课前、课中、课后多种不同题型的练习。

1. 课前准备

首先，教师通过关注“雨课堂”微信公众号创建课程和班级。创建成功后，自动生成邀请码及二维码，学生则可以通过扫码或输入邀请码加入班级。教师在每节翻译课前发送一个资料搜索任务，让学生到网上搜寻相关的中英文语料，并对语料的语言特色、文体特色等加以学习。例如，中英网站中企业介绍的异同、旅游景点介绍的异同等。

2. 课中互动

教师打开课上要使用的课件后，选择工具栏中的“开启雨课堂授课”，学生则通过扫描二维码进入课堂上课。教师对翻译课程相关内容进行讲解，并在播放课件时通过“弹幕”功能与学生互动，及时了解学生的观点。还可以随时布置课堂作业，让学生把自己的翻译文稿用手机拍下来后“投稿”，教师可把学生的翻译文稿立即投放到屏幕上，进行翻译点评，调动学生参与课堂活动的积极性。②

同时，“雨课堂”课后小结“教学设计与备忘”模块，用于记录旷课、请假、未带手机等情况的学生，节约教师进行课堂管理的时间。

3. 课后复习

课后，教师可以再布置作业推送给学生，以此巩固和加强学生的学习。教

---

① 王静，张广兵.雨课堂在高校翻转课堂中的应用模式及反思[J].中国教育技术装备，2018（14）：31-32，41.

② 沈捷，刘赣华，占跃华.基于“雨课堂”的课程混合教学模式构建初探——以《ERP模拟企业运营》为例[J].经贸实践，2018（21）：257.

师同样可以查看学生的复习结果反馈，掌握学生复习进度。而且“雨课堂”课后小结会自动总结出优秀学生和预警学生，即本次授课中作答教师发布的所有随堂习题得分最高且总用时最短的三位学生和得分最低且总用时最长的三位学生，以方便教师进行重点监督。

（三）翻转课堂

1. 翻转课堂在英语翻译教学中应用的可行性

（1）英语翻译教学实施翻转课堂的必要性

虽然我国的翻译教学取得了长足的进步，但是仍然存在一些有待解决的问题。例如，翻译课实践性较强，然而课时有限，学生的实践机会较少；师资结构需要进一步优化，翻译教师中普遍存在自我翻译实践量不足的问题；翻译教材内容比较陈旧，文学翻译内容居多，新闻翻译、商务翻译、科技翻译等实用性翻译内容偏少；翻译教学模式比较陈旧，难以达到翻译课应有的教学效果等。翻译教学存在的这些问题亟须教师对目前的翻译教学模式进行革新，翻转课堂就是一种很好的教学模式。

（2）实施翻转课堂有很强的现实意义

翻转课堂采用先学后教的教学模式，利用信息技术设备让学生在上课前进行知识的自主学习，而把课程知识的应用与探究放在课堂上。学生在课前进行学习时，对于课件或教学视频中的难点可以反复观看并进行理解，也可以将有疑问的地方记录下来在课堂上向教师提出，或者直接在网上向教师提问，从而让教师有针对性地备课。课堂上教师除了对难点进行答疑解惑之外，也会组织学生进行知识分享和小组讨论等互动活动，这既增加了师生间的沟通，也提升了学生在课堂中的参与度，促进了英语翻译教学效果的提升。

（3）翻转课堂符合英语翻译教学的特点

由于英语翻译课程具有很强的实践性，学生只有在大量的实践中才能逐渐积累翻译的技巧和经验，提高翻译能力，而如果仅靠课堂短暂的教学时间很难促进学生翻译能力的提升。目前的翻译教学主要教授具体的翻译技巧和应对具体问题的翻译方案，在教学方式上仍然保持着传统课堂中的直线型教学模式，完全是以教师为中心的。这种教学模式往往导致翻译专业毕业生的综合知识比较有限，而且翻译的实践也通常会受到教学上翻译积累的限制，缺乏面向市场服务的翻译意识。实施翻转课堂后，教师可以利用课堂时间组织学生进行英语的表达和互动活动，学生可以获得大量的翻译实践机会，从而逐渐积累翻译的技巧和经验，提高翻译能力。因此，实施翻转课堂的教学模式符合英语翻译教学的特点。①

2. 翻转课堂在英语翻译教学中应用的指导原则

（1）学生自主原则

翻转课堂是一个构建深度知识的课堂，需要学生的高度参与，学生是课堂的主角。成功翻转英语翻译课堂的前提是学生积极自主地参与课堂的翻转，包括自主学习教师课前发布的关于翻译的教学微视频和积极参与课堂活动。学生对翻译学习的热情、兴趣和动机只有充分被激发起来，才能真正转变为积极主动的学习者，才能最大限度地优化翻译教学效果。

（2）系统性原则

教师布置学生课前学习的教学微视频时往往聚焦在某些细小的知识点上，若课堂教学缺乏系统性就容易形成知识碎片。语言是一个整体系统，英语翻译更是跨语言、跨文化、跨社会的交际活动，涉及词汇、句式、文体、文化等诸多方面的行文特色和艺术魅力，这就决定了英语翻译教学是一个有机的整体。因此，翻转课堂应用于英语翻译教学中是一个系统工程，教师要科学合理地规划设计这一复杂的系统。

（3）翻译理论和实践相结合的原则

早在1990年，劳陇先生就指出翻译教学的出路在于理论与实践相结合。三十多年过去了，这一理论仍然适用于如今的翻译教学，在英语翻译教学中实施翻转课堂也仍然必须遵守这一原则，用翻译理论来指导翻译实践，在翻译实践中不断总结和体会翻译理论，理论和实践相互联系，缺一不可。在英语翻译教学中实施翻转课堂，不论是课前的教学微视频还是课堂上的探究互动都必须在这一原则的宏观指导下设计展开。②

3. 英语翻译教学中翻转课堂的教学实施

首先，教师创建并发布教学视频，视频时间控制在15分钟以内，太长的话不利于学生注意力的维持。教学微视频要短小精悍，主题明确，紧扣教学目标和要求。当前英语翻译教学普遍采用传统的灌输式教学，而且翻译教学实例和练习材料主要是文学翻译，缺乏代表性和时效性。面对这一问题，可以引入项

---

① 王忠惠，朱德全.“翻转课堂”的多重解读与理性审视[J].当代教育科学，2014（16）：30-33.

② 温建平.信息化背景下协作共享翻译教学模式探讨[J].中国翻译，2015（4）：51-54.

目驱动教学模式，将真实的翻译任务分成各个模块，使教学任务化和真实化，并精心制作各个教学微视频，使其聚焦在翻译的某一个方面，诸如商务名片的翻译、接待菜肴的翻译等，吸引学生参与其中，激发学生的学习兴趣。教师和教学团队可以亲自制作教学微视频，也可以利用国家精品课程、网络公开课等网络资源库寻找所需要的教学微视频。视频可以采取多种形式，利用PPT、电子黑板、手写板等进行单人或多人的讲解与讨论。除了教学微视频外，在教学平台上，教师还可以发布形式多样的学习资源，通过平台向学生推送导航式学习流程和在线测试试题。

其次，学生自主学习教学微视频等相关的学习资料，可以根据学习导航，按照自己的认知需要进行学习。学生在学习的过程中可以对重点、难点反复进行观看、思考和揣摩，以真正实现个性化学习，并记录下学习中的心得和疑点，以便在课堂上互动交流、协作探究，进而解决问题，或者及时在教学平台上与教师、同学进行实时在线交流。这些在线交流使教师能够更好地在课堂教学前了解学生的学习状况，便于教师把握教学重点和难点，使课堂教学更具有指向性和高效性。通过课前学习，学生不仅能够了解一些翻译方法和技巧，而且能够深入思考，显化各个翻译问题，激发进一步学习和探究的动机，从而培养批判性思维的能力。课前的自主学习是成功翻转课堂的起点，教师只有从认知和情感两个方面精心设计才能够吸引学生愉悦地学习翻译理论和技巧，积极地完成翻译任务，潜心研究翻译的用词和炼句。①

再次，师生探究，共同解决问题。针对学生提出的翻译问题可以分组讨论，以小组为单位展开探究活动，培养学生独立思考的能力。虽然译文没有绝对的标准答案，各个翻译方法也无所谓孰优孰劣，但是学生可以从不同的译文中相互借鉴，相互启发，进而产生新的见解，并在不断的讨论中逐渐加深对原文内容、译文的正确性、翻译方法的恰当性、译文与原文文体的适应性等方面的理解和认识。协作探究活动还有利于培养学生的创新精神和交流沟通能力。在这一教学环节中，要充分体现翻译理论和实践相结合的原则，在翻译实践中不断深化对翻译理论的认识，使翻译理论更好地指导翻译实践。

又次，呈现结果，互动共赢。学生运用所学的翻译理论、方法和技巧进行针对性的翻译实践，在课堂上内化课前所学的知识，或有疑问可以及时和教师、同学进行讨论。在探究学习的基础上，各个小组在课堂上呈现小组的研究

① 张金磊，王颖，张宝辉.翻转课堂教学模式研究[J].远程教育杂志，2012（4）：46-51.

结果，这是小组与整个课堂之间的主要互动过程，可以帮助学生进一步加深理解、拓宽视角。教师要对各个小组的汇报内容及时进行反馈和评价，并指出可以进一步探究的问题，鼓励学生深入思考，自主探究。因此，在对共同的翻译材料进行全方位的研读探讨后，学生不断内化课前所学的内容，主动融入课堂，从而成功地实现翻译课堂的翻转。

最后，反思过程，强化技能。反思是一种特殊的思维方式，是个人发展自我的基础和前提。课后，教师要引导学生对翻译内容或翻译行为进行反思并写出学习小结，既要对翻译中的错误或不当进行反思，也要对恰当的用词、巧妙安排的句式等进行思考。只有不断反思现有的翻译问题，才能游刃有余地面对今后的翻译实践。通过课后的总结与反思，可以提升学生对翻译理论和实践的深层次认识，从而最终实现强化翻译技能的教学目标。与此同时，教师在课后也应不断总结和归纳，利用教学平台向学生推送课程复习要点、在线翻译实践和在线测试，从而最终实现教学相长的目的。

（四）构建基于异步SPOC的翻译课堂学习共同体

SPOC（Small Private Online Courses，小规模限制性在线课程）的引入是为了探索将“线上学习”与“课堂教学”有机融合的翻转课堂教学模式，使教师依托优质SPOC教育资源，重构课程体系和课程内容，有效地提高英语翻译教学的效率和效果。SPOC又可以分成同步、异步及独立三种类型。其中，异步SPOC是指对一门已结课的优质慕课（MOOC）课程学期内容进行拷贝，根据具体学情设计教学内容、教学进度，教师可以在源课程内容上进行删减或修改，同时教师也可以组织学生在线讨论，并及时解答学生学习过程中的问题。

美国教育家博耶尔（Boyer）提出“学习共同体”的概念：学习共同体，是所有成员基于共同使命共同学习，从而实现共同愿景的有机整体。基于异步SPOC的学习共同体，是一种在线学习团体，通过SPOC平台，学习者和教师在学习过程中进行沟通、交流，分享各种学习资源，共同完成一定学习任务。

在异步SPOC课程全程支撑翻译课堂教学的基础上，构建翻译课堂学习共同体，使学生在学习共同体中，围绕学习板块和翻译任务，共同讨论、协作、互动，解决疑难问题，分享翻译作品、资源、交流经验和成果，课后还可以进行作业的互评和译本的赏析，从而激发学生对翻译课堂的参与感，增加翻译实践的机会，有效支撑翻译课堂教学的开展。

1. 基于异步SPOC的翻译学习共同体教学

（1）翻译学习共同体的建立

学生是翻译能力建构的主体。在构建翻译学习共同体的过程中，首先，班级是一个整体的学习共同体，有共同的QQ讨论群。其次，将学生按照五到六人一组，形成微型学习共同体，并各自创建讨论组。每周一位同学作为轮值组长，在组内交流及合作学习中发挥组织引领和激励的作用，也可及时向教师反映学习情况和疑问。通过交流与协作，学习共同体成员进行反思和知识重建，并在这个过程中完成知识的内化，并在组内交流中达到沟通能力的锻炼和情感的交流。

教师也是学习共同体成员，是翻译学习共同体模式下的引导者和监督者，其主要任务是更新平台内容和资料，布置学习任务，安排教学活动。同时教师还可以通过SPOC平台监控学生学习过程，掌握学生在翻译过程中的具体情况，并形成由教师评价、学生自评、生生互评等多元评估模式构成的评价方式。

（2）基于异步SPOC的翻译学习共同体教学模式

英语翻译课程主要通过翻译理论的基本知识以及翻译方法和策略的讲授，培养学生运用翻译策略进行两种语言转换的基本能力，使学生掌握英汉两种语言相互转换的基本方法及翻译技巧。实践在翻译的学习中至关重要，然而在传统课堂授课中，理论占了很大比重，学生缺乏实践和探讨的机会。SPOC把在课堂上占很大比重的理论知识讲授迁移至在线平台，将每个主题的翻译知识分为不同模块，以视频资源的方式进行呈现，并提供学习小组探讨的思考题以及有针对性的练习。

中国大学MOOC官方平台的SPOC前端功能分别有公告、评分标准、课件、测验与作业、考试及讨论区等六大部分。教师后台管理总共有引导、内容、设置、工具等四大部分，管理内容十分丰富。依托SPOC平台和QQ课堂直播平台（现为线下教学）两大系统，英语翻译课程搭建线上线下相连通的翻译教学环境。此模式下教学可分为三个阶段，即教学准备阶段、教学实施阶段和教学评价阶段。其中教学实施阶段又可以细化为课前、课中和课后三个阶段，具体实施过程如图8-1所示。

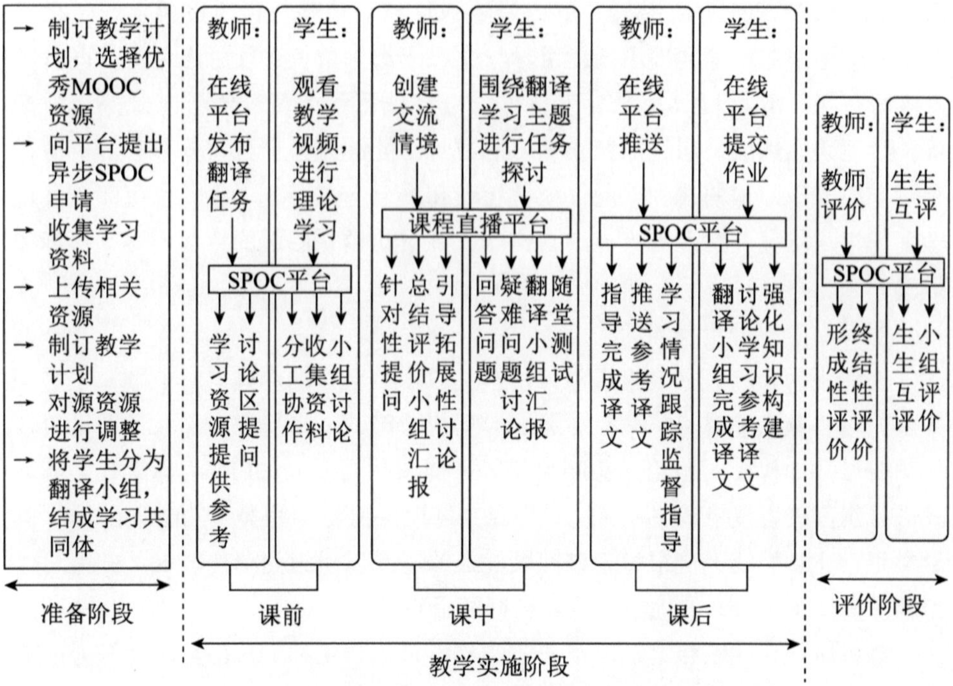

图8-1 基于异步SPOC的翻译学习共同体教学实施过程

①教师课前准备阶段

开课之前，通过SPOC平台上教师端口的“课程后台管理”，教师可以发布课程描述、成绩要求、授课大纲、参考资料、常见问题等内容，这些都会出现在SPOC介绍页上。同时，根据SPOC后台的引导，教师在课程学习页面发布课程公告、评分标准、教学内容，并设置讨论区结构。根据教材和学情，教师要对源课程从结构到内容上进行一定的调整和修改。其中教学单元可以发布五种类型的内容，即视频、文档、富文本、随堂测验和讨论。可以让每位成员都清楚地知道学习的目标、计划、责任、过程和评价方式。

②课前阶段师生具体任务

使学习共同体更好地实现共享与协作的关键是学习主题和任务的设计。根据学习目标，教师需要确定本单元的学习主题及内容，并在SPOC平台发布教学公告，选取适合的微视频、图片和文字等素材介绍该章节翻译理论和翻译策略，完成在线课程的搭建。利用网络平台的资源优势，教师还可以为学生提供大量地道的源语国家相关阅读材料，从而强化学生语言感知力和文化敏感度。

学生首先对于SPOC课程资源中的视频知识讲解、技能展示进行自主学习，并尝试完成针对性测验。单纯观看视频和测验难免会导致学生产生孤独感，教师还要在讨论区提出问题引导学生以小组为单位进行思考讨论，同时导入翻译任务，让共同体成员相互协作，查找熟悉相关背景资料以做好译前准备。学习共同体成员通过探究式学习的方式，能够充分交流、分享学习资源，有效完成翻译知识的建构。通过测试表现和平台交流情况，教师也可即刻发现学生的学习状况，找到重难点、易错点，并据此调整后面的教学内容、目标和方式。

③课中阶段师生具体活动

在线下教学阶段（直播课堂），学生以小组合作的形式，对于翻译主题任务中的语言重点和难点——特别是结构复杂的句子、修辞等，采取话题讨论、现场研讨（如协商、辩论、头脑风暴等）与成果展示（如PPT、译文等）等方式进行组间的互动和交流。SPOC平台也可在课前将一些典型的错误翻译实例给学生，让学生线上分组讨论该问题，在课堂上以小组为单位汇报，归纳总结出容易出现逻辑误译的地方，然后进行翻译实练。

教师听取学生汇报之后，从语言结构、词汇选用和文化信息传递等方面对各小组的汇报进行梳理和点评，同时对文中出现的重难点词句进行总结归纳，并引导学生进行拓展性讨论。学生也可以就SPOC平台学习中遇到的问题向教师提问。

④课后阶段师生具体任务及活动

在课后阶段，学生按要求完成平台上的翻译任务，可选择教师评价和生生互评方式。学生在翻译过程中遇到问题时可在“课堂交流区”上寻求帮助，与教师、同学在线上讨论。学生在完成翻译项目练习后，将个人译文发至讨论组进行组内交流，形成小组最终译文，并由各组长将本组译文发至交流区板块进行展示，开展组际互评，最后由教师对各组的译作进行点评。

教师也可以在“教师答疑区”发布优秀译文并引导学生学习和赏析，也可以将学生优秀译文推送平台。除了译文质量、测试情况，教师还可监控学生的参与度、活跃度等，作为过程性评价的重要依据。同时，在网络环境下，资料的搜集和保存十分便利，教师也可以整理并收集学生译文、网络交互记录及反馈信息，整合建立语料库，为将来的教学和研究留下宝贵资料。

2. 基于异步SPOC的翻译学习共同体教学评价方式

大学MOOC后台有自动收集、整理数据的工具，会记录学生整个学期的学习数据。其学习结果也会通过作业成绩、在线测试成绩、期末成绩、活跃度、自学能力、小组协作情况进行呈现并分别进行分析。在评价主体上，除教师外，还包括学生互评、学生自评等，互评和自评的过程是一个网络化的、开放的动态过程，可以通过QQ群、SPOC讨论组、群邮件等不同方式进行反馈。由此学习共同体中的每个成员可以取长补短，分享学习成果和资料，同时也可以交流翻译学习的经验和心得。过程性评价和终结性评价相结合的方式更有利于教师掌握学生翻译能力内化的情况。

（五）构建翻译生态化课堂

生态学是研究生物体与其生存环境之间的相互作用关系的学科。20世纪初，生态学的思想、原理和方法被广泛运用于社会学领域。美国哥伦比亚师范学院院长劳伦斯·克雷明（Lawrence Cremin）于1976年在《公共教育》一书中首次提出教育生态学这一概念。教育生态学研究教育与其周围生态环境之间相互作用的规律和机理，其核心内容是教育的生态平衡。

国内对教育生态学的关注始于20世纪80年代，并逐步将教育生态学引入课程研究及课堂教学策略研究中，强调依据生态学理论，改革教学模式或者课堂教学策略，加强教育者与学习者的生态素养，通过维系系统稳定，推动系统进化，达到教育者与学习者的共同进步，最终实现教育目标。

教育生态学的理论和方法为我们研究翻译教学提供了一个全新的视角，有助于改变现有的“以教师为中心，以语言的知识性为重点，以课堂灌输为主”的传统教学模式，建立“以学生为主体，以教师为主导”的新型教学模式。

1. 以学生为主体的课堂生态系统，应充分尊重主体的内在需求与客观要求

以学生为课堂教学主体，客观要求调动学生主体的主观意愿，达到以自主学习、自主探究、自我提升为特点的个体功能是课堂生态系统平衡的核心问题。生态系统的维系需要供给与需求的平衡，这要求制定符合学生成长需求的合理的教学目标。

在教学实践中，学校及教师应为启发学生自主发现问题并提出问题创设适宜的条件，为学生提供自我展示的平台和自主学习的机会，采用多种教学方法（如探究式教学和对话式教学等），全方位促进主体的自主获取知识与信息的能力与意愿，并合理搭配以竞争性为特点的活动，激发主体的主观能动作用。

2. 以学生为主体的课堂生态系统，应注重营造和谐的课堂生态环境

（1）努力营造生态化课堂环境

翻译教学活动是一个需要师生相互协作的过程，旨在培养学生的跨文化交际能力。这一过程绝不仅仅是翻译知识和技能的传授，更是师生双方情感的交流与互动。因此，和谐的课堂氛围、融洽的师生关系尤为重要，它们是教学得以顺利、高效开展的保障。教师应充分考虑生态主体的耐受度，避免课堂生态空间“超负荷”。可采取各种教学手段调控课堂人口密度，努力营造和谐的课堂生态环境，使每个学生能最大限度地占有教学资源，减轻生态群体（学生）的生理和心理压力，从而促进学生的综合翻译能力培养和健康发展。

（2）构建“以学生为中心”的生态化互动课堂

作为课堂生态系统中两个最为重要的生态主体的师生应该互相尊重，彼此协作，共同发展。传统的以教师为中心的、教师占主导地位的翻译课堂将被摒弃，构建新型的以学生为本，强调师生互动、生生互动的翻译生态化课堂，变“一言堂”为“平等对话”势在必行。

3. 以教师为主导的课堂生态系统，应充分发挥教师的主导功能

教师在课堂生态系统中的主导作用，不仅体现在对课堂的组织与引导上，也体现在对整个系统的搭建与修复上。教师在课堂上不仅要规划课堂的学习内容及讨论内容，更主要的是维系系统运行，保持能量与信息的交互流通，同时为系统的稳定加强精神环境建设和外部物质环境建设。

教师的主导地位应遵循“让学生健康成长，努力适应学生的个性发展，为学生的全面发展奠定基础”这一原则。在学习内容上，以学生的主观需要与客观需求为出发点，联系学生的群体及个体实际，设计教学内容。在教学方法上，以激发学生的自主探究能力和可持续性学习能力为出发点。

另外，教师的主导性还体现在教学的精神环境建设方面，这包括教师与学生的心灵互动程度、课堂纪律要求、师生互敬程度等多方面的意识层面的共识与尊重。这是维持系统稳定的软环境建设。教师在软环境建设中，应采取更为积极主动的态度，尊重学生的个体需求，尊重学生的个体差异，准确把握学生的个体特点，创建良好的精神环境。

在完成具体教学任务的过程中，教师应充分利用校内、校外资源，为系统运行提供必要的物质环境保障，如合理利用多媒体手段、拓宽教学空间、改善

教学条件等，为系统的协同进步提供物质条件保障。

4. 把握系统的平衡，推动系统的发展与进化

当代教育生态学研究表明，只有当整个教学生态系统处于动态和谐平衡状态时，教学才能高效、优质地实现“促进学生全面进步和发展”的目标。生态系统理论认为，任何一个系统都是开放的，都与外界保持物质、能量和信息的交换，同时系统内部各要素之间的互相影响与互相作用推动着系统的发展。

对于教育生态的教师因素而言，一方面应革新教学理念，灵活运用多种教学方法，通过培训、专题会议、学术研讨等活动提高自身的理论涵养、学术水平及教学技能，提高自身对生态课堂理念的认识；另一方面在课堂的微环境中，教师应善于总结经验，加强理论联系实际，推动理论转化，促进教学能力与水平的进一步提高。

对于学生因素而言，课堂的微环境很难为学生提供语言应用的真实环境和情境，所以英语翻译教学系统应开放扩展到学生社会生活的更广阔领域。课堂的学习内容应在实际的大环境中得到更为灵活的运用，并将系统外部的反馈信息传导至课堂教学系统中，以促进系统的良性循环与完善。

（六）构建“语义—语用”翻译教学模式

翻译中的语言问题都是实际使用中的语言，即言语。言语行为是动态的，有语境变化的空间，不可能缺少语用维度。只考虑语法或语篇的完整不能保证交往的适当性和合理性，没有语用维度的参与是不可想象的。以言语行为理论为基础构建翻译教学就可以克服上述两种模式给翻译教学造成的问题，即从语义—语法、语义—语篇模式转向语义—语用模式。

言语行为这一术语源自对日常语言的哲学研究，由英国哲学家奥斯汀（Austin）提出，并由美国语言哲学家舍尔（Searle）进一步系统发展。舍尔认为，言语行为由两部分构成：一是命题内容，即概念内容、核心、行为关涉的对象、行为的所指、命题实现的概念功能、字面意义，即语义；二是施为性语力，即说话者赋予行为的交际值，试图让行为表达言语的功能、语篇的意图。言语行为既关注语义又关注语用，可以较好地解决实际使用中的语言问题。

传统的翻译观认为，句子是最小的意义单位，但在言语行为理论看来，一个没有具体语境的句子只是结构完整的表达，只能体现人们对语法规则的正确使用，不能确定其意义。在人们的实际交际中，使用语言的目的是以言行事，因此，只有言语行为才是最基本的意义单位。哈蒂姆（Hatim）和梅森

（Mason）指出，言语行为这一概念的价值在于，通过把意想的或已经成就的行为的观念结合到话语的意义中去，我们实际上是在调整翻译对等判断的标准；对等不但要体现在命题内容上，还要体现在施为性语力方面。也就是说，翻译时我们不仅要重视语义问题，而且要重视语言的语用问题。言语行为在不同的语言和文化中表现形式是有差别的，在翻译教学中我们就要引导学生注意这种差别。首先，要在源语中识别出各种言语行为功能的语言形式，理解它们所表现的真正意图和含义；其次，在目的语中要尽可能准确地表达出这种意图或含义。这就需要在目的语中选择相对应的言语行为功能的表达形式，而不能一律按照原文的概念意义直译。语法正确的翻译不一定是正确的翻译，准确的翻译应该能够体现原文的功能，传达原文的真正意图。例如：

拿起笔来，写封家信吧，偶尔撒个娇也无妨。

译文：Let's take up our pens and write to them often. Occasionally we might even talk to them like spoilt child ren.

“拿起笔来”不宜译作“take up your pens”，这样的译法虽然句法正确，但含有高人一等、发号施令的语气，与原文的施为性语力，即语用功能不一致。因此，在译文中译者要拉近和读者的关系，译为“let's take up our pens”，从而达到和原文一致的语用效果。

除口语语篇外，书面语篇也是一种言语行为，同样也会产生施为性语力。哈蒂姆和梅森认为：“尽管言语行为理论所探讨的对象是话语的口头表达形式，可是研究中所发现的现象显然同样适用于书面语语篇。……语篇的意义一经解码，若将此看作是在语篇作者与语篇接受者之间协调而至的某种东西，而不是独立于人类的加工活动之外的静态实体，那么我们相信，这种观点对于理解翻译工作、翻译教学以及评价译作至为关键。”在英语翻译教学中，教师首先要引导学生在宏观上确定原文语篇的主导施为性语力，然后再正确判断语篇中各句的施为性语力。翻译时要协调好语篇的主导施为性语力和各句施为性语力之间的关系。例如：

Did Dr.Dugdale intend to imply that the superiority of breast-feeding had not been adequately demonstrated?（a）If so, he should think about it again.（b）It is clearly superior in all settings, not just for babies in the Third World for whom the WHO code was intended.（c）Although the reasons are complex, deaths and a variety of nonfatal illnesses（not just diarrhea）are much less frequent among breastfed infants even in industrial nations.（d）I have compiled a bibliography of the accumulation evidence, which I should be happy to send to anyone who requests it.（e）

我们可以引导学生先分析这个语篇的宏观施为性语力和各句的施为性语力。从总体上看，原文整个语篇的言语行为是表达作者对达格代尔医生所持观点的态度。句（a）为表达类言语行为，作者对该医生持一种批判的情感态度。句（b）是指令类言语行为，作者实际上是要求医生做某事。句（c）和（d）是表达类言语行为，句中存在评价性话语成分clearly和much less，这两个成分传递了作者的观点。句（e）由一个阐述类言语行为（I have complied...）和一个承诺类言语行为（which I should be...）组成。这五个句子都是为支持作者的态度而服务的。整个语篇的叙述顺序为表达对医生观点的批判态度（以言行事）—列出作为批判论据的事实（以言指事）—向人们推荐书目以让人们接受自己的观点（以言成事）。经过教师的引导、分析，学生把握住了原文的宏观施为性语力和各句的施为性语力，在翻译时就会有意识地在译文中做到各层次的施为性语力的对等，得出如下译文。

译文：达格代尔医生的潜台词是不是想表明，母乳喂养的优越性尚未得到充分的证明？如果是这样，那他应该再做一番考虑。母乳喂养在所有情况下都具有十分明显的优越性，这不仅仅对第三世界的婴儿是如此，尽管世界卫生组织的章程就是针对这些孩子的。虽然原因复杂，但是死亡情况以及各种各样非致命的疾病（不仅仅是腹泻）在由母乳喂养的婴儿中就不多见，即便在工业国家也是如此。我已经将历年来的佐证材料汇编成册，若有人需要，我很高兴奉送。

这则译文从总体上传达了原文语篇的主导施为性语力，反映了整个语篇的基本格调，使译文读者获得了和原文读者相同的感受。译文中的各句除传达原文中对应各句的概念意义外，也都传达了各句的施为性语力，是成功的翻译。

以言语行为理论为基础构建翻译教学，采用语义—语用模式可以摆脱“只见其文，不识其意”的误译，能够较准确地传达原文的意图。这种翻译教学对学生的知识基础要求相对较高，如果学生的基础语法知识欠缺，接受起来可能较困难。但值得庆幸的是，随着全国大学英语教学改革的推进，各高校大学生的英语水平有了较大程度的提高。我们认为，以言语行为理论构建翻译教学的新模式可以大大提高学生的翻译能力，从而培养更多合格的翻译人才。

三、完善英语翻译教学评价与信息反馈体系

评价任何一项工作的好坏都要看它是否达到了预期目标、是否符合要求，翻译教学也不例外。教学评价就是检验翻译教学是否达到培养和发展学生的翻译能力这一目标，并据此构建对教学步骤反馈调节的机制。本阶段包含以下几个不同的步骤。

（一）检查

检查包括教师的自查、学生的评定并辅以专家听课等方式，目的是对英语翻译课堂的教学实施进行经常性的督促，形成发展性评价机制，从而有利于改进和完善整个教学体系。

（二）评价

评价在这里是双向的，既有对学生翻译能力获得的评价，也有对教学体系是否完备、教学内容是否恰当、教学方法是否合适等与教育主管部门和教师相关的评价。这些评价的目的有二：一是以形成性方法评定学生的所得，了解他们的感受，同时设计一些适合于评价翻译能力的方法用于对学生的测试；二是作为一种反馈渠道为进一步改进英语翻译教学提供依据。

（三）反馈和改进

正是通过经常性的检查和定期的评价，教师（教研室）可以获得有关翻译教学的第一手资料，并根据这些资料对英语翻译教学进行改进。改进的内容包括教学内容、教学材料、教学模式与方法、评价办法等各个方面。

第二节　优化翻译人才培养机制

随着全球化的进一步发展，对翻译行业的需求日益增长。然而，当前的翻译人才培养机制仍存在一些问题。为了更好地满足市场需求并提高翻译质量，需要优化翻译人才培养机制。

一、建设科学化的选择机制

不同高校专业院系、科研机构、企业在组织理念、组织文化、组织目标、

组织层次、利益关注点等方面千差万别，高校翻译专业人才培养院系只有找到与之相匹配的科研机构、企业才能长久合作、相得益彰。因此，实施翻译专业人才的协同培养模式的首要环节是要遴选出适合协同培养的相关单位，即要建立一套以高校为主体的科学的选择机制。

首先，政府要转变服务方式，高校要树立新理念，企业、科研机构要改变观念。在政产学研协同培养选择机制中，政府部门要积极为各协同方牵线搭桥；高校要摒弃保守封闭式的办学方式，树立政、产、学、研协同培养的理念；企业、科研机构要形成依靠科技进步提高生产力的观念。

其次，政府牵头建设信息匹配机制。政府部门将相关机构的信息汇集整合，建立信息网络数据库，数据库包括高校的专业性质和实际情况、企业的自身特色及需求、科研机构的科研方向等情况，以便各方在遴选协同单位时，可以根据其他方的合作需求及特征科学地进行初次搭配，在此基础上，各方再根据对方的优势、意向、理念等条件进行比较和二次选择。

最后，政府指导建立法律保障机制。各方达成一致意向后，在政府的宏观指导下，将翻译专业人才培养与各协同培养单位实际情况相结合，协商合理的协同培养方案以及应履行的责任义务等，最后签订具有法律效力的协同合作协约。

二、构建系统化的合作机制

选择好协同培养单位以后，合理、系统化的合作机制是决定协同培养成败的关键。首先，要厘清各协同方的责权利关系，明确各方在培养过程中分别扮演的角色。其次，从协同合作的内容上看，校方与协同单位的协同培养是贯穿整个翻译教学过程的，具体表现在共享协同培养资源、共建协同培养实践基地、共研协同合作项目等方面。

（一）共享协同培养资源

协同培养是一个优势互补、资源共享的过程。高校利用企业等校外人力、设备等优质教育资源服务翻译教学，使翻译专业人才的培养更有针对性。例如，某些专业课程为市场所急需，但高校暂时缺乏师资、设备或场所等资源而没有能力开设，这时高校可以采取“课程外包”的形式，借用企业、科研机构的平台给学生提供翻译实践、研究的机会，高校与企业对接，还可以增加教师的实践经验。企业可以利用高校、研究机构的科技创新基地、科研人力资源解决技术难题，把握企业发展方向，企业员工则可以利用高校的教育资源进行进修、深造等。科研机构则可以利用政府的支持、高校的科技力量和学科优势以及企业的一线实践平台资源，减少科研的盲目性，降低科研创新的风险，更快地将科研成果转换成教育成果及生产效益。而地方政府借用此种合作模式展示地方经济建设成就和本地优秀企业，吸引外来投资，同时也可获得高校、企业及科研机构的专家对本地区经济发展规划的计策及建议等，更好地促进地方经济的发展，同时可以通过调控手段对教育、经济等资源进行有效的管理。政、产、学、研四方共享协同培养资源，形成生产、教学、科研一体化的培养模式，有利于翻译教学的可持续发展。

（二）共建协同培养实践基地

一是建设应用翻译工作坊，聘请协同培养单位的一线专家与校内任课教师共同承担翻译工作坊课程讲授任务，课堂教学和课外练习使用来自协同培养方承担翻译项目的真实翻译任务材料，或任课教师与协同培养方共同承接的翻译项目的真实翻译任务材料。

二是共同开辟第二课堂，利用课外时间或者寒暑假等把学生带到协同培养单位的工作现场，参加假期社会翻译实践活动，或由协同企业投资、学校提供场地，在校内建立实训基地，让学生利用课余时间在实训基地进行课外实践，直接在校内通过团队合作，完成协同企业的部分翻译业务，使学生在实践中加深对相关行业和翻译流程的了解。

三是建立社会短期岗前联合培训机制，协同培养单位参与到学生的社会培训过程中，为毕业生提供岗前翻译培训的渠道以及就业与创业指导。

四是建立实习基地。高校可在协同培养企业、科研机构建设实习基地，将实习与就业挂钩，让专业学习与未来职业对接，为学生翻译实践教学提供可以适应岗位需要、规范有序的实践场所。

五是建设“双导师制”。实践教学的过程可采用校内教师和经过遴选的校外翻译企业专家合作指导学生的“双导师制”。

（三）共研协同合作项目

高校教师、企业、科研机构通过协同培养的平台开展翻译项目的合作研究，或者根据企业和高校的需要进行项目的研发，如翻译专业政、产、学、研协同培养模式的研究，双师型教师培养的研究，翻译产业的发展趋势及模式的研究，语言服务业人才市场规范化管理的研究等，为翻译教学及语言服务业的发展提供理论支撑和依据。同时高校可以建立科研基地，鼓励学生积极参与教师和企业联合开展的科研课题及项目，学生也可以基于企业平台开展“大学生创新性项目”研究，或者结合实践经验和研究项目开展毕业设计。将科研与翻译实践结合起来，有利于提升学生的科研实践能力及创新意识，并实现以科研促教学，以科研促效益。

三、形成制度化的管理机制

制度化管理的实质，在于以科学的制度规范为组织协作行为的基本约束机制，主要依靠外在于个人的、科学合理的理性权威实行管理。只有完善的、规范的管理机制才能保证协同培养持续有效地进行。

第一，健全领导、协调结构。成立专门的管理机构如协同培养管理委员会，管理委员会由相关政府部门工作人员、高校教务部门工作人员、院系主管教学领导、企业领导、科研单位专家组成，管理机构负责组织和实施协同培养过程中的教学活动，并对协同培养实施的全过程和实施结果进行全程管理、指导及监督。

第二，政府部门完善协同培养管理政策法规。政府部门要充分发挥其中介及调控作用，制定相关的协同培养政策法规，规定协同培养各方的责任、权利和义务，调配协同资源，协调各方的利益，形成有利于协同培养的政策导向、优惠政策，保障协同培养各方的权利和利益，对参与协同培养的企业单位给予经费补贴、减免税收。完善实习就业政策，对高校的翻译教学工作提供一定的教学、科研经费支持，或在科研项目上给予一定的倾斜，如增加翻译专业人才政、产、学、研协同培养的研究项目，鼓励协同各方进行协同培养模式的不断研究和探索。

第三，参与各方共同制定协同培养管理具体制度。高校、企业及科研机构要制定协同培养管理系列规章制度，如“协同培养管理制度”“协同培养资产管理制度”“校外兼职导师选聘制度”“实习实训管理制度”等，对协同培养进行目标管理，严格运行机制，强化过程监控。

四、建设合理化的质量保障机制

（一）提高教师的综合能力

培养高层次翻译人才对翻译教师的综合素质也提出了新的要求，翻译教师应该具备以下能力：第一，整合学科知识、综合运用技能的能力。翻译教师具有过硬的应用语言能力，是培养翻译人才的基础；第二，具有创新精神，对研究有浓厚的兴趣。教师将教书育人作为第一要务，充分发挥创新精神，积极改进教育方法，结合学生实际开展教学工作，是教师必备的素质。只有充分发挥上述两种能力，才能培养出符合社会需求的高层次翻译人才。

（二）建立教学质量监控体系

教学质量监控体系的建立，是实现学生实践和创新能力培养的重要保障。质量监控体系一方面对教师的教学过程进行监督；另一方面对学生的学习情况进行关注。在建设教学质量监督体系时，对于课堂教学的监督环节非常重要，如果对教师进行了错误评价，就很容易打击教师的自尊心和积极性。所以教学质量监控体系建设应该注意以下几个方面；第一，教学质量监控应该涉及教学过程的方方面面，包括课堂教学、实践培养、课程设计等；第二，要充分发挥学生的评价作用，学生是教学工作中的主体，提高学生的学习能力、知识的掌握程度是培养应用型翻译人才的目标，学生对于自身这些能力的掌握情况最为了解，因此对于教师的教学情况，学生最有发言权。所以高校应以教学质量监控体系为后盾，以此提高学生综合性的翻译能力，促进学生全面发展。

五、建立多元化的评估机制

建构主义理论指出，受教育者是对外来知识重组的执行者，翻译课程应采取不同的评估策略，将教师对学生的单向评估转变成学生互相评估、自我评估和教学评估综合起来的评估形式。多元化的评估机制能够做到全面评价教师和学生，有利于翻译教学的可持续发展。

（一）扩大评估范畴

在政、产、学、研协同培养的背景下，成立由协同培养各方的专家代表组成的“评估小组”，共同制订科学合理、易于操作的评估标准和方案，最后的考核成绩应是多方共同参与评价并按照科学合理的权重比例计算得出的综合结果。将校内教师对学生的评价与校外导师对学生实践的满意度评价相结合、将协同培养实践单位对学生总体情况的反馈和意见以及社会对专业人才培养质量的认同程度相结合，全面考核学生译者的翻译能力及职业素养、衡量教师的教学效果以及协同培养效果。随着评估主体的扩大，评估的内容也应该拓展。评估不应只针对专业知识，还应当对翻译能力、协作能力、创造能力、信息工具运用能力、实操能力以及情感态度、伦理道德等综合素质进行全面的考评。不仅对学生的学习效果进行评估，还应对学生的学习过程、学习态度进行评估，教师的教学方法、教学效果也应是评估的对象。除此之外，对协同培养各方的执行情况、各方责权利的实施情况也应进行评估，并采取一定的奖惩措施，同时建立实时的反馈机制，对评估的结果进行及时反馈。

（二）丰富评估形式

只有了解学生翻译的过程，才能更好地帮助学生进行翻译实践，因此，有必要对学生的翻译过程进行测评，即进行形成性评估。形成性评估不仅指平时作业加考试，而且应兼顾课堂观察、学习档案、学术讨论、调查问卷等非测试性评估和成绩测试、诊断性测试等测试性评估。形成性评估通过校内外导师共同进行评价，采用建立学生档案等方式，记录学生每次翻译实践包括实习实训、第二课堂实践、社会实践的参与和完成情况，并以此作为评估的依据。还可以要求学生将其在翻译时的思维过程、翻译方法的选择、翻译策略的运用、翻译中的困惑与感悟等用翻译日志、翻译笔记的形式记录下来，作为测评其翻译能力的依据，从而实现对翻译过程的整体监控和评估。只有将形成性评估和期中、期末考试等终结性评估结合起来，既考核学生对各种知识和技能的理解程度和运用能力，又考核学生的综合素养，才能全面、有效地对学生的翻译能力进行评测。此外，除了校内常规的测评外，可增设校外评估，如由企业单位提供真实的翻译任务，现场测试学生在真实工作环境或模拟真实的环境中的翻译能力、操作信息化工具能力、应变能力、团队协作能力等综合能力，学生的译文由授课教师、企业专家、用户共同评价。只有将形成性评估与终结性评估、校内评估与校外评估结合起来，采用丰富的评估形式，才能对协同效果进行全面的考评。

总之，本节从协同培养主体、过程两个维度综合构建了协同培养良性运行的机制框架。其中，政府、高校、企业、科研机构发挥各自的优势，政府主要是起到组织协调的作用，高校的主要功能是通过教学进行人才培养兼顾创新，企业为人才培养提供实践平台，科研机构则进行技术创新研究，在此基础上各协同方分别形成政府调控平台、高校教学平台、企业实践平台、科研创新平台，各平台之间紧密联系，协同合作，并通过以选择机制为先导、合作机制为核心、管理机制为保障及评估机制为反馈的系列良性的运行机制，创建互惠互利、多元共赢的和谐的协同合作生态环境，以实现翻译专业人才协同培养体制长期稳定的发展，从而培养出更多高质量的翻译人才，为“语言相通”奠定坚实的翻译人力资源基础，为“民心相通”提供语言保障，为“一带一路”倡议提供源源不断的“民心”动力。

第三节　加强翻译教学中文化意识的培养

文化是翻译过程中必然会面临的问题之一。成功的翻译绝不仅仅是掌握了语法、词汇等语言基础知识后就能实现的。翻译的最基本任务不是语言的转换，而是信息和内容的传达。由于文化与语言密不可分，作为跨文化交际的桥梁，翻译活动不仅是语言文字的转换活动，而且是不同文化间的相互沟通和移植活动，翻译所涉及的不仅是两种语言，而且涉及两种文化。文化之间的差异是普遍存在的，缺乏文化意识必然会引起文化误解，甚至文化冲突，导致跨文化交际不能顺利进行。这就要求译者不仅必须掌握两种语言，还必须熟悉两种文化。简而言之，文化意识是翻译人才必须培养的素质之一，如何在翻译教学中培养文化意识值得深入研究。

一、文化意识与翻译

语言学研究表明，语言不是孤立存在、自足发展的符号体系，而是与其所存在的文化系统紧密相关的。虽然在语言符号的各个层次上，如词素、词、短语、句子、话语等，都已进行了比较充分的对比研究，进而提出了一些切实可行的翻译技巧，如词类转换、正说反译、抽词拆译等。然而，更多含有浓厚文化色彩的语言符号却是远非某种技巧能使之在译文中传达自如的。王佐良教授曾说过，译者必须掌握两种语言，但是不了解语言当中的社会文化，谁也无法真正掌握语言。我们也可以说，翻译教学中当然要进行语言对比，但不进行社会文化对比，就无法真正搞好翻译教学。所以我们不仅要注重训练学生的语言转换能力，而且要时刻注意培养学生对语言中所包含的文化差异的敏感性，并针对不同的文化差异采取适当的手段加以处理。

（一）历史文化意识与翻译

历史文化指的是在历史发展进程和社会演变中所积淀的人类文明。由于各个民族的社会历史发展不尽相同，有时甚至差异巨大，其形成的历史文化也往往大相径庭。差别越大，其间的鸿沟越难逾越。作为译者，应尽量熟谙两种历史文化的方方面面，意识到差距出在哪里，以何种手段加以表达才能为读者所接受。而缺乏这种敏锐的意识，就不可避免地在翻译中或理解错误或表达不当。例如，把“twist the lion's tail”引申译成“摸老虎屁股”或“自找麻烦”，而其真正含义是“与英国为敌”，因为很久以来，英国君主一直用狮子纹章作为英国国徽，进而用lion指代英国。

再如汉语习语“一个和尚挑水吃，两个和尚抬水吃，三个和尚没水吃”源于我国古代一个家喻户晓的故事，比喻相互推诿而不负责任，注意到这一点就不至于译成“Alone monk brings his own bucket of water to drink, two monks carry their bucket of water jointly, but when three monks are together, there is no water at all”，这样的译文是很难让外国读者领悟到“Everybody's business is nobody's business”这一含义的。

（二）地域文化意识与翻译

所谓地域文化，指的是由不同的地理环境、自然条件所形成的文化，表现为不同地域的民族对同一现象或事物采用不同的言语表达形式。例如，汉语“有眼不识泰山”中的“泰山”就是特定地域的事物，喻指显赫的事物，这对于一个缺少中国文化背景的外国人来说，是难以体会到该成语所要表达的意义的。再如英伦三岛由于有北大西洋暖流经过，其所带来的西风往往温暖和煦，而从欧洲大陆北部吹来的东风却寒冷刺骨，所以英语中用西风代表“春天”，东风代表“冬天”，而这在汉民族文化中则恰恰相反。在汉语中，东风象征着革命和正义，西风象征着邪恶和反动，所以我们常用“不是东风压倒西风，就是西风压倒东风”来描绘两种敌对势力的斗争。再如英国的地理环境使那里夏季也凉爽宜人，而中国的气候具有夏日炙热难耐的特点，尤其在广阔的中原及江南地带，夏日的夜晚也是热浪袭人的，这也就是有些读者难以理解为何莎士比亚要把谈情说爱这种浪漫情调安排在“仲夏之夜”，为何把友人比作夏日。

竹子是中国南方特有的一种植物，当地的人多有食笋的习惯，与此相关的比喻在汉语中时有出现。而竹子在英国比较罕见，一般人不熟悉其生长习性及与人们生活的关系。所以在把汉语中以“竹”为比喻形象的表达译成英语时，应注意顾及英语读者的接受程度。例如，“雨后春笋”不应译成“spring up like bamboo shoots after a spring rain”，而应考虑代之以英语读者熟知且喻义相近的“spring up like mushrooms”。又如“竹篮打水一场空”，与其把“竹篮”直译为“a bamboo basket”，不如只用“a basket”，因为英语basket泛指用任何材料编织而成的篮、筐、笼、篓，而加上一个bamboo，反而使英语读者误以为是一种什么特殊的容器。

（三）民俗文化意识与翻译

民俗文化指的是由日常生活中的各种民俗习惯所形成的文化。不同的民族在打招呼、称谓、致谢、恭维、道歉、告别、约会等方面往往会表现出不同的民族文化规约和习俗。例如，“He asked her not to leave so soon, and she shook her head.”大多数学生可能译成“他请她别这么快就离开，但她摇了摇头”。译文给人的感觉是她摇头表示拒绝，即坚持要走。而英语人的习惯是用摇头表示一种语言上的否定形式，这里相当于说：I won't leave so soon，只有译成“她点点头表示同意”，才不致使译文读者产生错误的联想。又如我们有“红白喜事”的说法，对于不了解中国文化习俗的英美人来说，把生儿育女、迎娶婚嫁之类的事称为“红喜”还好理解，因为英语中也把这类喜庆之日称为red-letter day，但将人的过世也称为“喜”，就会使他们难以接受。此外，中国人婚礼宴会上常用“恭喜”二字对新郎新娘表示祝贺，但在英语文化中“Congratulations”却只适于说给新郎，而不可以此向新娘道喜，因为“Congratulations”表示几经努力终于得到某人或做成某事，对新娘说“Congratulations”似意为“你终于嫁出去了”，难免让对方不悦。

从以上几个方面我们不难看出，翻译过程对原文的正确理解，已远不是单纯的语言问题。语言和文化的关系密不可分，相互依存，给译者带来了很大的挑战。在一种文化里不言而喻的东西，在另一种文化里却要花费很大力气来解释，更为重要的是，初涉翻译的学生往往意识不到这种差异的隐蔽性，从而造成译文不能很好地传达原文的思想风貌，给不谙源语文化的译文读者带来理解上的障碍甚至误解。所以，学生译者不仅要熟练掌握双语，而且要做一个真正意义上的文化人。虽然仅靠课堂所学不能使学生掌握两种文化，甚至终其一生也难以做到，但我们必须使学生养成从文化差异看待翻译活动的意识，从而沿着正确的方向不断提高。

二、翻译教学中培养学生文化意识的意义

既然翻译是进行跨文化交际的重要手段，那么翻译在传递文化价值观念的整个过程中也起着不容忽视的媒介作用，所以培养学生的文化意识就具有了至关重要的文化意义，其意义主要表现在以下几个方面。

（一）文化意识的养成有利于深化对原文的理解

翻译的重要前提就是对文章的恰当理解，通常来说，翻译过程包括：对文章的正确理解，对译文的准确表达，以及对译文的检查校对。理解原文具有不言而喻的意义，理解是整座大厦的基石。理解原文不能局限于对文章表面的解释，如词汇、语法、篇章等，更重要的是对文章深层含义的探究。如果不具备文化意识，不了解文化之间的差异，就会出现理解和翻译的错误，使译文产生严重的问题。比如，汉语习惯对主客体没有严格区分，汉语重视统一和谐，同一句汉语放在不同的语境下会产生不同的意义，如“鸡不吃啦”这句话，不同人，不同语境，不同思维，语义是完全相异的。那么，在英语语境中，就不会存在这样的现象，因为英语对主客体以及时态有严格规定，“鸡不吃啦”翻译成英语，是不会存在歧义现象的。由此可见，想要翻译准确，必须懂得语言背后强大的文化背景。

同时，就称谓而言，汉语习惯中“姑妈”和“姨妈”“叔叔”和“舅舅”“祖父”和“外祖父”有严格区分，而且通过称谓能够判断出亲属关系，这是中国传统宗族观念导致的称谓的精细化。而在英语语言习惯中，“aunt”“uncle”“grandfather”简单对应了以上不同的称谓，继而简化了人物之间的亲属关系。由此可见，只有站在跨文化的视角下，才能准确理解并传达出原文的意思。

（二）文化意识的养成有利于优化译文表达

翻译实质上是一种具有文学色彩的语言转换活动，不能将其理解为词语与词语的简单对应，在理解原文的基础上要让翻译达到“通一雅”的标准，翻译出来的文章不能是语句和语句的堆积，或只停留在原文语言表层的词语串联上，而要使翻译优美、典雅、有文学色彩。而文化意识的养成有利于优化译文表达，因此不仅要具备异国文化意识，还应具备本国文化意识。

三、翻译教学中培养学生文化意识的途径

（一）增强教师的文化意识

教师是教学的主导，也是教学活动的组织者和实施者，翻译教师的教学能力、文化素养会给翻译教学带来直接影响。要想在翻译教学中培养学生的文化意识，教师必须提高自身的文化意识，树立跨文化教学理念。首先，教师要端正自己的文化态度，积极吸收各民族的文化成果，了解不同文化的互补性；其

次，教师要广泛涉猎各种书籍，开阔自己的视野，关注更多的涉外文化信息，经常创造实际语境，进行外语移入和文化体验，以提高自己的文化素养和文化敏感性。在此基础上，教师要明确跨文化教育目标，在翻译教学中把握好跨文化教育的时机、角度和方式，循序渐进地进行文化渗透，给学生带来文化熏陶，以培养学生的文化意识。①

（二）选择合适的翻译教材

翻译教材是重要的文化载体之一，翻译教学要以教材为重要的工具。但是，目前翻译教材版本众多，且以实用、培养职场能力为主，教材内容侧重于职场环境下的职业工作，文化内容所占比例较小。教材中即便有一些与文化有关的翻译内容，但编写体例缺少合理性，翻译任务以字词句、语法分析和策略运用为主线。要想在翻译教学中培养学生的文化意识，必须重视和加强教材编制或者选用合适的教材。例如，在实力允许的情况下，高校可以投入一定的经费和时间自行编写翻译教材，在编写中严格编写程序，要求编者重视调查研究，整合、选用更多具有时代性、针对性的文化素材，完善教材的知识结构，为文化教学、学生文化意识培养做好铺垫。如果条件不允许的话，高校就可以在对学生需求、社会需求调查研究的基础上，选择科学合理的翻译教材来教学，以确保教材内容适应学生的知识水平，进而满足学生审美和文化教学需求。

（三）对语言文化差异保持宽容态度，对文化因素进行正确处理

在进行跨文化翻译时会涉及异域文化，不同的异域文化所具有的本质特征与文化样式都存在本质上的不同，这就直接决定了各民族在文化上具有各自的特殊性。在进行跨文化交际翻译的过程中，人为地对文化差异进行夸大或者缩小都是不可取的，都不利于文化之间的平等交流与发展。为此，要让学生形成良好的跨文化交际意识，就需要让学生建立起文化差异的概念，对文化差异的存在保持宽容态度，并从多个角度、多个方位对文化之间存在的差异性进行认识，并从这些差异出发，对文化中的共同点进行正确认识，学会彼此适应、相互理解，积极地从跨文化交际翻译的误区中走出来。

在进行跨文化交际翻译时，对文化因素的处理通常存在“归化”与“异化”两种策略，并且这两者一直都是翻译界中不断争论的焦点。其实，我们需

---

① 羌佳佳.浅谈高职商务英语翻译教学中学生跨文化交际意识的培养[J].海外英语，2017（13）：30-31.

要清楚地认识到，“异化”与“归化”之间并不应该是相互排斥的，相反，两者可以进行更好的互证互补。[①]从功能上来看，归化式的翻译可以让读者对译文进行更好的理解，让交流变得更加简便。异化式的翻译则可以更好地对异域文化的各种因素进行吸收，进而能对译入语文化进行丰富。在进行翻译中，学生需要根据交际的具体目的、具体的读者群采取相对应的策略。另外，教师要让学生明白，在对异域文化进行译入时，要对自己的双重道德义务给予重视：第一，必须对异域文化进行忠实的还原；第二，尽可能避免因为自己的意识形态对译语文化所带来的影响。

（四）加强文化教学

语言和符号是文化的重要因素，也是文化积淀和储存的手段。人类只有借助语言和符号才能沟通，只有沟通和互动才能创造文化。而文化的各个方面也只有通过语言和符号才能得以反映和传授。语言是人类特有的一种符号系统，当它作用于人与人的关系时，它是表达相互反应的中介；当它作用于人和客观世界的关系时，它是认知事物的工具；当它作用于文化时，它是文化信息的载体和容器。学习语言与了解语言所反映的文化是分不开的。因此，学习一种外语不仅要掌握它的语音、词汇和习惯用语，还要了解讲该语言的民族的价值观念、交际习惯、行为方式等。从这种意义上说，语言教学实际上是一种文化教学。语言教学与文化教学是提高学生文化意识的左右手，缺一不可，而文化教学是文化意识培养的重要手段和途径。因此，在翻译教学中，除了注重对学生语言能力的培养外，还应该通过文化教学培养学生的文化意识。

1. 文化教学的定义

由于语言是民族文化的一种表现与承载形式，不了解一个民族的文化，也就无法真正学好该民族的语言。因此，翻译教学不仅要注重听、说、读、写这些基本技能的训练，而且应加强文化知识、文化适应力的培养。

文化教学就是在语言教学中注意传授文化知识，使学生能利用文化背景知识来更好地理解和掌握语言并进行交际；在教学中注意培养学生的文化敏感性和文化比较能力，从而提高其文化意识。

文化教学作为翻译教学中不可或缺的组成部分，有其特定的目标，即教授文化知识，培养文化意识和文化能力。文化知识是指在翻译教学中需要让学生

---

① 苏广才，李双娟.论大学英语翻译教学中跨文化意识的培养[J].上海翻译，2014（4）：52-54.

了解和掌握的目的语国家的文化传统、价值观念、思维方式、生活习惯、人情风俗等，是语言综合运用能力的基础之一。文化意识则指翻译教学中引导学生意识到源语文化和目的语文化之间的差异，使学生能主动在日常学习和交际中注意体会和比较，并从心理上认可其存在的合理性，是得体运用语言的保证。文化能力指在文化知识和文化意识的基础上，培养学生在实践中进行跨文化交际的能力，是翻译教学的最高目标、终极目标。①

2. 文化教学的原则

需要明确的是，为培养学生文化意识所进行的文化教学是为了翻译教学服务的。一般来说，翻译教学中的文化教学应注意以下几个原则。

（1）有趣及关联原则

文化教学中文化信息的输入无论在内容上还是形式上都应能够引起学生的兴趣并激发他们去发现和体验不同文化现象的愿望和积极性；同时，输入的文化信息要能够与学生所学的语言内容相关，或与已有的信息网络和未来的语言实践产生某方面的关联。

（2）阶段性原则

文化教学要有阶段性。根据学生的语言水平和接受能力，确定文化教学的内容，由浅入深，由简单到复杂，由现象到本质。教师可将渗透在翻译教学中的有关中西文化差异的教学分为两个阶段进行。初级阶段主要介绍日常生活交际中的文化知识和语言形式以及运用中的英汉文化差异；高级阶段主要介绍中西方思维模式、价值观念的差异及比较。通过这两个阶段循序渐进的文化知识的渗透，使学生在语言学习与运用方面产生质的飞跃。

（3）适度性原则

文化教学要把握好尺度，分清主次。翻译课堂上的文化教学应该以语言为主，以文化为辅，切忌主次倒置、喧宾夺主。

（4）实用性原则

由于文化是一个内容广泛的概念，在翻译教学中，教师应根据不同的教学对象、教学内容和日常交际等具体情况，选择恰当的文化内容。在有限的教学时间内，尽量选择与所学语言内容和日常交际密切相关的文化，要充分考虑其实用性。课文中所出现的对于跨文化交际使用价值大的文化知识点应该作为文化教学的重点内容，授课时要讲解细致、清楚。

---

① 田宏标.英语翻译教学中学生跨文化意识的培养[J].开封教育学院学报，2018（9）：90-91.

（5）科学性原则

文化教学要有计划、按步骤实施，避免主观随意、以偏概全等问题；要尽可能做到准确、全面、客观，使文化教学与语言教学有机结合，从而取得良好的教学效果。

（6）灵活性原则

文化知识的理解相对容易，但要让学生在跨文化交际中运用自如却并非易事。教师应对不同的学生，按不同的教学要求，采取灵活的教学方法，以激发学生的学习兴趣，调动学生的积极性。例如，开展内容丰富、形式多样的课外实践活动，开办专题讲座、组织小组讨论、进行角色表演等，以加强学生的实际运用能力。①

3. 加强文化教学应注意的几个方面

文化意识的培养是一个复杂的系统工程，它所涉及的范围既具体又广阔。文化意识的培养必须以文化教学为依托，而文化教学又必须同语言教学有机结合。为了切实地提高学生的文化意识，培养学生的跨文化交际能力，在文化教学的具体实施中应该注意以下几个方面的问题。

（1）教学中注重介绍词语的文化内涵

语言与文化之间的密切关系在词汇层面上往往反映得最明显。一个民族特有的物质环境、社会结构、精神信仰等，总是通过这个民族特有的词汇表现出来。词汇的意义分为概念意义和文化意义。概念意义指词汇的语言意义；文化意义则指词汇的感情色彩、风格意义和比喻意义等。可见，文化意义是指某一文化群体对一客体本身所做的主观评价，同一客体在不同文化的人中产生的联想意义不同。词语在文化上的差异是学好翻译的一大障碍，因此，在词汇教学中要注意词语的文化意义在目的语和源语之间的对比。例如，英语中dragon在西方文化中常代表罪恶、邪恶、令人感到恐怖，而在汉语中的龙在中国历史上是一个图腾形象，被视为祥瑞和权威的象征，如龙飞凤舞、望子成龙、真龙天子等；再如狗一词，在汉语与英语中的文化意义相去甚远。在英语中“狗”的文化意义是褒义的，英语中有“a lucky dog”（幸运儿）、“love me, love my dog”（爱屋及乌）、“a gay dog”（快乐的人）等用法，而在汉语中“狗”是贬义的，汉语中有“落水狗”“走狗”“狗仗人势”等说法。

① 姚娟，徐丽华，娄良珍.高校英语阅读与翻译教学多维研究[M].天津：天津科学技术出版社，2021：49.

（2）贯彻语篇意识

韩礼德认为语言是一种有规则的系统结构，是一种具有各种特征的代码，包括语音、文字、语法、词汇、语义等方面的特征。语言的使用就是从这些代码特征系统中做出选择，创造出可以传递意义的语篇。在实际的翻译活动中，我们所接触最多的还是由词句组成的语篇。因此，翻译过程的第一步就是要对语篇进行分析，其中语篇参数是分析的重要依据。译者只有熟悉两种语言的（语音、文字、语法、词汇、语义）特征，才能创造出一个和原文等值的语篇来。①

在篇章结构上，英语主要呈直线形，汉语则主要呈曲线形。英语的段首一般是开门见山的主题句，然后按一条线发展展开，整个段落围绕主题句展开，每个句子都与主题密切相关；汉语则讲究“曲径通幽”，叙述和论证时一般是含蓄而委婉的。在翻译实践中，中国学生常犯的错误是用汉语的模式表达英语文章，造成思维逻辑上的混乱。

（3）教学中介绍英语日常交际行为的差异

文化制约着人们的一切行为，也制约着人们的语言行为。在不同的文化中，人们说话的方式和习惯，使用的称呼语、问候语、称赞语、致谢语和电话用语等不尽相同，甚至有些在形式和用法上还存在很大差异，这些文化差异常常会导致不同文化背景的人们在交际时产生误解。例如，称赞语是一种十分普遍的语言现象。在英汉两种不同语言的文化背景之下，称赞语与应答的形式存在差异。例如，当听到别人赞扬时，美国人和中国人的回答是不同的，美国人一般坦然接受，常说“Thank you”；中国人则感到受之有愧，常以“不敢当”“过奖了”等应答。

（4）教学中比较价值观念和思维方式

在跨文化交际中，交际者双方因为都有各自的价值观念和思维方式，所以经常出现矛盾和冲突，导致跨文化交际难以顺利进行。在翻译教学中，教师要使学生了解中英两种语言在价值观念和思维方式上的异同，使学生能够在交际中做出正确的预测，完成有效的跨文化交际。

4. 文化教学的内容

文化是一个复杂的系统，其内涵和外延都十分丰富。文化的内容纷繁复杂、包罗万象，翻译教学中文化教学不可能面面俱到，让学生在有限的翻译课

① 殷书姣.高校翻译教学中学生跨文化意识的渗透和培养[J].当代教研论丛，2015（3）：91.

时中掌握全面系统的英语国家文化知识也是不切实际的。国内学者陈光磊将翻译教学中的文化内容概括为三种：语构文化、语义文化、语用文化。语构文化是指由于文化背景的不同而导致语言结构上的不同；语义文化是指语义系统所包含的文化内容和所体现的文化精神；语用文化则是指语言使用的文化规约，也就是把语言社会背景和人际关系连接起来所应当遵循的规则。针对翻译教学的目标和培养对象，笔者认为翻译教学中的文化教学应涉及如下几个方面的内容。

（1）背景知识

背景知识是指与被学习或被使用的语言材料相关的知识，是指隐藏在特定言语表达形式背后的信息。学生在翻译学习中所面对的英语语句往往会涉及各种各样的背景知识，这些背景知识又是英语文化的一部分，挖掘背景知识，并将这些知识融入翻译教学，能够帮助学生更好地理解整体的英语语句和篇章。[①]

（2）社交文化

文化教学的目的是培养学生的文化意识，从而使其具有较强的跨文化交际能力。而跨文化交际最终要通过人与人之间直接或间接的接触才能实现，因此，英语中的社交规范也是文化教学中不可或缺的部分，包括社交礼仪、称呼与称谓、禁忌与委婉、问候及其应答、告别及其应答、称赞（恭维）及其应答、批评及其应答、感谢及其应答、道歉及其应答、祝贺及其应答、邀请及其答复、请求与提供帮助、赞同与反对、同情与安慰、劝告与建议、社交书信等。

（3）非言语行为

非言语行为包括说话时的语调、语气、语速、音量、身姿、手势、表情、服饰、体距（交谈时的身体距离）等。这些非言语行为都可用来作为交流信息、传递思想、表达感情的手段，在交际过程中扮演了十分重要的角色，有效地辅助了言语行为的实施。

非言语行为具有鲜明的文化特征，不同国家、民族对非言语行为的社会规范区别很大，甚至表示的意义正好相反。如果对地方的文化习俗不熟悉或不了解，就会导致交际障碍，甚至引起国家和民族之间的冲突。因此，为确保学生顺利地进行翻译活动，在文化教学中向学生教授英语中非言语行为的文化背景

① 陈绿展，唐峭石.大学英语翻译教学中跨文化交际意识的培养[J].管理观察，2016（30）：147-148，151.

知识也是必不可少的。

5. 文化教学中译者的文化身份

在全球文化交流对话的过程中，翻译的桥梁作用是极其重要的。一方面，它通过语言文字的转换把异域文化引入本民族文化，使本民族文化能够吸取异域文化的优秀成果；另一方面，它也把民族文化推向世界，让世界认识了解自己的民族。在翻译这一跨文化交际活动中，译者作为翻译的主体，其文化身份的定位也是至关重要的，它决定了译者采用何种翻译策略以及生成什么样的译本等。

在全球化语境下各民族文化不断交流融合，全球性和民族性这一对矛盾体也日益突出。全球性要求译者对全球化具有一定的包容性，方能以积极开放的心态吸收外国先进文化为己所用；而民族性又要求译者必须坚持文化身份的本土性，以保护自己的民族文化特色，克服全球性的弊端，减少全球化的副作用。由于全球化语境下译者面临着全球性和民族性对立统一的矛盾，我们必须多层次、多角度、全方位去探讨和分析译者的文化身份。

从全球性方面来看，全球化趋势已经成为我们生活中无法回避的一种客观存在。作为译者，首先要做到以积极正确的心态面对全球化，正确认识全球化给我们带来的机遇和挑战。在翻译过程中，译者不仅要具备双语能力，还要具备双语文化知识，熟知所译文本的源语和译语的文化背景，做到正确传达异域文化。

从民族性方面来看，每个民族都有自己特殊的生活环境和社会结构，形成了自己独特的文化体系。全球化为不同文化之间的交流对话提供了一个广阔平台，同时导致各民族文化越来越多的趋同。译者作为翻译的主体，首先要维护本民族文化的独特性，避免被全球化同化而失去民族个性。同时通过翻译弘扬本民族的传统文化，使自己的民族文化在世界文化中占有重要的地位。

6. 文化教学的课堂活动

对于目的语文化的学习并不是简单的理论堆砌，这样的学习方式无疑只会使学生逐渐丧失学习目的语及其文化的兴趣，文化意识的培养也就无从谈起。事实上，学习目的语文化除了可以通过丰富学生理论知识的方法之外，还可以从具体的课堂教学环节设计入手，通过生动的跨文化交际课堂活动，让学生去真正地了解和体会目的语文化以及目的语文化当中人们的行为模式，这样，学生的文化意识才能真正得到提高。

在翻译教学课堂中，文化教学活动具有不同的实施方式，归纳起来，具体如下。

（1）教师的讲解与展示

一般来讲，教师在课堂上的讲解与展示是必不可少的，但是文化教学绝不是只限于以教师为中心的教师讲解活动。学生从彼此之间或者从目的语文化成员身上学习到的文化知识要远远多于其从教师本身所学习到的文化知识。教师在课堂上所扮演的角色不应该是滔滔不绝的演示者，而应该是一系列不同的文化教学活动的组织者和倡导者。

（2）课堂讨论活动

组织课堂文化讨论的目的是使学生通过交流加深对某种主题的了解，而不是劝说别人或与人争辩。在讨论中，教师是讨论的组织者和主持人，不应占用太多发言时间，而应将学生视为主体，只在提示和纠正偏题现象时发言。课堂讨论活动对学生培养文化意识具有显著的效果，但这并不是唯一的文化教学模式，并且这一活动的进行离不开一些刺激方法和输入方法的配合。例如，文化作品阅读、文化影片欣赏以及各种类型的文化模拟活动都可以用作课堂讨论活动的输入方法。

（3）文化模拟

任何形式的文化模拟活动都可以帮助学习目的语的学生认识并了解目的语文化。这样的活动同样也可以帮助学生分析跨文化交际过程中产生的误解与隔膜。在文化模拟活动中，可以运用角色扮演的文化教学策略，让学生在真实的场景中呈现并及时发现文化和语言上的错误，并指导学生注意两种文化和两种语言在同一语境中的相同之处及其差异，从而提高学生的文化意识。

（4）实物与绘画

教师可以在跨文化交际课堂中，布置一些反映目的语文化的实物、图画和照片。这一课堂活动的优点在于能够激发学生就其母语文化和目的语文化中的同类实物和场景进行跨文化的对比与比较。

第九章　应用型翻译人才的能力培养

随着中国积极融入经济全球化，翻译在中国社会越来越显示其重要性，而应用型翻译人才的培养更能体现翻译作为交际工具的特点，所以英语专业本科翻译教学应关注社会对英语应用能力的需求，缩小教学与需求之间的差距，注意加强对学生翻译应用能力的培养。

第一节　应用型翻译人才培养现状

在新时代的背景下，培养应用型翻译人才是社会发展的需要，同时它还对推进我国翻译事业的发展起着重要的作用。目前各个高校在培养英语翻译人才上构建了许多新模式、采用了许多新方法，但还是存在着教学资源欠缺、教师水平有待提高、学生缺乏实际的操作经验等问题。

一、翻译教材侧重文学翻译，缺乏实用性和职业性

在翻译课堂上，长期以来，教材的编辑和选择倾向语言文学，对其他实用性题材涉及较少。近年来，虽然翻译教材的数量在不断增加，但仍以文学体裁为主，应用型题材所占比例依然很小。事实上，我国每年只需少量文学和语言学方向的翻译人才从事教学和科学研究工作，却需要大量英语与经济、贸易、

法律、新闻、外交、工程等相结合的复合应用型翻译人才。这种偏重文学体裁的翻译教材和翻译课堂教学模式难以满足社会需求，其培养的毕业生由于不具备其他专业知识而不能满足用人单位的要求，因而导致英语专业的毕业生就业难，而高水平的应用型翻译人才又十分紧缺的尴尬局面。

二、把翻译教学等同于英语教学

许多学校常常以语言教学的模式讲授翻译教学。教师把大量的时间和精力用在纠正语法、纠正惯用法等方面。翻译课仿佛英语课一般，其目的似乎是检查学生在英语学习上的进步或后退。我们的教材上经常有这样的练习“把下列句子译成英语”，这其实是对学生的误导。因为这种练习只不过是让学生一遍又一遍地复习语法和生词，语言实践完全失去了翻译本身所需要的神似和形似。事实上，翻译教学不是英语教学，而是英语教学的辅助。通过翻译实践，可以暴露学生在英语学习方面的弱点。翻译教学属于特殊的教学范畴，它是集理论和实践于一体的教学。翻译教学是教导学生如何利用翻译过程中所需要的理论和原则指导翻译实践，即翻译教学必须是在翻译理论指导下的教学活动。有的同学对翻译理论和翻译技巧等知识知之甚少，常常把原文按字面意思翻译出来，却译不出其中的内涵和韵味。

三、轻视实践教学，对学生技能的培养力度不够

翻译是一项实践性很强的技能，需要花费大量时间进行实践才能不断提高翻译水平。然而，在传统翻译课程体系中，由于课堂教学时间有限，翻译教学一般仅限于传授翻译理论知识和基本翻译技巧，实践教学薄弱，翻译理论课时多，学生翻译实践机会少，因而导致毕业后，学生只是记住了一些翻译知识，却不具备真正的翻译实践能力，不能成为一名合格的译员。翻译专业教学在中国开始较晚，仍处于摸索阶段，其教学模式仍使用传统的英语专业的翻译教学模式，因此，即使翻译教学规模扩大了，学生数量增加了，但学生的实际翻译实践水平、研究和创新能力并没有同步提升，这恐怕与传统的翻译人才培养体系不完善，即对实践教学的重要性重视不够密切相关。①

① 青立花.翻译技术人才培养策略实证研究[J].高教学刊，2020（30）：159-161，165.

四、“双师型”翻译教学师资匮乏

“双师型”教师是指既具有扎实的基础理论知识和较高的教学水平，又具备较强的专业实践能力和丰富的实践工作经验的教师。翻译教学要发展，教师是关键。应用型翻译人才的培养呼吁“双师型”“应用型”翻译教师，要求教师既具有丰富的翻译理论知识和相关行业知识，同时又具有翻译实践能力和翻译实践经验。但现实的情况是，许多从事翻译教学的教师从大学毕业起就开始在学校工作，没有经过专业翻译职业训练，缺乏翻译实战经验，实践教学能力相对较弱。另外，不少翻译教师是在传统英语语言文学教育背景下培养出来的人才，缺乏相关企业、行业知识。因此，当前的普遍现象是，很多从事翻译课程教学的教师虽然具有扎实的翻译理论功底，但相关企业、行业知识缺乏，翻译实践能力和翻译实践经验不足，即“双师型”教师明显匮乏，无法满足复合型、应用型翻译人才培养的需要。

五、翻译技术课程比例较小

大多数高校没有深入进行过就业市场调查和分析，翻译技术课程与语言服务行业实践严重脱节。此外，翻译技术教学缺失、翻译技术的软件和硬件配置不到位是普遍存在的问题。有研究显示，翻译技术实验室的投入较低，配置的翻译软件多为Trados等CAT工具中的一种，其他软件如术语工具、语料库、机器翻译译后编辑平台等配置率较低。①

为了改变这一现状，需要加强对应用型翻译人才笔译能力和口译能力的培养。

第二节　应用型翻译人才笔译能力培养

在如今全球化的背景下，人们对跨文化交流沟通的需求越来越迫切，笔译作为一种重要的交流中介方式，发挥着重要的作用。

① 刘立香，李德超. PBL与翻译教学：案例分析与启示[J].外语与翻译，2019（4）：73-79，98.

一、笔译能力的构成

应用型翻译人才的笔译能力主要由以下几个方面构成。

（一）推理能力

在推理能力层面，低年级学生表现出来的主要问题是：不能结合上下文理解个别词汇的准确含义；不能实现意义单位之间的局部连贯；不能激活话语所描述的贴切的背景知识。总而言之，学生的问题主要是不能激活、借助恰当的背景知识来理解话语含义。

理解是翻译活动的第一步，译者对原文的理解程度直接决定着翻译的准确性，而推理是译者理解的根本。现有语篇理解研究领域的研究结果表明，语篇理解过程中的推理可以分为基于语言符号的推理、基于句法的推理和基于百科知识的推理三种。译者的理解也是在语言符号、句法和百科知识三个层面来完成的。需要说明的是，译者的理解不同于普通读者的理解，译者对原文的理解要更加深入和全面，而且没有选择性。因此，借助意义单位之间的局部连贯和话语所描述的背景知识来全面理解话语含义对翻译活动非常关键。

综上所述，应用型翻译人才低年级教学要注意培养学生按照语义单位之间的逻辑关系展开不同层面推理的能力，以最终实现正确的翻译。具体来讲，主要可以围绕以下六个层面展开。

①告知学生译者理解的特殊性。

②培养学生对意义单位之间的局部连贯的推理能力。

③按照学生兴趣，加强主题知识和百科知识的学习。

④培养学生借助百科知识和一定的逻辑顺序展开逻辑推理的能力。

⑤培养学生结合上下文理解词汇概念的能力，理解翻译过程中词汇的确切含义。

⑥培养学生脱离源语语言外壳的能力，要求学生理解文字所描述的客观事实、抽象概念、逻辑关系等，激活所描述的、贴切的背景知识。

（二）认知能力

翻译作为一个特殊的跨语言交际活动，对译者有着特殊的认知要求。理解与表达是翻译活动中的两个主要环节。意义的理解及译语的选择是一个决策过程；在理解过程中，综合句法知识、上下文信息和百科知识确定话语含义和不同语义单位之间逻辑关系的过程是一个推理过程；遇到理解或表达障碍，通过恰当的方式方法找到合适的解决方案是一个问题解决过程。决策能力、推理能力和问题解决能力是译者必不可少的三个能力。应用型翻译人才的笔译教学也离不开上述三种能力的培养。

（三）决策能力

学生译者在翻译过程中经常遇到的一个问题就是对生词和某些表达方式的理解过度依赖于纸质词典和电子词典的释义，结果造成在不理解或者没有完全理解个别句子的情况下就开始翻译，翻译出来的译文意思不准确或者不连贯。在表达过程中，学生存在较多的问题是：即使理解了话语含义，也不能找到贴切的译语，甚至根本就找不到相应的词语来表达。高年级的学生在这一方面整体上要好于低年级学生。

意思的确定、意义单位之间逻辑关系的确定、译语的选择，这三个过程是译者决策的过程。上述三个过程的决策是否正确将直接影响到译文的质量高低和正确与否。译者的决策过程需要综合各个方面的因素。

在理解过程中，首先，译者需要对词汇进行解码，找到不同类别的词汇所对应的概念；其次，借助句法结构确定概念之间的内在联系，形成基本的意思；再次，借助上下文信息和背景知识等因素确定话语的确切含义；最后，在此基础之上进行翻译。而上述诸多因素均会影响决策的结果和理解的结果，如词汇的概念提取、概念之间关系的确立、上下文信息的提取、有关百科知识的激活等。

译语生成过程中，译语的选择也是一个决策的过程。在表达过程中，源语的意思是译语选择的第一标准。当一个源语对应多个可选择的译语时，译者需要综合意义传达、意义连贯、句法衔接、交际效果、词语色彩、文体风格等多个因素，方可确定最终可选择的恰当词语。而上述诸多因素需要考虑到哪些因素以及这些因素怎样影响决策的结果，都是影响翻译效果的直接因素。

应用型翻译人才教学决策能力的培养应主要突出词汇释义和词汇选择的决策策略教学，即决策过程中需要考量、借助哪些因素、通过哪些步骤来完成决策等。

（四）问题解决能力

译者在翻译过程中会遇到各种各样的问题和困难。怎样借助可用的资源、按照合理的步骤解决翻译问题、找到合理的解决方案，即译者的问题解决能力，也是直接影响翻译质量的关键因素。学生译者问题解决能力的培养需要突出翻译问题的分类、问题解决的方式、方法和步骤。在问题解决过程中，译者首先需要确定自己的问题所在，然后从问题出发，确定问题解决方案，如快速、高效地搜索信息，鉴别权威信息，合理、有效地均衡各种资源等，最终找到问题的解决方案。翻译专业学生遇到的问题表现在词汇、句法、语篇、语言等诸多方面，学生译者问题解决能力的培养也可以从以上各个方面入手。问题解决能力的培养过程主要是翻译方法的培训问题。

（五）变通能力

翻译过程中的转换是指在理解源语意思之后，按照一定的翻译标准，用贴切的译语表达出来，它是理解之后的一个关键环节。

学生在转换过程中主要存在的问题有：找不到贴切的表达方法；没有成系统的句法处理原则、方法和标准；缺乏相应的问题解决策略；对长句信息的语言重组和调整能力差；在译语生成过程中，选择译语的标准和策略不明确，导致确定的译文用词不准确或意思不确切；主、被动语态的转换、意译和直译等方法的运用不到位。这就需要培养学生的变通能力。

1. 译语生成能力

译语生成受到学生母语和二语水平的影响，而且译语生成的个体性特征非常明显。译者译语生成能力的提高伴随译者翻译能力发展的整个过程，是一个慢慢积累的过程。在翻译教学中，教师应引导学生在译语生成层面注意以下四个方面。

①发掘源语意义与译语的对应规律。

②加强对源语意义传达方式的感知，如语义意义和形式意义。

③在实践中发掘、积累译语词汇、句式、句法确定的标准。

④在译语生成后，从语篇连贯、语篇功能、语言风格（语域）、作者的意图、读者的语言习惯等多层面出发对译语进行调整。

2. 术语处理能力

在实用类语篇翻译中，术语是影响翻译质量的关键因素。因此，在翻译教学中要强调术语和术语积累的重要性，培养学生初步的术语筛选、确定、翻译、建库等能力，教会学生处理翻译过程中遇到的各种术语问题，这对提高翻译的水准是至关重要的。术语初级能力的培养可以从学生较为熟悉的主题开始，而不一定是非常专业的主题。可以随着译者翻译能力的提高，逐步加大术语的主题难度和精确度。

3. 语言运用能力

工作语言是指译者在翻译过程中使用的、符合某一领域语言特征的语言，其基本要求是不能用外行话来表达内行的知识。翻译过程中的工作语言与语言学领域内的语域相对应。每个领域的语言具有自己的语言特征，甚至语言规范，能否用符合某一特定领域语言特征的工作语言来生成译文是衡量译者专业化程度的一项重要标准。职业翻译与非职业翻译的区别之一在于意义传达过程中的专业化程度。应用型翻译人才的培养应该加强语言规范重要性的教育，通过主题性语篇学习，加强学生对不同语域语言特征的把握。

（六）沟通能力

应用型翻译人才笔译教学应该注重学生译者沟通交际意识的培养。翻译活动的本质在于沟通，在于让他人理解。语言仅仅是翻译活动的工具和媒介，信息和意义的传递才是翻译活动的根本目的，因此，在翻译教学过程中，要注意让学生认识源语信息和意义传达的效率，避免借助词典展开机械、死板的对应翻译。低年级学生应该将交际效果作为译文生成和译文考量的一个基本标准。

除此之外，语言习惯、思维和文化差异等因素都会给学生译者造成很多的翻译问题，学生译者只有不断地提高自己的母语和英语水平以及跨文化知识水平，才能最终提高自己的翻译水平。

应用型翻译人才笔译能力培养研究是翻译能力系统研究的开始。从所取得的结果来看，语言能力是翻译能力的基础，应该是应用型翻译人才笔译教学的重点和核心。其他包括认知能力、变通能力和交际能力在内的三种能力及这三种能力所涵盖的子能力，培养这些能力应该贯穿笔译能力培养的整个过程，而这些能力在初级培养阶段是可以通过恰当的教学手段和教学方式来实现有针对性的培养的，而这些能力在翻译能力不同的发展阶段也有着不同的具体表现形式。

二、应用型翻译人才笔译能力的培养措施

（一）努力提升素质

1. 加强双语理解与表达能力

理解和表达是翻译过程中的两个重要步骤，从某种程度上来说，翻译考查的正是学生译者对两种语言的掌控能力与驾驭能力。因此，学生译者必须具备扎实的双语语言基础。

（1）理解能力

在英语教学中，因为英汉语言之间具有明显的差异，所以有很多因素会干扰译者的理解能力，如词汇量、语法结构以及利用语境确定语义等。例如，英语中的black在词典上的解释为“黑色的”，而在不同的搭配中有不同的汉语表达。

in a black mood. 情绪低落。

black despair. 绝望。

black tea. 红茶。

a black stranger. 完全陌生的人。

可见，翻译不仅是对字面意思的传达，还要根据语境把握其真正的意义。

（2）表达能力

翻译并不是要求学生译者用自己的思想和话语对原文进行再创造，而是要用原作者的思维将其观点移入译入语中。因此，翻译对译者的表达能力提出了很大的挑战。它要求译者能够熟知源语与译入语之间在语音、词汇、句法、修辞和使用习惯上的差异，力求使译文的表达通顺流畅。例如：

There's no pot so ugly it can't find a lid.

译文1：没有丑到配不上一个盖子的罐子。

译文2：罐儿再丑，配个盖子不发愁。

译文1显得平板滞重；而译文2则更加意韵合拍，风趣隽永，简直是妙笔佳句。可见，如果译者没有扎实的语言基础，翻译质量也就得不到保证。

2. 储备各种专业知识

翻译涉及多个专业和领域，如商务领域、旅游领域、新闻领域、法律领域、文学领域等。每个领域都有其特有的专业知识或规则，如果学生译者对这些专业知识知之甚少或一无所知，就难以准确进行翻译。因此，学生译者必须有意识地扩展自己的专业知识，提升专业水平。例如：

If the electron flow takes place in a vacuum, as in the case of electronic valve, the electrons will travel at considerable speed, since little resistance is offered by the medium.

原译：如果电子在真空中流动，如电子真空管，那么电子的运行速度是非常快的，因为介质几乎不会对这些电子产生阻力。

改译：如果电子在真空中流动，如电子真空管，那么电子的运行速度是非常快的，因为几乎不会有什么空气对电流产生阻力。

原句中主要论述的是电子在真空中的流动问题，但是只要稍微懂点物理知识的人就应该知道，真空中的空气是非常稀少的。因此，原文中的medium一词并不是“介质”，而是指真空。

3. 熟练运用翻译技巧

要想做好笔译工作，熟练运用各种翻译技巧和策略是非常必要的。要熟练运用翻译技巧，学生译者需要做如下两个方面的努力。

（1）系统地学习翻译理论知识

掌握系统的理论知识是进行笔译的前提和基础。因此，学生译者要注重对翻译理论知识的学习，在学习中系统分析和总结相关的翻译技巧与策略。

例如，各种文本的翻译策略和技巧：探讨如何翻译科技文本、文学文本、新闻文本、公文文本等具有不同风格和功能的文本；语言层面的翻译技巧：词语、句子、篇章的翻译技巧；文化层面的处理方法：归化、异化的应用。

（2）加强理论联系实际能力

翻译是对译者理论联系实际能力的考验，这就需要学生译者要用正确的理论指导翻译实践，多学习一些翻译名家的范文，经常进行实践，坚持在翻译实践中学习翻译理论，不断总结经验，并在翻译实践中不断完善和发展翻译理论。

4. 灵活运用各种工具书

笔译涉及的知识门类非常广泛，对学生译者的综合能力要求很高，但一个人的知识储备与记忆能力毕竟是有限的，不可能掌握笔译工作要求的所有方面的知识，这时工具书的查阅就显得尤其重要。笔译常用的工具书一般包括词典、翻译类词典、文学词典、专业术语词典、百科全书等，学生译者应当根据翻译情况灵活加以运用。

此外，随着科技进步与网络通信的发展，许多词典与书籍上没有收录的新名词不断涌现，在这种情况下学生译者必须及时更新自己的知识储备，掌握通过先进科技设备（如电子词典、网络等）寻找答案的方法。

5. 端正翻译态度和作风

笔译训练既能培养学生的双语转换能力，同时也考验学生的综合素质。有的学生在笔译过程中粗心大意，敷衍了事，即使译文不理想也不用心揣摩，遇到读不懂或不理解的地方直接省去不译，等到教师讲解的时候修改一下就完事，很多学生认为完成第一遍翻译后就大功告成，不再检查审校。这些非语言能力因素往往也影响学生翻译能力的提高，所以教师应该鼓励或设计一些教学步骤，让学生端正翻译态度，踏实认真地完成翻译训练的每一个任务，可以尝试通过项目教学的方式并以小组为单位完成整个翻译过程，这种认真的翻译作风对学生日后的学习和工作都会有积极影响。

（二）掌握各种笔译技巧

掌握各种笔译技巧是译者进行正确翻译的重要基础。概括来说，翻译过程中主要涉及以下一些技巧的应用。

1. 直译

直译就是在符合译文语言规范的基础上，在不引起错误联想和误解的情况下，直接进行翻译的一种方法。通常来说，能直译的就尽量直译。例如：

Failure is the mother of success. 失败是成功之母。

Distant water cannot put a nearby fire. 远水救不了近火。

The outcome of a test is not always predictable. 试验的结果并不总是可以预料的。

2. 意译

每一个民族的语言都有着独特的特点，都有着不同于其他民族的句法结构、表达方式，所以有时直译很难准确地传达原文的含义，此时就可以采用意译法。所谓意译，就是根据原文词语的含义使用意义等同的目的语来表达的一种翻译方法。意译注重“神似”，主张译文不必拘泥于原文形式，准确恰当地表达原文含义即可。例如：

Don't cross the bridge till you get to it.不必自寻烦恼。

l can't get a job because I haven't got anywhere to live, but I can't afford a place to live until I get a job—it's a catch-22 situation.我没有住所就找不到工作，但是没有工作就没钱租房子，这真是左右为难。

3. 分译

所谓分译，就是根据译文表达的需要而将原文中的词、词组或句子分解出来单独进行翻译。例如：

One problem in trying to discuss my reporting is its sheer volume.我的报告篇幅特长，要对它进行讨论，这就成了一个问题。

She is too ill to have been anywhere but in bed.她病得太厉害，不能行走只能待在床上。

He built upon these natural gifts daily.在天赋的基础上，他坚持训练，技艺与日俱增。

4. 反译

反译是指在保持原文内容不变的情况下，将原文的肯定形式译成否定形式或者把否定形式译成肯定形式，从而使译文的表述尽量符合译入语读者的思维习惯。由此可知，反译法主要包括两种形式：一是把肯定形式译成否定形式，即正话反说；二是把否定形式译成肯定形式，即反话正说。例如：

We had no sooner got home than it began to rain. 我们刚到家就开始下雨了。（正话反说）

I was more annoyed rather than worried. 我与其说是着急，不如说是恼火。（正话反说）

He was an indecisive sort of person. 他是个优柔寡断的人。（反话正说）

That sportsman was disqualified from participation in the Asian Games. 那个运动员被取消了亚运会的参赛资格。（反话正说）

5. 释义

所谓释义，就是对词语进行恰当的阐述。但在采用这种翻译技巧时要注意两点，一是释义要准确，二是译文行文要简洁。例如：

This man is the black sheep of the family.

原译：这个人是家中的黑羊。

改译：这个人是家庭中的害群之马。

6. 增译

增译是指在原文的基础上根据意义、修辞或句法上的需要，增添必要的单词、词组、分句或完整句，以使译文符合译入语的表达习惯。例如：

She could knit when she was eight. 她八岁时就会织毛衣。（增加名词）

He dismissed the meeting without a closing speech. 他没有致闭幕词就宣布结束会议。（增加动词）

He sank down with his face in his hands. 他两手蒙着脸，一屁股坐了下去。（增加副词）

7. 省译

省译就是将原文中需要而译文中不需要的单词、词组省略不译出。例如：

He stood by the desk.他站在桌旁。（省略介词）

We wash our face in the morning. 我们早上洗脸。（省略代词）

One more step and you are a dead man. 再走一步你就死定了。（省略连

接词）

（三）重视文化因素

语言是文化的重要组成部分，也是文化的载体。语言不仅反映了一个民族的历史和文化特征，还体现了该民族人民的生活方式、思维方式、宗教信仰等。由于一个民族的文化是该民族人民共有的，基于这种共有的文化背景，作者在创作的时候，往往会不自觉地或故意省略这些文化信息。一方面，这可以保留原文的含蓄美，给读者带来美的享受；另一方面，读者也获得了充分的想象空间，可以根据自己原有的知识去构建语义。但是，对于译入语读者来说，如果不了解原文文化背景，是很难去弥补那部分缺失的文化信息的。翻译从某种程度上来说就是一种跨文化的交际活动，译者作为“文化的媒人”，不能停留在对原文的理解上面，而是要及时为原作者和译入语读者牵线搭桥，即在积极了解中西方文化差异的基础上，采取适当的翻译策略，使译文读者充分理解原文中的文化含义，避免产生误解。

例如，张谷若教授在翻译《德伯家的苔丝》时，为了帮助中国读者更好地理解原文，就加了很多注释，下面列举一例。

“I maybe able to clim' along the bank, perhaps-I can clim' better than they. You must be so tired Mr. Clare.”

“No, no, Tess!” said he quickly. And almost before she was aware she was seated in his arms and rest against his shoulder.

“Three Leahs to get one Rachel.” he whispered.

译文：“我比她们都轻巧，我想我也许能顺着这个土坡儿走过去。我自己走好啦，克莱先生；我恐怕你一定累得慌啦！”

“没有的话，苔丝，没有的话，”他急忙说。她自己几乎还没觉出来是怎么回事，就身在他的怀中，头在他的肩上了。

“三个利亚，都为的是一个拉结呀。”他打着喳喳儿说。

上述翻译通过添加注解的方式帮助读者理解源语文化内涵，是一种很好的处理手段。然而，很多时候一种文化现象在另一种文化中并不存在，此时就需要译者灵活处理。例如：

“赏你一丈红。”

译文：“Enjoy your slow torture to death.”

上述是我国电视剧《甄嬛传》中的经典台词。《甄嬛传》作为一部中国文化气息十分浓厚的古典电视剧，其极具特色的台词也备受追捧。上述原文是华妃台词。华妃掌有协理六宫之权，为人嚣张跋扈，心胸狭隘，心狠手辣，原文正体现了华妃的嚣张。“一丈红”具有浓厚的中国文化色彩，它是中国古代一种残酷的刑罚手段，即鞭打犯人使其慢慢致死。上述原文如果直译，对于不了解中国传统文化的外国人来说是很难理解的，因此译者采用了意译的手段，虽然文化意蕴有所缺失，但是并不妨碍意义的理解，并且依然表达出了华妃做事的狠辣。可见，由于文化差异的客观存在，很多时候译者并不能做到跨文化传播的零缺陷，只能以目的语文化为导向，灵活采取各种翻译策略。

第三节　应用型翻译人才口译能力培养

国际交流和贸易的进一步深化，对翻译人才的需求量越来越大。其中，口译能力的培养是非常重要的方面。口译是指通过口头表达信息将一种语言形式转化为另一种语言形式的过程，它在各个领域的国际会议、商务谈判以及文化交流中扮演着重要角色。

一、口译能力的构成

口译是一种综合性的语言操作和交际服务活动，对译者的素质和能力要求很高。国际会议口译员协会在其章程中对会议口译员的能力有明确的规定：会议口译员是一名合格的双语或多语交际专家；除了对会议主题和术语做好充分的准备外，还必须拥有应对各种会谈话题的广泛知识面；另外，会议口译员还应遵守职业道德，保守秘密。

口译能力指的是译者完成口译工作所需要的内在知识和技能体系。口译能力关系到译者能否完成任务，但是口译界尚未就口译能力的构成要素达成共识。国内口译研究人员比较认可的观点是：口译能力的构成主要包括三大支柱，即双语能力、言外知识和口译技巧。巴黎释意派的代表学者塞莱斯科维奇（Seleskovitch）认为，口译能力包括四个模块，即双语能力、个人的社会和文化积累、百科知识、专业知识。不管是三大支柱还是四个模块，它们似乎都在强调口译者的智力因素和要求，忽略了非智力因素。

事实上，口译过程不仅涉及译者的智力因素，还涉及非智力因素。我国学者王斌华认为，口译能力＝智力因素模块＋非智力因素模块，其中口译的智力因素模块包括语言能力（双语的听说读写能力、语言分析综合能力、口头表达能力）、言外知识（百科知识、专题知识）和口译技能（口译技巧、翻译转换能力），非智力因素模块包括心理素质（良好的记忆力、顽强意志力、快速的反应力、处变不惊的能力、跨文化意识）、身体素质（能进行长时间高强度脑力工作）、职业素质（工作态度、责任心、职业道德）。

通过对口译能力的分析，王斌华在其著作《口译规范的描写研究》中提出了译者能力的概念，并将译者能力界定为：从事口译职业需具备的内在知识和技能体系以及职业技能和身体/心理素质。西班牙巴塞罗那自治大学“翻译能力培养和评估”专项研究小组指出，能力（Competence）包括知识（How）、技能（Know-How）和素质（Know How to Be）三个方面。在此基础上，王斌华具体分析了译者能力的构成要素（见图9-1）。

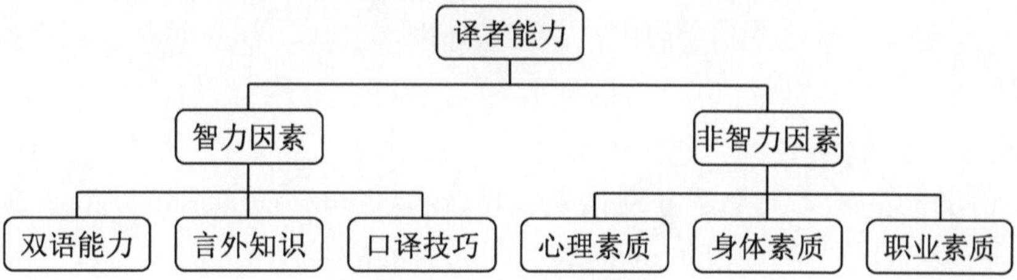

图9-1　译者能力的构成

口译是一种复杂的认知活动，译者能力的获得也是一种心理认知过程，通常要经历三个阶段，即认知阶段（Cognitive Stage）、联系阶段（Associative Stage）和自动化阶段（Autonomous Stage）。译者能力的智力模块和非智力模块随着口译学习和实践不断发展，先后都要经历认知、联系和自动化的过程（见图9-2）。

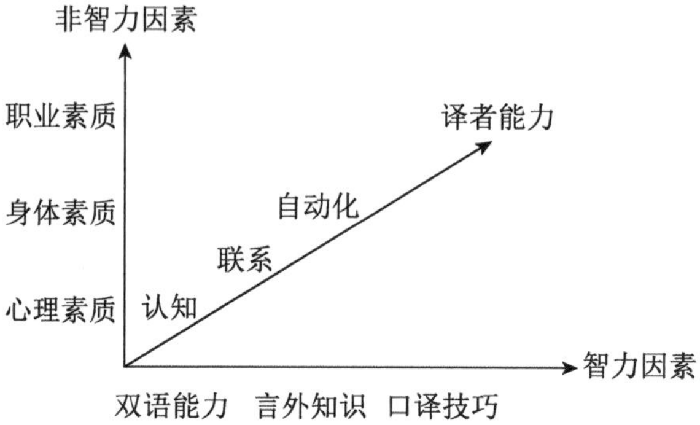

图9-2　译者能力发展过程路线图

二、口译的过程和主要环节

口译是一个复杂的交际过程，其中包含的要素及其之间的互动关系（见图9-3）。

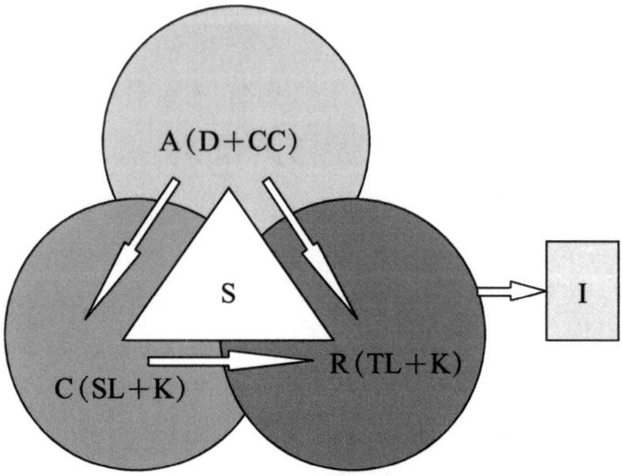

图9-3　口译的过程

如图9-3所示，三个圆分别代表C（理解，comprehension），R（表达，reconstruction）和A（分析，analysis），向右的箭头代表口译的过程，两个向下的箭头表示分析对口译理解和表达的作用，居于核心位置的白色三角形代表的是口译技能S（skill），三圆外的短箭头直指口译Ⅰ（interpreting）。该模式说明，口译的交际过程包括原文理解和目的语表达两个步骤，同时作用于这两个步骤的是分析，要实现有效交际，掌握技能是关键。

（一）口译理解

理解源语是口译过程的第一步，也是关键的一步。要快速准确地理解源语信息，口译者需要掌握源语语言知识和语言外知识。

语言知识包括语音、词汇、句法和语篇知识。口译者应具备足够的语音知识以识别音节和词汇，对英语的听觉识别能力应达到或接近母语水平，必须掌握丰富的词汇和短语表达，了解两种工作语言的语法结构以及两种语言之间的差异，同时还应具备语域、衔接、连贯等语篇知识。

语言外知识指的是语言之外的知识体系，既包括广义上的百科知识，也包括狭义上的情境知识和专题知识。口译者要在平时不断积累政治、军事、外交、经济、科学、教育和文化等各个领域的百科知识，在口译前积极掌握口译的专业知识，以及口译场合、讲话人背景、时间等情境知识。

（二）口译表达

表达是口译过程的第二个步骤，也是最终结果，同时又是衡量口译质量的依据。顺畅准确的表达要求口译者具备丰富的目的语语言知识和语言外知识。

译语表达要迅速，交传译员通常要在发言人话音刚落时即开始翻译，停顿时间一般不能超过5秒钟，而同传译员一般滞后原语半句，否则将会影响现场的气氛和听众的情绪。表达时发音要清晰、准确，音量、语速适中，面对听众要沉着冷静、落落大方，并与之保持目光交流，要根据发言者的语气、措辞、风格等，采用相应的表达方式。

（三）口译分析

口译分析为准确理解和顺畅表达提供了重要保障。分析包括对源语和目的语的话语和跨文化因素进行分析，它既作用于理解阶段以帮助译者获得讲话人所传递的信息，又作用于表达阶段以使译者将信息用听众所能接受的目的语表达出来。

在口译中，口译者通过对话语的分析，充分理解发言者要表达的本意，并在此基础上选择使用合适的词汇、语域、语气和语体，将其译成目的语。另外，由于口译是一种跨文化交际行为，译者要有良好的跨文化交际意识。

（四）口译技能

对于译者来说，要顺利完成口译任务，学习和掌握相关的口译技能十分重要。只有双语能力而没有经过口译技能训练很难成为合格的口译员。口译技能能够帮助口译者正确理解发言者讲话的信息，并快速、准确地用目的语表达出来，因此，在口译训练中占有核心的地位。

三、应用型翻译人才口译能力的培养措施

（一）努力提升自身素质

口译者在口译过程中要格外注意以下素质的培养。

1. 较强的理解和推理能力

口译者往往在事先毫无准备或准备有限的情况下，即刻投入双语转码的临场操作中。尽管口译者会在提供口译服务之前做一定的准备工作，但实际的谈话内容往往会临时发生一些变化。这就要求口译者必须具备较强的理解与推理能力，以便随机应变。良好的理解能力还要求口译者具备很强的语言适应能

力，即能听懂带有口音的或令人费解的讲话。这就要求口译者必须有扎实的语言功底和丰富的实战经验，并在工作中不断培养自身的逻辑思维能力。

有时，讲话人的表达能力很差，语无伦次，错误百出，毫无语言逻辑性。当口译者碰到这种情况时，可以通过自己的理解，对发言进行概括、整理之后再译，使得译文流畅易懂，以便于听众理解，这也是口译者理解能力强的表现。

2. 快速的反应能力

口译不像其他笔译任务，给译者一定周期的准备，而是需要口译者临场发挥，这就要求口译者必须具备快速的反应能力。以会议口译为例，国际会议规定，即席口译每小时要达到5 000字左右，同声传译每小时要达到9 000字左右，这样的速度分别是笔译的17倍和30倍。可见，口译者在口译过程中必须始终保持头脑异常冷静，反应要十分快速、敏捷，否则难以胜任。

不同的译者即使水平相当，但由于其反应能力不同，在谈判口译过程中的处理技巧各异，其效果也会截然不同。具有快速反应能力的口译者即使遇上很艰苦的谈判，也能通过自己的努力协助主谈双方在轻松和谐的气氛中达成一致意见；而反应能力较差的口译者则由于不善处理语言以外的技巧问题，双方怎么讲就怎么口译，往往会使谈判双方越谈越僵。当然，这首先是讲话人的责任，但口译者若能发挥“过滤”和“堵漏”的作用，从中稍作调和，缓和气氛，也有助于谈判的顺利进行。

3. 出众的记忆能力

口译的即时性特征决定了口译者必须具有出众的记忆力。具体来说，主要体现在以下两个方面。

（1）口译者要把讲话者所讲的内容忠实、详尽地用一种语言表达出来，需要有相当好的记忆力。口译中虽然可以做些笔录，但因时间有限，口译者所记录的内容只能是重点内容，即口译笔记只能起到辅助作用，要把整段话连贯地表达出来，主要还是依靠记忆力。另外，由于人的瞬间记忆毕竟是有限的，而需要口译者口译的信息量十分巨大，口译者还要学会尽快忘记已译过的内容，以便记忆新的东西。

（2）在口译过程中，口译者不可能去查阅字典或任何资料，完全凭大脑的记忆去应对临场翻译的需要，因此口译者必须记住大量的词汇、缩略词、成语甚至典故等。例如，如果在翻译成语“东施效颦”时仅仅将其译成“Dong Shi imitates Xi Shi”，外国人就会很难理解，而如果口译者能记住故事，则可以加上如下解释：“Xi Shi was a famous beauty in the ancient kingdom of Yue. When she fell ill, she knitted her brows and pressed her chest with her hand. When Dong Shi, an ugly girl, saw her and found the pose beautiful, she copied her only to look more ugly.”如此一来，外国人就很容易理解该成语的意思了，这就有助于外国人理解发言者的意思，口译也起到了交流的桥梁作用。

4. 强烈的责任感

口译工作是一个很崇高的职业，需要口译者具有强烈的责任感。口译者的责任感主要体现在以下两个方面。

（1）“忠实”。“忠实”是指口译者要把交际双方的语言准确地互相传递，要做到“实”和“准”，即忠实于讲话者的原意，如实地表达讲话者的思想，不得任意增删、篡改讲话者的话语。

（2）“尽职”。“尽职”是指口译者要树立良好的职业道德观念，遵守“译责自负”的原则。另外，一个忠于职守的口译者还应该是讲话者的助手，可以随时纠正讲话者的不当用词，为双方的成功沟通铺平道路。

此外，口译工作属于外事活动，而“外事无小事”，任何一次国际性会议或接待外宾都关系到本国的声誉和形象，口译者的一言一行都将关系到一个国家的形象和民族的风貌。因此，口译者要对自己的口译负责，必须认真对待每一次翻译任务，在口译过程中绝不能信口开河，草率翻译，更不能瞎编乱造，胡乱翻译。

5. 较强的心理素质

口译工作都是临场发挥的，而且经常是在大庭广众下进行，即口译者必须面对众多的听众，加之口译者责任重大，常常背负着沉重的工作压力，这些都要求译者必须具备良好的心理素质。对于口译者来说，无论遇到什么样的情况，都必须具有自我调节的能力，能够承受压力，克服紧张情绪，保持冷静，防止因情绪紧张而影响口译质量。

（二）掌握各种口译技巧

1. 听解技巧

如前所述，听解是口译过程的重要步骤，因此口译者必须掌握良好的听解技巧。具体来说，要注意以下几个方面。

（1）整体理解

听力理解有两个层次，第一层次是听语言，第二层次是听意义，这两个层次是口译实践中必须解决的问题，是实现听力理解不可逾越的环节。听语言和听意义的根本区别在于听力对象不同。第一层次的听力对象是语音、语调、用词等语言特征，是大多数英语学习者可以达到的程度，但对于专业的口译者来说是远远不够的，口译者应把听力对象锁定在语言所体现的意义上。

在口译过程中，口译者应始终具有良好的全局观，在听取信息时，思路不能受限于个别的单词或句子，而要将注意力集中在信息意义上，要下意识地忘记语言。只有这样去听，才能实现正确的理解。听力理解的最终目的不仅是要听懂每段文字的语言含义，而且是要判断出字、词、句之间的语义和句法关系，实现一段话语的连贯表达。口译者经过长期的练习，如果能做到机械地、自动地忽视甚至忘记源语表达形式，并能熟练准确地概括出所听到信息的中心思想，就可以说是达到了听力理解的最高境界。

（2）全神贯注地听

口译中的“听”不是普通意义上的“听”，它是口译中一切信息的来源渠道，并且只有一次听的机会，因此口译者必须聚精会神地听。此外，口译者的听不是一般意义上的聆听，应该是一种积极的听。口译者必须排除一切干扰，把全部的注意力都投入到用耳朵接收讲话者语言信息的活动中。另外，作为一种信息输入方式，听的过程是一次性的，没有第二次补救机会，口译者必须聚精会神，任何分散注意力的行为都可能导致口译过程中的失误。

（3）克服口音障碍

由于地理环境、文化背景、受教育程度、个人修养等方面的差别，每个人的语音、语调、词汇、语言习惯也各有差异，这给学习标准国际音标和规范英语表达的口译者，特别是从未走出过国门的口译者，提出了一个不小的挑战。一名优秀的口译者必须能听懂和理解来自不同国家、不同地区说话者的口音。因此，口译者要注意不断总结经验，摸索出不同口音的规律，掌握其特点，利用口音的“原形”来推测它在具体语境中的意思。此外，口译者还要多与同行交流经验，多与讲不同方言的人亲自交谈，多听不同国家和不同地区的英语广播，从而更快地熟悉各种口音和方言。

2. 记忆技巧

（1）复述练习

作为准备从事口译工作的学生，要特别重视复述练习。复述是口译记忆技巧的基本练习方法，它是指以朗读或播放音频的形式让学生听一段若干文字的文章，然后让学生把听到的内容复述出来。复述练习包括源语复述练习和目的语复述练习。

源语复述练习是指教师以播放音频或自己朗读的方式让学生听一段文章（大约200个单词），然后让学生用同一种语言复述出来，并且在复述期间不允许记笔记。

目的语复述练习是指教师以播放音频或自己朗读的方式让学生听一段文章（大约200个单词），然后让学生用目的语进行复述。在听的过程中，允许学生记笔记。

（2）影子训练

影子训练法也就是所谓的“跟读训练”，它是指学生用适合口译速度的英文语音材料，同步地重复讲话者所说的内容，并保证语音、语调尽可能同步。简单来说，影子训练法是指一边听录音一边用源语或译语进行跟读的练习方法。这种方法并不是单纯的记忆训练，因为学生在听的过程中要克服各种外部的干扰因素，它实际上也是一种抗干扰能力训练。

（3）逻辑整理练习

逻辑整理练习是指教师给学生一些缺乏语篇连贯性或语言次序颠倒的材料，要求学生听过后按照正常语篇的要求，梳理成一段主题明确、语义连贯的发言。这种练习可以提升学生对零散信息的记忆能力和逻辑拼接能力。

（4）强记练习

强记练习强调的是对记忆训练的坚持和努力。对记忆力的研究表明，人的记忆力是可以通过训练得到改善的。首先，学生应积极主动地阅读有关记忆方法的书籍，参考借鉴一些行之有效的方法，如形象记忆、连锁记忆、逻辑记忆、理解记忆、分类记忆等。其次，学生必须结合自己的特点坚持练习，因为再好的方法也必须经过练习才能转变为实实在在的能力。只有不断练习、不断反思、不断总结，记忆能力才会有明显的提高。

3. 笔记技巧

在口译中，尤其是在正式谈判和会议等场合的连续口译中，笔记起着十分重要的作用。笔记技巧是口译尤其是连续口译中最基本的技巧，如果能够运用自如，就可以在一定程度上弥补其他技巧的不足。译者在笔记过程中要注意以下几点。

第一，少写多画。首先要提的是画线，画线比写字快，并且线条较为形象，有助于译者一看笔记，就能口译。具体来说，在以下两种情况下应该尽量使用线条：第一种是表示动作和动态的词句，如以上升的斜线代表“发展”“增加”“进步”“进一步”，以下降的斜线代表“减少”“下降”“恶化”等；第二种是表示因果或前后关系的词句，如用一条线代表“因为/所以”“……之后”“在……之前”，以体现出上下前后之间的关联性。除了画线，还可以巧用符号，符号书写快且灵活形象。一些固定的线条和符号已经被口译界广泛接受，所以学生译者可以大胆地借用它们形象地表达意思。

第二，缩略书写，少字多意。在汉语中，有大量的常用词汇是由两个字或多个字来表达的，因此要逐渐形成用一个字代表一个词的习惯。例如，用“中”代表“中国”，用“北”代表“北京”。英语单词同样可以简写，用poli代表politics，用gov代表government。另外，还要培养看到一个字能说出几个字的能力，如听到“改革开放”时，只记一个“改”字就可依靠短时记忆想起源语。

第三，少横多竖。从上向下的阶梯结构能够体现出上下文的逻辑结构，从而简化译者的思维过程，使其方便快速地输出译文。

第四，减笔连笔，快速书写。笔记只要自己看得懂就行，所以学生译者在做笔记时尽可能在自己明白的前提下减少笔画、理顺笔画，以便做到一笔成字。汉字是一种形象的表意文字，减笔、连笔后，并不影响识别，英文的连写更是普遍现象。从笔画的省力程度上来说，口译笔记宜多用英文书写。

第五，明确结束。当说话者说一段后停下来让译者译一段，然后继续说时，上一段话和下一段话之间必须有明确的界限，上一次的结束点就成了下一次口译的开始点。如果笔记是从一页纸的中间开始记的，而且这段笔记可能需要两三页纸那么长，最好具体标明这次翻译内容的起始，以免混淆。

4. 表达技巧

（1）多进行基本训练

译者能否熟练运用两种语言并做到表达自如是口译成功与否的关键。因此，译者应努力加强对双语表达技能的训练。由于口译比笔译更具灵活性，译者在口译时只要能够表达讲话者的意思即可，不必拘泥于某一种表达方式。这就要求译者在平时要多进行以下几个方面的训练。

①绕译。无论译者的水平多高，口译时都可能会遇到不熟悉的专业词语，此时就可以采取“绕译”的手段，即采用其他词语表达相同的概念。

②变译。译者变译的能力越强，在实际口译时的应变能力也就越强。变译

主要有三种方法，即词汇的替换、句法的转换和逻辑的变化。

③释译。释译也就是解释性的翻译，它是指译者在翻译某些涉及文化及国情特有的词语时，需要增加一些解释以便听众明白词语的内涵，避免误解。释译主要涉及关于历史、政治、文化等方面的词语，有时还包括一些时事缩略语。

（2）注意表达的连贯性

译者在口译的过程中，要做到让自己听懂的同时也让别人清楚明白，这是需要讲求一定技巧的，可以说连贯性是口译的基本标准。

首先，将重要的信息内容传达给听众，即确定5W＋1H（何因why、何事what、何地where、何时when、何人who以及何法how）的优先级。

其次，多用意义明确的实词充当主干成分，避免使用过多意义含糊的虚词，如这样、那样、这个、那个等。

最后，注意句与句之间和段与段之间的连贯性，这主要是通过过渡词来实现的。例如，逻辑关系包括因果、条件、逆接、对比、限定，先后顺序包括顺接、转换（话题）、回顾（过去），增补说明包括添加、补足、解说、例示、换言、强调等。

（三）重视文化因素

众所周知，语言是文化的重要组成部分和载体，也是文化的重要表现形式，与此同时文化又是靠语言进行传播的。译者直接面对两种文化，可以说是文化交际的桥梁。因此，口译与文化有着不可分割的密切关系，译者在口译中不能忽略文化因素。

在口译中重视文化因素，就要增强自身的跨文化意识。所谓跨文化意识，主要是指对文化差异的意识。译者的跨文化意识是指译者在跨文化交际中自觉或不自觉形成的一种认知标准和调节方法，或者是译者所持有的思维方式、判断能力以及对交际过程中的文化因素的敏感性。具体来说，学生译者需要在以下几个方面做出努力。

1. 注重文化差异

首先需要注重文化差异。在学习不同国家的文化时，学生译者应该意识到不同文化之间存在差异，并重视这些差异。学生译者不仅要注重母语文化与目的语文化之间的差异，还要注重世界各种文化之间的差异，如西方文化、日本文化、阿拉伯国家文化等不同文化之间的差异。只有注重这些文化差异并认真学习、了解，才能更好地培养跨文化交际意识。

2. 扩大文化视野

译者在口译工作中所面对的并不仅仅是美国、英国、加拿大、澳大利亚等以英语为母语的国家的人，而是来自世界各地的人，他们使用世界上各种不同的语言，并具有不同的文化背景。因此，学生译者不仅要了解英语国家的文化，还要扩大视野，了解其他国家的历史文化和风俗习惯。同时，在面对不同种族和肤色以及不同阶层的人士时，应该一视同仁，不可厚此薄彼。

3. 注重文化的适应性

译者作为跨文化交际的工作人员，不仅要注重学习、了解各国之间的文化差异，还要对文化差异具有适应性。具体来说，学生译者要热情开朗、乐于交往、注重移情，愿意接受外族文化乃至敢于探索外族文化，要学会克服在异国环境中进行交往时的文化冲击感以及在本土遭遇文化交际情境时的焦虑和紧张感，学会适应这些文化差异，适应不同的交际环境。只有这样才能建构起自己的跨文化交际能力，提高跨文化意识的敏感性，使口译力求表现出符合语言社会功能的特征，即准确性、得体性、文化性。

（四）发挥课堂中教师的作用

1. 强化学生口译训练的主体地位，激发学生学习积极性

在素质教育背景下，学生在课堂中的地位越来越突出，逐渐成为教学的主体部分，教师则成为教学活动的组织者、参与者和引导者，占据课堂的辅助地位。为了平衡“教”与“学”之间的关系，教师要尊重学生的主体地位，适当地下放控制力，让学生自主参与口译实践，并分析实践中存在的一系列问题，从而提高应变能力，增强心理素质。教师可以组织学生成立翻译小组，结合具体教学内容选择口译实践课题，利用现代教学技术模式现场的实际环境，明确组员分工和角色分配。以“中国—东盟博览会”课题翻译为例，在口译过程中遇到具有文化、地域特征的词汇时，教师要给予积极的引导与启发，从文化背景入手，让学生大胆尝试多种表达方式，从而使其真正感受到口译语言艺术的精髓与重点，为今后跨文化交际提供知识与经验储备，逐渐增强敢于开口说话的自信。

2. 注重词语积累与阐释，培养学生口译思维

应用型口译人才在工作过程中难免会遇到非正式语言，这些不仅是目的

语所代表的语言文化，而且是体现口译人员综合实力的关键因素，能够考查其应变能力。因此，在应用型口译教学中，教师要重视对浓缩语以及其他词语的翻译引导，帮助学生实现词语积累，强化口译思维。汉语中包括大量浓缩语，像套话、行话、成语、典故等，这些词语中包含着大量的信息，在英语中很难找到与之对应的说法，以往教学中往往采用解释性翻译。虽然多解释几句也无妨，但在同声传译中由于受时间的限制，翻译一定要简洁，如“八七扶贫攻坚计划”只能翻译成“helping-the-poor project”。如果面对一些浓缩词很难解释清楚，宁可采用直译，同时翻译出一定意义，以免产生误解，如“五讲四美三热爱”简译为“five-four-three moral education campaign”，避免翻译为“five talks, four beauties and three loves”。除了采取直译方法外，还可以用英语缩略语或简称代替，比如，经济技术开发区翻译为ETDZ，这样既简洁又符合英语习惯。通过此种教学指导，体现口译的本质，使学生面对此类口译问题时能够转化思维，提高口译水平。

3. 丰富口译教学方法，提升学生口译能力

口译除了包括浓缩语翻译外，还包括句子翻译，而同声传译最主要的是将原声句子简洁化，因此，教师要重点针对句子翻译展开教学，引导学生掌握口译过程中对句子的处理能力。从局部上来看，首先，对句子动词或连接词的选择应尽量避繁就简，比如reach agreement on→agree on、make use of→use等。有时发言人讲话速度过快或过慢，译者要学会用适当的词汇填补句子的空白，保证听众对语言感受的完整性。其次，在口译中可以省略不言自明或意义不大的句子，如汉语中华丽的修饰语，省略后会显得更加直截了当，符合目的用语人们的思维习惯。从整体上来看，教师可以采取以下几种引导方法。其一，总结性翻译引导，当面对发言人在读稿过快或口才比较好时，为了跟上发言人的节奏，可以采取概括性翻译。其二，将从句译为短语时，可以译为名词短语，这样会显得简洁有力，结构紧凑，同时还可以彰显口译人员的专业魅力。①

4. 完善教学评价体系，优化课程设置

评价是教学活动中必不可少的环节，在以往教学中，教师更加注重终结性评价，忽视了对学生学习态度和思维的评价。为了改变这一弊端，教师可以采

① 任忆.支架理论视角下应用型大学英语口译教学设计研究[J].中国校外教育，2019（27）：90-91.

取形成性评价和终结性评价相结合的方式，对学生课堂表现、出勤情况、合作意识进行分值评判，再结合期末的口译水平测试对学生实施综合评价，评价内容除了英语基础知识与技能外，还包括应变能力、同传能力以及交传思维等，促进学生全方面发展。此外，注重大学英语口译课程的设置，重点训练学生听说能力，培养学生良好的口译思维和能力，为高水平、高素质口译人才的输出奠定基础。①

① 崔澍.构建大学英语口译教学多元化评价体系之浅析[J].考试研究，2018（5）：63-66.

参考文献

[1]姚娟，徐丽华，娄良珍.高校英语阅读与翻译教学多维研究[M].天津：天津科学技术出版社，2021.

[2]李高新.计算机辅助翻译理论与实践[M].湘潭：湘潭大学出版社，2021.

[3]刘鹏，孙元强.人工智能应用技术基础[M].西安：西安电子科技大学出版社，2020.

[4]赵广发，胡雅玲，薛英英.英语实用文体翻译理论与实践研究[M].北京：中国水利水电出版社，2016.

[5]黄建滨.英语语言与翻译研究[M].杭州：浙江大学出版社，2016.

[6]朱晓敏.语料库在翻译专业本科生翻译能力建设中的应用研究[M].上海：上海交通大学出版社，2018.

[7]黄敏，杨元刚.英语翻译基础[M].武汉：武汉大学出版社，2012.

[8]张瑞娥.英语专业翻译教学交往体系建构研究[M].上海：上海交通大学出版社，2013.

[9]黄忠廉，方梦之，李亚舒.应用翻译学[M].北京：国防工业出版社，2013.

[10]戴炜栋，任庆梅.外语教学与教师专业发展：理论与实践[M].上海：上海外语教育出版社，2006.

[11]青立花.翻译技术人才培养策略实证研究[J].高教学刊，2020（30）：159-161，165.

[12]刘立香，李德超.PBL与翻译教学：案例分析与启示[J].外语与翻译，2019（4）：73-79，98.

[13]任忆.支架理论视角下应用型大学英语口译教学设计研究[J].中国校外教育，2019（27）：90-91.

[14]崔澍.构建大学英语口译教学多元化评价体系之浅析[J].考试研究，2018（5）：63-66.
[15]李响.基于英语综合能力视角的语言分析能力研究——评《英语翻译与语言学》[J].当代教育科学，2021（5）：97.
[16]徐艳英.机辅翻译与语言服务人才翻译应用能力培养——以长春理工大学翻译专业为例[J].长春理工大学学报（社会科学版），2021，34（3）：150-153.
[17]赵媛媛，李娟.翻译能力中的语言基础及其对翻译专项能力的影响——评《翻译能力的构成与习得：生成语言学视角》[J].科技管理研究，2021，41（6）：229.
[18]梁洁.提升应用型本科院校英语专业学生语言与翻译能力途径探究[J].吉林农业科技学院学报，2021，30（3）：96-98，102.
[19]倪贤祥.翻译中的文化差异及补偿手段[J].西南民族大学学报（人文社科版），2007（S1）：93-95.
[20]李瑞芳.在英语教学中学生创造性和批判性思维的培养[J].外语教学，2012（9）：12-28.
[21]李景娜，王遥.第二语言学习中的回避现象解析[J].内蒙古民族大学学报（社会科学版），2012，38（6）：73-76.
[22]胡燕琴，郭海英. 文学翻译教学中创造性叛逆的审美再现[J].陕西广播电视大学学报，2018，20（3）：63-67.
[23]李晓娟.探讨英语文学作品翻译中如何处理中西方文化差异[J].智库时代，2018（29）：170-171.
[24]李亚楠.翻转课堂模式下的教学评价研究[J].基础教育研究，2017（5）：25-28.
[25]刘群.统计机器翻译综述[J].中文信息学报，2003，17（4）：1-12.
[26]吴双志.语音翻译中口语文本规范化的研究[D].哈尔滨：哈尔滨工业大学，2015.
[27]程洁.语音翻译词典的设计实现与系统评估[D].哈尔滨：哈尔滨工程大学，2004.
[28]王华树，刘世界.人工智能时代翻译技术转向研究[J].外语教学，2021（5）：87-92.
[29]张霄军.中文音译规范化的自动实现——以威妥玛-翟里斯式拼音转写为例[J].中国科技术语，2016（6）：13-16.
[30]王涛，鹿鹏.翻译技术的理念与分类[J].中国科技翻译，2008（1）：20-23.
[31]张成智，王华树.论翻译学的技术转向[J].翻译界，2016（2）：104-118，139.
[32]王华树，杨润丽.计算机辅助翻译（CAT）技术在现代翻译中的应用探析[J].语言教育，2015（1）：82-85，95.
[33]仲伟合，赵军峰.翻译本科专业教学质量国家标准要点解读[J].外语教学与研究，2015（2）：289-296.

[34]仲伟合，穆雷.翻译专业人才培养模式探索与实践[J].中国外语，2008（6）：4-8，14.
[35]吕立松，穆雷.计算机辅助翻译技术与翻译教学[J].外语界，2007（3）：35-43.
[36]张燕清，金鑫.计算机辅助翻译：翻译者的新技术[J].技术与创新管理，2009，30（6）：810-812.
[37]李晓倩.智能化语言教学与科研平台的研制及其在翻译教学中的应用[J].中国外语，2021（3）：106-111.
[38]陈立君，顾凤岐.高等学院实验室安全管理体系的研究与探索[J].实验室研究与探索，2010，29（7）：339-341.
[39]潘蕾.实验室安全管理体系的构建与实践[J].实验室研究与探索，2010，29（12）：188-190.
[40]王静雷.新形式下计算机辅助翻译实验室建设探究[J].亚太教育，2016（33）：83.
[41]李华芳.基于翻译实验室的信息化翻译实践教学[J].实验技术与管理，2017（1）：244-246，253.
[42]吕奇.翻译职业化时代国内计算机辅助翻译教材编写现状思考[J].山东外语教学，2017（10）：40-47.
[43]王静.大学英语教学中小组合作学习的应用分析[J].科学大众（科学教育），2018（6）：147.
[44]周海燕.翻译课堂中合作学习模式的可行性研究[J].河南理工大学学报（社会科学版），2018，19（3）：119-124.
[45]赖春彩.基于任务型教学法的英语阅读教学研究[J].吉林广播电视大学学报，2020（07）：122-123.
[46]昌兰华.大学英语翻译教学中任务型教学法应用分析[J].中国高校科技，2017（S1）：92.
[47]富苏苏，李荣美.任务型教学法对大学英语翻译教学的启示[J].中国劳动关系学院学报，2012，26（04）：120-122.
[48]常晖，修伟.建构主义下高校英语专业应用翻译教学中交互式、协作式教学模式的探讨[J].课程教育研究，2014（26）：124-125.
[49]戴建春.基于QQ网络平台的交互式课外翻译教学模式的构建及应用[J].外语电化教学，2011（2）：61-66.
[50]韩子满.教师职业化与译者职业化——翻译本科专业教学师资建设中的一对矛盾[J].外语界，2008（2）：34-39.
[51]何刚强.精艺谙道，循循善诱——翻译专业教师须具备三种功夫[J].外语界，2007（3）：24-29.

[52]贺鸿莉.大数据时代翻译教师专业发展路径探索[J].长治学院学报，2015，32（6）：83-86.

[53]张艳臣．国际化翻译人才培养的价值取向研究[J].教育评论，2018（6）：136-139.

[54]陈建勋，凌媛媛，刘松博．领导者中庸思维与组织绩效：作用机制与情境条件研究[J].南开管理评论，2010（2）：132-141.

[55]葛春先.青年教师科研创新能力的提升路径[J].中国高校科技，2018（4）：30-31.

[56]张瑞娥，陈德用．中国翻译师资基本状况变化分析[J].外语研究，2012（2）：67-71.

[57]田朋.翻译技术教学：国际经验与中国实践[J].未来与发展，2020，44（5）：34-38，52.

[58]王刚毅．新时代翻译专业师资培训的机遇和挑战[J].上海翻译，2018（4）：1-3.

[59]王华树，李德凤，李丽青.翻译专业硕士（MTI）翻译技术教学研究：问题与对策[J].外语电化教学，2018（3）：77-80.

[60]蔡辉，张成智.论翻译专业硕士培养中的校企合作[J].中国翻译，2013（1）：51-55.

[61]孔令翠，王慧．MTI热中的冷思考[J].外语界，2011（3）：9-15，30.

[62]夏云.翻译专业教师职业素养与发展[J].英语教师，2016（18）：94-97.

[63]王静，张广兵.雨课堂在高校翻转课堂中的应用模式及反思[J].中国教育技术装备，2018（14）：31-32，41.

[64]沈捷，刘赣华，占跃华.基于"雨课堂"的课程混合教学模式构建初探——以《ERP模拟企业运营》为例[J].经贸实践，2018（21）：257.

[65]王忠惠，朱德全."翻转课堂"的多重解读与理性审视[J].当代教育科学，2014（16）：30-33.

[66]温建平.信息化背景下协作共享翻译教学模式探讨[J].中国翻译，2015（4）：51-54.

[67]张金磊，王颖，张宝辉.翻转课堂教学模式研究[J].远程教育杂志，2012（4）：46-51.

[68]羌佳佳.浅谈高职商务英语翻译教学中学生跨文化交际意识的培养[J].海外英语，2017（13）：30-31.

[69]苏广才，李双娟.论大学英语翻译教学中跨文化意识的培养[J].上海翻译，2014（4）：52-54.

[70]田宏标.英语翻译教学中学生跨文化意识的培养[J].开封教育学院学报，2018（9）：90-91.

[71]殷书姣.高校翻译教学中学生跨文化意识的渗透和培养[J].当代教研论丛，2015（3）：91.

[72]陈绿展，唐峭石.大学英语翻译教学中跨文化交际意识的培养[J].管理观察，2016（30）：147-148，151.

[73]黎佳澄.大学英语教学中跨文化教学意识培养探析——评《大学英语教学与跨文化能力培养研究》[J].新闻爱好者，2019（8）：114.

后　记

在不同语言之间进行的翻译活动对人类社会的进步有着极为重要的推动作用。从古希腊文明到欧洲的文艺复兴，从东汉时期佛教进入中国到清朝末期的西学东渐，再到20世纪初马克思列宁主义在我国的传播以及改革开放40多年中国对外交流的发展成就，离开了翻译几乎都是不可能的。

随着我国在政治、经济、文化等各领域的对外交流与合作日益频繁，各种国际会议日益增多，国外资料大量引进，社会对翻译工作的需求也日益增多。国际市场对熟悉国际商务规则、通晓主要世界语言的商务英语翻译人才的需求持续增长；工业、科技、司法、环保、金融等领域国际交流与日俱增，对翻译人员的专业素质和知识素养要求越来越高，培养大批高层次的翻译专门人才是我国对外改革开放、满足社会需要的必然要求。

同时，人工智能背景下的全球化进程，推动了语言服务行业的不断发展，使得以技术优化译者生产力的问题凸显；计算机与互联网技术的发展，也为翻译行业对技术的吸收奠定了基础。统计机器翻译已被证实为一种高效工具，之后的神经机器翻译，更加关注语境，功能更加强大，翻译输出质量有了更大的提高。语言产业在发展进程中开始越来越关注生产率和成本压力，技术化的特点越来越突出，数字化、项目驱动的特征日益明显，翻译已经成为一个技术化行业，翻译技术在翻译过程中的作用日渐受到重视。

翻译技术的应用普及，使得译者进一步提高了工作效率，节省了更多时间与精力，专注于翻译的创造性与质量管理，译者的角色已经发生变化，从最初的坐在打字机前面的语言工作者，逐渐演变为智能技术的应用者，需要掌握的技能与能力已不再局限于传统翻译领域，翻译技术应用能力成为译员的基本能力之一。翻译技术应用能力已成为译员保持市场竞争力，促进职业生涯发展与成功的重要因素。基于这一现状，翻译人才培养必须将技术应用作为重要的有机组成部分，翻译人才应同时成为翻译技术专家，能够整合与利用技术产出高质量翻译产品。